U0754429

国宝档案

寄托文化传承的中华文物

王 颖 著

台海出版社

目 录
CONTENTS

青铜器

斑驳锈迹铸奇魂

玉 器

晶莹剔透凝如脂

目 录
CONTENTS

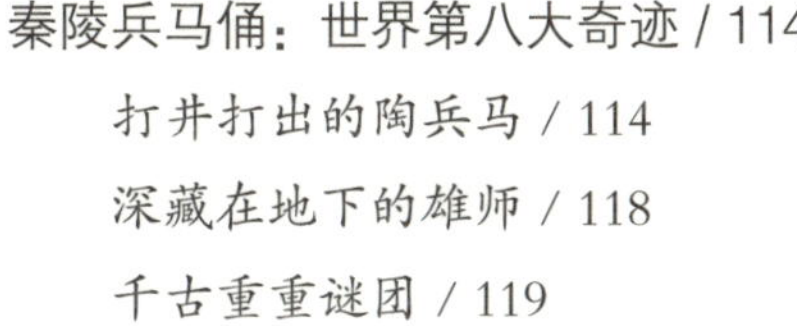

能工巧匠夺天工

目 录
CONTENTS

金银器

珠光宝气显奢华

目　录
CONTENTS

书　画

挥毫泼墨流千古

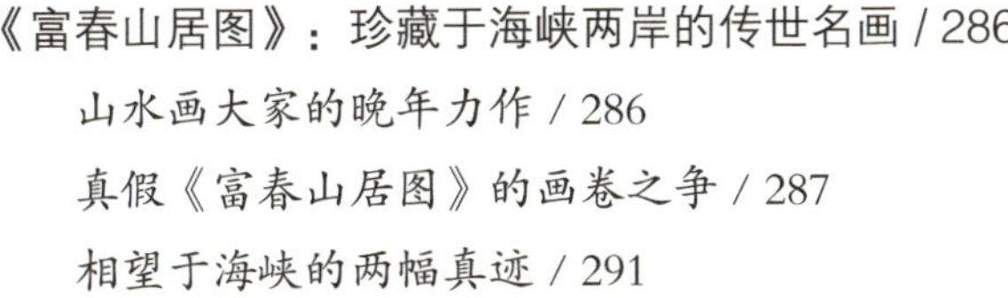

目　录
CONTENTS

泛黄白纸岁月痕

四庫全書
子部

永樂大典

青铜器
斑驳锈迹铸奇魂

司母戊大方鼎：现存世界上最大的青铜器

司母戊大方鼎距今已有三千两百年的历史，是我国迄今为止出土的最大、最重的青铜器，现被收藏于中国国家博物馆。这个历经岁月变迁及战火洗礼的传世国宝，从发现、出土一直到收为国有，八十多年来演绎出一个又一个的传奇：出土挖掘时，七八个小伙子都无法将它拖出地面；搬运过程中，险些遭遇被肢解的厄运；国民党败退台湾时，它逃脱了被带走的厄运……这一切的一切，都为这件世界上最大的青铜器平添了几分神秘色彩。

小山村惊现神秘宝鼎

1939年3月的一天，河南省安阳县小屯村村民吴希增像往常一样，用探竿进行着寻宝。自从河南省安阳县发现了甲骨以来，这里的盗墓之风十分猖獗。加之考古学界确认，这里是史书上所记载的殷墟遗址，则更使这里成了盗掘者的“圣地”。

预期早早收工回家的吴希增，准备做最后一次搜索，不想这次探竿竟碰到了一个硬物。原本坚硬无比的铁探竿，此时居然卷了刃。望着探头上的青色铜锈，吴希增意识到，这次也许挖到了什么了不得的宝贝。这个令他振奋的消息，促使他开足马力放手一拼。不少村民闻讯也赶来帮忙。当挖掘工作进行到约地下10米深处时，哐啷一声清脆的敲击声，突然传到众人的耳畔。众人定睛一看，一个满是青锈的巨大青铜器映入人们眼帘。由于它实在太大了，七八个年轻力壮的小伙子都抬不动它，其他村民见状只好沿着它的边缘继续挖。许久之后，这个巨大的铜鼎才在众人面前呈现出它的完整姿态。众人见它大得足以去做马槽，因此称呼它为“马槽鼎”。

司母戊大方鼎

按照惯例，鼎应该都是双耳的，可这个大家伙却不知什么缘故，出土时就只有一只立耳。村民们在泥土中搜寻了很长的时间，始终没有找到另外的一只立耳。因此，有人便猜测也许是在被埋入地下之前，这座鼎的另一只立耳就已经被破坏掉了，所以很难再寻找到它的影踪。

鉴于眼前的这尊巨鼎实在是太大了，普通的人力无法将它拖出地面，所以，有人建议将这尊鼎锯开，分成几个部分，再进行搬运。于是，村民们便着手实施起来，他们从家里找来钢锯，开始分割方尊。可是由于铜鼎的硬度过高，众人锯了很长的时间，才锯出了一条裂缝。眼看这绝世的精品就要遭受灾难性的破坏，在这危急时刻，有人对这一肢解行为提出了异议："如果这东西被锯碎了，没有人要可怎么办？这好东西不能毁在咱们的手里呀！"众人一听，觉得确实是这么个道理，便纷纷停下了手。

可是，如果不肢解这尊方鼎，那么怎么才能把它弄出来呢？正当众人一筹莫展的时候，有人提出了一个好方法，那便是用回填土的方法，将这个大方鼎抬出来。于是，五个年轻力壮的小伙子先抬起大方鼎的一条腿，这时其他的人便开始往下面填土，等到将土全部填满后，再去抬方鼎的另外一条腿，依次反复，直到将四条腿底部的土全部填满。就这样，众人整整用了三个晚上，才将这个"大家伙"从地底下弄出来。

惊世宝鼎的坎坷经历

稀世珍宝——大方鼎在小屯村出土的消息，如雨后春笋般在各地迅速蔓延开来。1939 年 4 月中旬，北平著名的古董商人萧寅卿闻讯而至。在与吴希增秘密联系后，他表示愿意支付 20 万现大洋买下这尊宝鼎。然而，就在交易将要完成之时，同样得到消息的日本宪兵队，想将宝鼎夺到手。为此，他们三番五次派人到村里进行侦察，妄想套取宝鼎的藏匿地点。

面对如此严峻的形势，为了不让宝鼎落入日本人手中，吴希增只好将它重新埋藏于地下，静静等待出售的时机。但是，生性狡诈多疑的日本兵怎么可能放过到嘴的肥肉，为了得到这件稀世珍宝，他们用尽了一切手段。日本人荷枪实弹地闯进村子，并下令将全村上下严密包围。他们还强迫村民们挖开藏宝的大坑，可是坑内除了泥土，半点珍宝的影子都没有。恼羞成怒的日本兵将村民聚拢到了一起，在四周架设起机关枪。他们威胁道："如果不交出珍宝，那么全村老少就别想看到明天的太阳。"

大方鼎出土于中国，这是我们中国人的宝贝，怎么能轻易让它落到日本人的手中！绝对不能将大方鼎交出去，这是每一个村民的心声。但是，面对如此强硬的敌人，怎样才能既保住大伙的性命，又守住祖宗留下的宝物呢？就在这紧急的关头，机智的村民想出了应对之法。他们拿出一些小件的青铜器以及陶罐，将前来搜查的日本兵搪塞过去，暂时避开了一劫。而这件稀世珍宝，早已由村民事先将它转移到了安全的地方，并重新进行了填埋。至此，大方鼎在这场浩劫中才免于落入日本人的魔爪。

直到 1946 年 4 月，抗战胜利以后，大方鼎才被重新挖掘出来。由此，大方鼎的秘密终于被彻底公开了，并随即被安阳县政府收缴。

而驻扎在新乡的国民党第三十一集团军也得到了消息，并派出了专员将这个"大家伙"转运到了南京，作为献给蒋介石的寿礼。在观赏完大方鼎后，蒋介石不由得为之感慨，但他并没有将这件稀世珍宝据为己有，而是下令将大方鼎交给了当时的中央博物院筹备处保存珍藏。

1948 年 5 月 29 日，这件稀世珍宝——司母戊大方鼎首次在南京与公众见面，获得了强烈的反响。

1949 年春天，国民党政府在由大陆撤离去台湾时，带走了大批珍贵的文物，其中包括现存铭文最多的青铜器毛公鼎，但是司母戊大方鼎却被留了下来。这是为什么呢？直到 1996 年中国国家博物馆研究员李先登先生到台北故宫博物院进行参观访问时，这个疑团才得以被台北故宫博物院院长秦孝仪道破。原来，司母戊大方鼎实在是太重、太大了，如果带离必须要使用起重机才行，可是当时时间仓促、战况紧急，根本没有时间去找起重机，以至于未将大方鼎运走。

直到 1959 年，司母戊大方鼎从南京运送到北京，珍藏到新落成的中国历史博物馆新馆，也就是现在的国家博物馆中。时至今日，司母戊大方鼎已成为国家博物馆的镇馆之宝，每天迎来数以万计的游人参观。

清　铜珐琅螭耳四足鼎

宝鼎上的神秘纹饰

中国国家博物馆的李先登先生多年从事青铜器的研究，尤其对司母戊大方鼎更是有着颇深的研究。他曾表示，司母戊鼎的珍贵，不仅仅因为它的大，更多的是它精美的花纹图案。这些图案有着很高的艺术成就与令人为之赞叹的象征意义。

司母戊大方鼎（后更名为“后母戊鼎”），是商代后期（约前 14 世纪至前 11 世纪）商王祖庚或祖甲为祭祀其母所铸造的器皿。最初由于在鼎腹内壁铸有“司母戊”三字，故由此得名“司母戊大方鼎”。后学术界建议将“司母戊鼎”改为“后母戊鼎”，是因为他们认为，鼎上的字是“后”而非“司”。此鼎形制雄伟，气势宏大，纹饰美观庄重。鼎整体通高 133 厘米，口长 110 厘米，口宽 79 厘米，足高 46 厘米，壁厚 4 厘米，重约 832.84 千克。

方尊上出现的纹饰，主要是饕餮纹与虎噬纹。其中，饕餮纹又叫作兽面纹，它是以虎、牛、羊等动物为原型，是经过一定程度上的综合、夸张的艺术处理，进而所创造出的一种神秘的形象。据《吕氏春秋・先识览》中记载：饕餮是古代神话传说中一种食人的凶兽。另《左传》中所载：饕餮是古代时期一个凶残的氏族部落。在商周时期，工匠们将饕餮纹装饰在青铜礼器上，以求该器物达到威严庄重的效果。

虎噬纹装饰在大方鼎的两耳外侧，虎的性情凶猛，乃百兽之王。故在人们的心目中，虎又是威武勇猛的代表。细看大方鼎上的虎噬纹，使人感到不寒而栗。左右两只相对的斑斓猛虎，大张虎口共同衔着一个人头，场景让人感到极其震撼。但如果你仔细地观察便会发现，那个被双虎含在口中的人头，并没有恐惧的神态。这两只猛虎也并不是要真的去食人，反而是以一种守护者的姿态在保护着他，因此，虎口中的人面容上显露出一种平静的神情。

这种不符合正常逻辑的图案，实际上与当时的文化有着密切的关联。相关研究者认为，大方鼎是祭祀礼器，而巫师则是祭祀人。那么，那颗被含在虎口中的人头，很有可能是巫师本人，而那两只凶猛的老虎也不过是正常祭祀中的一个道具而已。而这种虎噬人的图案，也不单单出现在大方鼎上，在商周时期其他的青铜器上也曾有发现。如安徽出土的龙虎尊及一些流落于日本、法国等国家的猛虎食人卣上，都发现过类似图案。

毛公鼎：中国铭文最长的古代青铜器

毛公鼎与大盂鼎、大克鼎，被誉为晚清时期的“海内三宝”。其中，大盂鼎收藏于北京，大克鼎收藏于上海。唯独这件毛公鼎，翻越了海峡，落脚在台北故宫博物院。究竟这件中国铭文最长的青铜器是怎样翻越海峡，落脚到了台北故宫博物院的呢？毛公鼎与它的收藏者之间，又有着怎样不为人知的故事？让我们走近毛公鼎，掀开它那神秘的面纱……

传奇宝鼎的辗转经历

道光二十三年，即 1843 年，毛公鼎出土于陕西岐山的庄白村。在它出土后近半个世纪的岁月里,先后与它的三任收藏主人经历了不同寻常的坎坷历程。

毛公鼎出土的消息被公布后，它立即被北京最大的古董铺永和斋苏兆年兄弟给收购了，这便是宝鼎的第一任收藏者。这兄弟二人认为，这宝鼎必定是价值连城，难免生变，便偷偷将宝鼎秘密收藏在了西安，然后两人只身返回了北京。也许，你会问这兄弟二人如何断定出这宝鼎是非凡物呢？作为北京最大的古董店掌柜，他们什么好东西没见过，怎会钟情于一尊青铜鼎？

其实原因有三：首先是毛公鼎的年份够久远，距今有超过两千八百年的历史；其次便是宝鼎的品相极佳，出土时无破无损；最后要说的就是它内腹部所镌刻的铭文了，共有三十二行，四百九十九个字，极为罕见。按照当时青铜古器的估价标准，抛开质地、古旧程度不算，单看这铭文，可以说是一字一价，是可以按照铭文的字数向上加价的，有时一个字可以加到一两黄金之多。由此可见，毛公鼎的珍贵程度。

当苏氏兄弟成功收购毛公鼎的消息传回北京后，很多达官贵人闻讯前来高

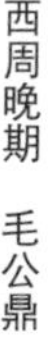
西周晚期　毛公鼎

商　目雷纹鼎

价收购毛公鼎，但都被苏氏兄弟回绝了。

为何商贾出身的苏氏兄弟能够无视大笔的钱财，执意将毛公鼎留于手中呢？这里就不得不提到一个人，也就是毛公鼎的第二位收藏者陈介祺。

陈介祺是晚清时期颇具盛名的金石收藏大家，他爱宝如命，恨不得能够将天下所有的珍宝都纳入旗下。所以，当得知毛公鼎出世的消息后，其激动程度可想而知。可是，他却没有在第一时间一掷千金，将毛公鼎揽入怀中。这位与苏氏兄弟关系良好的陈介祺，天天都想见到宝鼎，却只是静静地在一旁守候。

是什么原因让这位收藏大家按捺住心中的澎湃，不得不苦守在宝贝一旁呢？这要从陈介祺的家世说起……

陈介祺祖籍山东潍坊，出生于一个官宦世家，19 岁时金榜题名，以进士的身份成了翰林院编修。他以毕生的精力投入了金石文物的收集过程中，在青铜器、印玺造像等领域有着极高的造诣。由他所收集的汉代铜印多达 6000 方，号称万印，并且为之专门修建了收藏印玺所用的万印楼。而且，他还编著了《传古别录》《十钟山房印举》等书。同时，他还与当时著名收藏大家王懿荣、潘祖荫、吴云等人交往甚密，几人经常在一起考辨古物、研究古文字，是名副其实的当代著名金石文字学家。

在毛公鼎出土的前后时期，陈介祺还专门收购了一件西周时期的鸿宝重器“天王簋”。而这也为他后来成功收购毛公鼎埋下了伏笔。原来，正是毛公鼎的第一任主人苏氏兄弟，将“天王簋”卖给了陈介祺。而陈介祺与苏氏兄弟十分投缘，因此相互交往便频繁起来，渐渐超出了一般买家与卖家的生意往来。因此，苏氏兄弟便答应陈介祺，只要以后收到了好的古董，一定最先拿给陈介祺，让他在第一时间内优先挑选，并且只要是陈介祺看中的，他们绝不会再让第二个买家过目。

所以，当毛公鼎出土的消息公布后，苏氏兄弟便在第一时间赶到了陈介祺的府中，迫不及待地将这个喜讯告诉他，并且邀他一同前去观赏、收购宝鼎。可是，爱宝如命的陈介祺此时却一反常态，面对如此令人心动的消息，却只是淡淡地摇摇头，客气地回绝了。他告诉苏氏兄弟，现在他既不想看鼎，也不能去收购。

究竟是什么原因，使得这个一向爱宝如命的陈介祺甘愿放弃此珍宝呢？原来，陈介祺是一位孝子，一直以来恪守其父的训导。他的父亲陈伟棠曾担任过道光朝中的礼部尚书、工部尚书以及兵部尚书，他深谙人生沉浮的秘诀与青铜宝鼎的分量。他担心儿子收藏的青铜古玩过于罕见，会引来同僚的猜忌，招来不必要的祸端。为此，他坚决反对这次儿子以重金购买毛公鼎的行为。由于父亲的严格限制，陈介祺只好眼睁睁看着毛公鼎近在咫尺，却不能拥有。

而这苏氏兄弟也实为诚实守信之人，在得知陈介祺爱宝心切，却苦于资金不足，无法购买的情况后，便答应先等一等。而这一等就是整整九年，一直到了咸丰二年，陈介祺的父亲去世以后，他开始独掌家业之时，才终将毛公鼎购入手中。

毛公鼎在陈介祺手中收藏了三十年，也静静地陪着他走过了最后的日子。直到他的孙子陈孝笙接手家业后，才打破了这一格局。陈孝笙违背祖训，涉足商业。为了扩大商业规模，他将算盘打到了毛公鼎的身上。宣统二年，他不顾家人的反对，以万两白银的价格将毛公鼎卖给了端方，并准备接受对方许诺的湖北省银元局局长的委任状。

可得到毛公鼎的端方，根本不打算兑现委任状，早早跑到四川上任去了。愤怒不已的陈孝笙拿着端方留下的凭证，去找都督府理论，却被告知凭证上印的不过是个废章，完全没有任何作用。上当受骗的陈孝笙悔不当初，从此一病不起。

而端方也还没来得及好好欣赏到手的宝鼎，就在共和革命中被砍了头。后来，随着端家的没落，毛公鼎被抵押在了天津俄国人开办的华俄道胜银行，后被转卖给了苏皖的一个古董商人。

落叶归根台湾行

毛公鼎几经周转，最后来到在北洋政府担任交通总长的大收藏家叶恭绰的手中。但好景不长，在上海的英国人与日本人也得到了这个消息，由此，毛公鼎新一轮的争抢活动拉开了帷幕。

抗战爆发以后，日寇占领了苏皖一带，他们到处寻觅宝鼎的下落，弄得百姓怨声载道。他们甚至找到了曾经出售毛公鼎的那个古董店，后查明发现购买者使用的是假名字。而这个神秘的买家就是叶恭绰。

面对日寇的严加搜查，上海是待不下去了，叶恭绰决定举家迁至香港避难。仓促间，他将宝鼎与其他一些珍贵的古玩藏到了上海的寓所里，与毛公鼎一起被留下的还有一位至死不愿离开上海的姨太太。

到了香港以后，叶恭绰每天都担心着毛公鼎的安危，生怕这个珍贵的国宝落入日本人的手中，便到处托人打听上海那边的情况。后来得知，日寇并没有怀疑到叶家身上。

可谁曾料想，那位留守的姨太太居然有了外遇，利欲熏心的姨太太准备伙同她的情夫谋夺叶家的财产。而情夫在得知毛公鼎的消息后，打算将这一秘密透露给日本人。

毛公鼎的安危再一次受到了威胁。得知此消息的叶恭绰万分焦急，他立刻发电报到昆明，让当时在西南联大任教的侄子叶公超迅速赶到香港商量对策。面对这一棘手情况，叔侄两人连夜商讨，决议就算付出一切代价，也绝对不能让这珍贵的国宝落到日本人的手中。

次日，叶公超只身一人返回上海，准备将毛公鼎重新藏匿起来。确认到宝鼎的平安后，叶公超非常庆幸，连忙将其转移到了家中一个更为隐秘可靠的地点。可是就在准备离开这里的时候，日本人却闯了进来。他们强迫叶公超交出毛公鼎，但是却被他断然回绝。

面对始终不肯透露宝鼎下落的叶公超，日本人终于露出了凶残的本性。他们无端逮捕了叶公超，并对他进行了各种各样的酷刑逼问。面对敌人残酷的拷打折磨，作为一个有血性的中国人，叶公超顶住了重压，在向敌人谄媚与恪守国人良知的选择中，叶公超毅然选择了后者。身体的摧残没有压垮这个血性的汉子，面对敌人的七次大刑，他的回答只有三个字：不知道！

狡猾的日本人见从叶公超嘴里问不出什么，便转换方向从叶恭绰那里下手。他们将叶公超锒铛入狱的消息传到了香港，叶公超每一次受刑时的惨状都被传到了叶恭绰的耳中。一面是自己的亲侄子，一面是举世的国宝，究竟怎样才能两者兼得呢？叶恭绰心急如焚，每天都承受着痛苦的折磨。终于，天无绝人之路，他想出了一个真假国宝的妙计。叶恭绰联系了几个可靠的朋友，仿制了一个足以乱真的铜鼎，交给了日本宪兵队。

没想到，日本人真的上了当，他们拿到假造的铜鼎后，非常喜爱，不时地摸摸、敲敲，听听它的声音。他们在听到铜鼎也是金声玉韵后，终于将九死一生的叶公超放了出来。

但是，日本人并未就此放心，他们怀疑铜鼎有诈，却又拿不出证据，只好让人秘密监视叶公超。这种监视一直到了 1941 年夏天，狡猾的日本人对假鼎仍没发现破绽，才逐渐放松。趁此机会，叶公超以声东击西之计，将毛公鼎运出上海，秘密带到香港，交到了叶恭绰的手上。可是，几个月后日本占领了香港，在拒绝出任日伪交通总长之职后，叶恭绰从此便终日在日本人的监控中。

为了将毛公鼎带回大陆，叶家人委托一位德国朋友帮忙将毛公鼎成功运回上海。为了确保毛公鼎的安全和自己的生计，叶恭绰将宝鼎卖给了上海实业家陈咏仁。直到 1946 年，抗战胜利后，陈咏仁将宝鼎捐献给了国家。1948 年，毛公鼎随国民党政府越过海峡，定居到了宝岛台湾，成为台北故宫博物院的镇院之宝。

北宋 政和鼎

妇好鸮尊：河南博物院的镇院之宝

1976年的春天，一座沉睡了三千年的神秘古墓被河南省考古队唤醒。随着大量文物的陆续出土，这座保存极为完整的商代墓葬，震惊了整个考古学界。妇好鸮尊——这对迄今发现最早的鸟形酒尊，以它精美的造型与高超的工艺水平，分别被国家博物馆和河南省博物院所收藏，并成为河南省博物院的九大镇院宝器之一。

保存完好的千年古墓

1975年，河南省安阳县小屯村西北的一片高地因为比四周农田高出许多，因此便被列入平整土地的计划当中。而这一行为，引来了当时许多文物专家的反对，为首的就是一位女性考古学家郑振香。

这些专家认为这片高地上，很有可能存在着古墓。经过相关部门的申请批准，1976年春天，河南省考古队开始对这片土地进行重点发掘。在女考古队长郑振香的带领下，发掘工作连续进行了几个月的时间。起初，坑里出现了夯土，这说明这里极有可能真的存在古墓。

可是当发掘工作进展到5月16日、在探竿探到6.5米处时，坑道发生了走水事件。坑底到底是地下水还是古墓？一时间，所有人变得犹豫起来，不知是否要继续进行挖掘。在这个紧要时刻，郑振香并没有放弃希望，停止钻探。她找来抽水机将坑道里的水进行清除，继续着手挖掘工作。就这样，发掘的探竿依旧进行着作业。忽然，下探的探竿被什么东西挡住了，无法继续下杵。根据以往的考古经验，说明这个下探的底层间是有空洞的。但究竟是不是墓穴，是的话是否还存有文物，一切都要等到探竿上来才会得到答案。

妇好鸮尊

当探竿缓慢升起、带来满铲的红漆皮之时，所有人都雀跃了。这说明这块冒水的地下，确实藏有一座大墓。随着挖掘工作的展开，这座保存极为完整的墓葬陆续出土了 1928 件文物，其中包括 4 面铜镜、4 件铜钺、130 件青铜兵器。除了以一对司母辛大方尊为首的 200 余件青铜礼器外，还有 15 种共计 156 件酒器。另外还有来自新疆等地的玉器 755 件，来自海南等地的海贝 7000 余枚，各色珠宝制品 47 件，同时还有各种陶器、石器、象牙器等制品。这也是我国商代玉石器出土最多、最集中的墓穴。

巾帼英雄的传奇身世

随着大量文物的陆续出土，墓主人的身份引来考古学界的关注。究竟是一位怎样的人物，能够在死后享此殊荣，拥有如此奢华的墓葬？最终，人们将焦点汇聚在一位三千年前的女将军身上，她便是商王武丁的妻子——妇好。

专家们发现，在这次出土的 105 件青铜器物中，都铭刻了“妇好”或者“好”的字样，这使他们联想到 1936 年在殷墟所发现的上万甲骨片。这些甲骨大多出自商王武丁时期，所记载的内容主要是商王就国家大事所进行的占卜祈祷。在这些文字中，除了商王武丁的名字外，还有一个名字被反复提及，有多达 200 余块甲骨记录了她的事迹，而这个人便是妇好。

根据大量的卜辞与铭文证明，妇好是商王武丁的三个法定配偶之一，武丁对她也是十分宠爱。如卜辞：贞翌庚寅妇好娩。讲的就是妇好怀上了武丁的子嗣，武丁对这个孩子的出生非常地期待，他迫切地想知道这个孩子究竟是男是女，为此专门进行了占卜。

通过有关专家对甲骨文的破译，我们得知妇好中的“妇”并不是她的姓氏，她的父姓是一个亚形中画凹形的标志。当她嫁给武丁，成了他的妻子之后，武丁赏赐给了她非常丰厚的封地以及士兵。在她的封地上，她得到了“好”这个氏名，所以被尊称为妇好或者是后妇好。妇好的庙号为辛，商王朝的后人们尊称她为“母辛”或者是“后母辛”。

虽然妇好是武丁的妻子，但绝非一般的后宫佳丽，她是一位身兼皇后、祭祀、将军、诸侯等多重身份的伟大女性。作为一位地位至高的祭祀，她经常主持商王朝重大的祭祀活动。她既会用酒，也会用火，同时还会斩杀俘虏、牲畜。作为一位骁勇善战的将军，妇好协助她的夫君征战四方，开疆拓土。凭借着杰出的军事才能，她曾先后打败了土方族、夷国、巴军，为商王朝的发展扫清了障碍。作为一位富甲天下的诸侯，她拥有自己的封地与属民，独立掌管着经济与农事，并且按时向商王缴纳贡品。

在我国的历史上，很少有女性能够像妇好一样身兼数职，并且在各领域均有所成就。所以，商王对这位难得的妻子非常敬爱。每当妇好单独征战，凯旋的时候，商王便会亲自出城迎接，有一次竟一直迎出来 80 多千米。妇好去世后，为了能够随时守候着她，武丁将她下葬在自己日常处理军机事务的宫殿下方，并多次率子孙对她进行祭祀。每逢国家有重大战事，武丁都要对妇好举行大规模的祭祀，祈求她能在天上保佑自己。同时，武丁还将妇好的幽魂先后许给了大甲、成汤、祖乙三位商朝的伟大君王，希望他们能够共同守候妇好。

清　乾隆　掐丝珐琅鸠车尊

造型生动的鸮形酒尊

20 世纪，为了支持国家博物馆的建设，这只出土于河南省殷墟妇好墓中的鸮尊被送到了北京。

尊在古代是盛酒的器皿。根据考古发掘所提供的资料，这种器物最早出现于龙山文化时期，在河南省永城王油坊的遗址中曾发现有陶大口尊的残片。在此后所发现的二里头文化、二里岗文化中，均有大量器皿的出土，由此可见尊在当时的社会是一件颇具代表性的重要器物。不过，此时期的尊主要以陶制为主。铜制尊最早见于商代，其主要形制有圆尊、方尊以及异型鸟兽尊等。到了商朝中晚期后，鸟兽尊则较为常见，种类也更为繁多。如羊尊、象尊、鸮尊、牛尊等。

这只鸮尊，原器为一对，铸造于商朝后期。通高为 45.9 厘米，口长为 16.4 厘米，盖高为 13.4 厘米，重达 16.7 千克，尊口内侧刻有铭文“妇好”两字。整尊以一只宽喙高冠、圆目竖耳的猫头鹰作为原型，呈站立鸮形，双足与尾部构成了三个支点，头后则为器口。

仔细观察这只以猫头鹰为原型的鸮尊，只见它宽嘴突眼，高冠小耳，头部略微张扬，双翅敛羽，挺胸直立。粗壮有力的双足，四爪着地，与同垂地的宽尾构成了一个平面，颇有几分大将之风。在鸮首的后部，有一个半圆形的盖子，盖上所装饰的花纹以立鸟、龙形钮为主。尊的表面也布满了花纹，显得精美且富丽。鸮的喙与胸颈部位装饰有蝉纹，颈部后面装饰有兽面纹，高冠外侧则装饰着羽纹，内侧装饰着倒夔纹。此外，鸮的翅膀前端装饰有三角形的长蛇一条，蛇身紧盘且在上面饰有对角雷纹，背后鋬下还有展翅飞翔的鸮纹。

妇好鸮尊的造型健壮雄厚，给人以典雅凝重之感。器身生动写实，纹饰精细繁复，纹样主次分明，色调层次变化明显，为商代后期的青铜精品。同时，对研究商朝晚期的政治、经济、文化领域及铸造工艺，都有着非常重要的价值。

越王勾践剑：千年不锈的青铜宝剑

1965 年的一次偶然挖掘，出土了一件令世人瞩目的稀世珍品——越王勾践剑。究竟是什么样的铸造技术，使得这把宝剑能够千年不锈，一下便可划破二十几张复印纸？现在就让我们一起去追寻这把千年不锈的神奇宝剑背后那些不为人知的秘密。

偶然的挖掘却有惊天的发现

1965 年的冬天，湖北省政府决定在荆州地区漳河水库（今属荆门市）修造渠道工程，引水灌溉现在的马山、八达岭、川店等乡镇的部分农田。由于这里自古以来就以其优越的地理位置成为兵家的必争之地，春秋战国时期还是楚国国都郢的所在地，因此，按照有关规定，相关的文物部门要对水渠流经的地区进行初步的勘察工作。

当考古工作者来到水渠的第二干道流经地时，发现了呈黄、紫、褐混合色的土壤，旧称“五花土”。经过进一步的考察鉴定后发现，原来这一带有大中型墓葬二十五座，小型墓葬至少三十座。这便是后来的“涪陵楚墓”墓葬群。

从 1965 年 10 月中旬一直到次年的元月中旬，考古队根据“重点保护，重点发掘，既对基本建设有利，又对文物保护有利”的政策方针，对其中的八座墓葬进行了挖掘清理。这也是首次在科学方法的指导下，对湖北省境内的楚墓进行的较大规模的挖掘活动。此次共挖掘出土文物超过 2000 件，其中包括了一柄寒光闪闪的青铜古剑。

1965 年 12 月的一个傍晚，当工作人员在发掘一号楚墓时，考古人员在墓主人的内棺中，发现了一把装在黑色漆木剑鞘内的青铜宝剑。从剑鞘上来看，

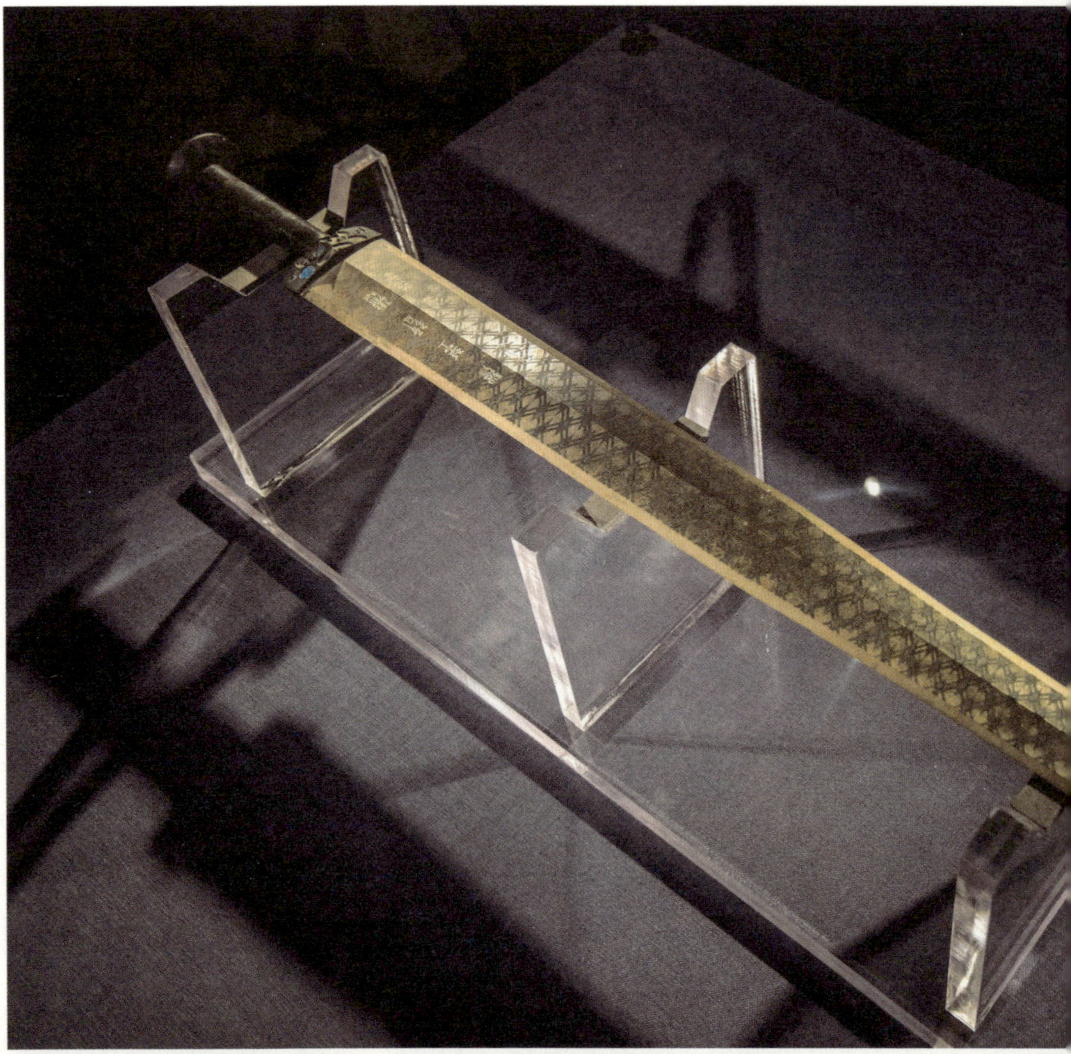

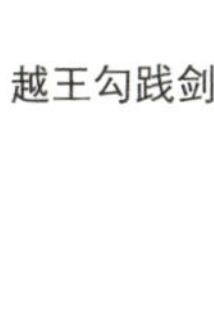

越王勾践剑

这柄宝剑显得并不起眼。但当队员们将宝剑从剑鞘中拔出的那一瞬间，在场的所有工作人员都惊呆了。

这柄宝剑剑长 55.7 厘米，柄长 8.4 厘米，剑宽 4.6 厘米，剑首外翻卷作圆箍形，内侧铸有极其精细的十一道同心圆，圆箍最细处宛若发丝般大小。剑柄上缠着丝绳并且刻有三道戒箍。剑向外突出，剑身上布满了规则的黑色菱形暗格花纹，剑的正面镶有蓝色的琉璃，后面则镶嵌着绿松石。剑身上纵横交错着一道道神秘而美丽的黑色菱形纹饰，为这柄宝剑更增添了几分威武肃穆之感。仿佛古代传说中的神兵利器一般，即使是在午夜也会散发出幽幽的寒光，不由得使人心惊胆战。

神秘主人的绝世宝剑

这柄宝剑的出土，引来了许多专家对宝剑主人身份的猜测。究竟是怎样一位神秘的主人，竟然在死后也将它放在手边形影不离。面对着眼前这柄沉睡了千年的传世古剑，专家们没有任何研究资料，只能希望由它自身来解开这位神秘主人的身世谜团。

通常很多出土的宝剑都会在剑格处，刻上宝剑主人的名字。剑格也被叫作护手，指的是剑身与剑柄之间呈椭圆形的部分。于是，众人赶忙在此进行查看，果然在宝剑剑身正面近格处，刻有两行鸟篆铭文：“越王鸠浅，自乍用剑。”全文共八个字。不过在这八个字中，有六个字在以往出土的兵器中曾出现过。因此，专家们随即在现场进行了解读，它们是“越王”“自乍”“用剑”。

虽然大部分的字已经被解读，但是至关重要的两个字，却让这些专家们疑惑不已。这两个人们从未见过的鸟篆铭文，究竟代表了谁的名字？春秋时期，越国自允常从前 510 年称王起，历经勾践、鹿郢、不寿、朱勾、翳、无疆等九位君主。而这里的越王，指的又是其中的哪一位呢？一时间，所有的专家犯了难。

1965 年年底，授命主持宝剑研究工作的方壮猷教授将附有宝剑的照片寄给了郭沫若、唐兰、于省吾等全国十几位著名的考古学家。就这样，破解剑主人身份之谜的研究工作以一种最传统的方式在全国范围展开了。

次年 1 月 5 日，方教授接到了唐兰的信件。唐兰时任北京故宫博物院研究员、中国古文字学术研究会理事。他认为，宝剑的主人就是历史上颇富传奇色彩的越王勾践。为什么唐兰会做出这样的推论呢？原来，他先用铭文把代表越王“勾践”的这两个难认的字推出了一个很奇怪但很像名字的字——“鸠浅”，而“鸠浅”正是“勾践”两字的通假字。后来，经各地专家的多方交流，最终一致同意了唐兰的观点。至此，宝剑主人的身份终于得到了破解。

传奇国君的传奇宝剑

前 494 年，吴越大地上发生了一场惨烈的战争。吴王夫差一举将越王勾践的部队击败，勾践被迫向吴国称臣。在吴王的胁迫下，勾践在吴国的宫廷中做了三年的苦役，每天都在他人的嘲讽侮辱中度过。

从堂堂的一国之主一下沦为亡国之奴，勾践心里十分难过和不服。回到越国后，他发誓一定要重振自己的国家。为了时刻警示自己，他每天睡觉都躺在硬柴上，还将一块苦胆悬挂在座位之旁，以此来激励自己。有时甚至在吃饭的时候，他还要吃一滴胆汁，并大声问自己，是否忘记了在吴国受到的屈辱。

同时，在身边的谋士范蠡与文种等人的协助下，勾践开始了长达十余年的复仇准备。为了一雪前耻，勾践准备向吴国发起进攻。在这漫漫复仇之路上，他又准备用怎样的兵器来应对吴国的铁骑呢？

原来，在春秋战国时期，各诸侯国为了应对连年不断的征战，都在不断地制造并改进武器装备。而地处于长江下游的吴国与越国，由于陆地水网纵横，不利于车战的进行，因此在战争中主要以步战与近战为主。而青铜剑也就成为最常用、最有效的作战工具。

相传在浙闽边境，有位叫欧冶子的铸剑大师。在听说了越王勾践复仇救国的计划后，对他的妻子说：“我虽然年迈不可上阵杀敌，但是却可以铸剑救国！”于是，他与妻子便在家中搭起了寮棚，筑起大锅，开始铸剑。

可是，这铸剑的过程并不顺利，铸出的剑不是太软就是太脆，为此，欧冶子非常苦恼。转眼便到了中秋佳节，连饮三杯水酒的欧冶子迷迷糊糊地进入了梦乡。蒙眬中，忽然一位白发鹤颜的老者出现在了云端深处，他高声对欧冶子说道："你为国铸剑，当到秦溪山麓去，那里有龙水为你淬火，宝石供你磨砺。"正当欧冶子想上前细作询问时，却忽然被惊醒，原来是在不知不觉间从床上跌落下来。

按照这位老者的指点，他将信将疑地上了路。当他来到秦溪山的时候，只见山顶两棵千年古树下，井然有序地列着七口水井，布局很像夜空中的北斗七星。于是，他就在这里结炉砌灶，铸起剑来。当第一把剑铸成之后，天空忽然狂风四起，转眼太阳便被乌云遮住。只见七条金龙，从井中飞出，不断盘旋在宝剑周围，依次将所含井水喷向宝剑，之后便消失于空中。不一会儿天空重新放晴，回过神来的欧冶子举起宝剑向身旁的一座巨石劈去，一声巨响过后，石头竟被轻易地劈成了两半。

后来，欧冶子先后为勾践铸造了湛泸、胜邪、巨阙、鱼肠、纯钧五把名剑，并且将铸剑技术也一并传授给了越国。根据《越绝书》中的记载，欧冶子所铸造的剑削铁如泥，风吹断发。不但外观精美绝伦，而且具有很强的实战能力。

西汉中晚期　龙纹玉剑璏

也正是凭借着精良的兵器，从前482年起，勾践正式对吴国宣战，并在前473年，一举将吴国击败，吴王夫差兵败自杀。

而这柄在江陵楚墓中发现的越王勾践剑，据相关专家分析，与古籍中所记载的纯钧剑十分相似，很有可能便是欧冶子为越王所铸造的五把名剑之一。

让世界震惊的青铜铸造技术

几千年过去了，越王勾践剑再次出现在世人面前。当考古工作人员从剑鞘中拔出宝剑时，发现这柄剑居然没有任何的锈迹，仍旧如新的一般。

据一位当时在场的专家回忆,曾有一位工作人员不小心将手臂碰到了剑上，当时就被划破一道深口，鲜血立即顺着手臂流了下来。后来，专家们对宝剑进行了相关测试。在桌子上平铺二十多层纸张，结果宝剑轻轻一划，这些纸便十分轻松地被分成了两份。

专家们又对越王勾践剑进行了无损伤科学测验，据数据显示：这把宝剑的青铜合金主要是由铜、锡以及少量的铁、镍、铝、硫所组成的，并且每种金属在合金中都占有严格的配比数量。如：剑脊处含铜较多，这能使剑的韧性更好且不容易折断；刀刃处含锡较高，这样可以使剑的硬度更大且非常锋利；花纹处含硫较高，因为硫化铜可以防止锈蚀，能够更好地保持花纹的艳丽。

虽然是同一把宝剑,可是剑的不同部位却有着不同的金属配比的铸造工艺，这种工艺被称为“复合金属工艺”。这种剑身与剑刃硬度完全不同的宝剑，可以说是古代铸剑的巅峰代表，而越王勾践剑就是运用这种工艺所铸造的复合剑中的代表。

复合金属工艺在世界上许多国家都是近代才开始出现的，而中国早在两千多年前的春秋时期就已经掌握了这项技术。除此之外，勾践剑在楚墓出土时，是插在木制的剑套里面，而墓葬又长期地深埋在地下，宝剑所处的环境基本与外界隔绝，这也是它没有生锈的主要原因。

而今，像美国哈佛大学、麻省理工学院等世界著名学府的科学家们还在对越王勾践剑进行深入的研究。这些专家学者表示：通过越王勾践剑，我们惊叹于中国古代青铜器的卓越制作工艺，这种工艺即使是到了现在也不容易仿制。

四羊方尊：现存商代最大的方尊

四羊方尊是商朝末年所铸造的青铜重器，国家一级文物。但是，这件传世的国宝在战乱中竟险些遗失，并且有十余年的时间彻底失去了踪影。究竟是谁令国宝失而复得，使它得以在世人面前尽展璀璨的光辉呢？这一切还要从它的离奇身世说起……

国宝历经乱世的曲折命运

1938 年的春天，湖南省宁乡县黄材镇月山铺的村民姜景舒兄弟，像往常一样，拿起锄头来到后山去挖种在山上的红薯。挖着挖着，锄头突然碰到了一块硬物。兄弟二人忽然想起去年两人也是在这个地方挖到过这个“硬东西”。没想到，时隔一年又再次挖到了这个东西，于是兄弟二人决定清除掉这块碍事的“石头”。可不曾想，这第一锄头刚抡下去，嘭的一声，竟从土里飞出一块约 10 厘米长、8 厘米宽的青铜片来。细观这块铜片，一面是新茬儿，另一面的铜锈上面隐约能看到一些图案的纹路。见此情况，兄弟二人决定继续开挖，想弄清这到底是个什么东西。就这样，这件沉睡在地下三千余年的国宝终于显露出了它美丽的真身。

虽然姜氏兄弟发现了国宝，可他们根本不明白他们找到的这件器物有着怎样的价值，只是隐约觉得地里出来的这个宝贝应该能卖个好价钱。在再三查看没有遗漏后，兄弟二人便用绳子绑了绑，用锄头扛着方尊，往家中走去。

当时天色已晚，可是巨大的方尊还是引起了一些路人的注意。在那个年代，靠古董发家的生意人非常多，黄材镇万利山货号的老板就是一位。当挖出方尊的消息传到他的店里的时候，他赶紧拿着大洋，带着伙计，连夜赶到了姜氏兄弟家中，用400块大洋购得这件国宝，又连夜将方尊运回黄材镇自己的家中。而后，这位老板又秘密联系了长沙市内西牌楼怡丰祥牛皮商号的店主赵佑湘，并告诉他自己手里有一个难得一见的好东西，一定要带够钱。这位赵佑湘名义上虽然做着牛皮生意，实际上私下经营的却是倒卖古董的行当。

当得知有这样一件宝贝的时候，他赶忙奔到万利山货号。可是，让人意想不到的是，当他赶到万利山货号之时，迎接他的却是紧闭的大门，以及门上两道白色的大封条。

万利山货号居然已经被查封了！究竟是什么原因使得这样一家店铺被封了门面？这又是否与四羊方尊相关呢？原来，20世纪30年代，湖南省境内大量文物被盗掘出土而惊世骇目，因此，保护文物受到政府的高度重视；而民国时期就已经有了文物不得擅自挖掘、出口、走私的法律条文，此次查封店铺的正是国民党湖南省政府。

不过，查封的原因却与四羊方尊没有一点的关系。说来也巧，湖南省政府之前在长沙缴获了一批准备走私海外的文物，这其中经万利山货号老板之手倒出的就有两件。看到店铺被查封，赵佑湘不敢久留，便在附近找了个地方住了下来，并开始四处打探万利山货号的消息。不久，有人给他带来个看货的口讯。原来邀他看货的正是万利山货号老板。早在湖南省政府来查封店铺之前，他便带着四羊方尊躲了起来。

当赵佑湘看到四羊方尊的真身之时，不由得兴奋起来，他知道自己这次遇到的是一件真正的宝物，绝对会物超所值。可是，当他从屋内走出来时，却怎么也高兴不起来了。卖家要整整8000大洋，可是他从长沙只带来了5000大洋。赵佑湘明白，对于这件惊世的宝贝来说，8000大洋绝对不贵。可是，他一时间也凑不齐这个数目。毕竟是时间不等人，万一被别人捷足先登了，那岂不是更加麻烦。多番商讨下，卖家答应给三天时间，让他回去筹钱。可是，这么短的时间，有谁能够这么快把钱借给自己呢？

正当赵佑湘为钱一筹莫展的时候，家中来了三个人。这三人都是长沙古董行的大玩家，为首的是古董商杨克昌。四人一拍即合，决定一起联合收购四羊方尊。虽然当时古董行里很少出现联合收购的情况，可是面对如此珍贵的瑰宝，众人也顾不上那么多了。

四羊方尊　商代晚期（前 13 世纪 ~ 前 10 世纪）　中国国家博物馆收藏

四人连忙赶到黄材镇，可谁知价钱又涨到了 10000 大洋，即便如此他们还是二话没说，立即掏钱买下了四羊方尊。随后，他们将四羊方尊偷偷运到了靖港镇某商号内寄存。

四人打发走了下人，决定商量一下，让人去联系买家。毕竟多在手一天，就多一分风险。可是四人谁都不愿先行离开，因为谁都知道，古董圈里没有真正的朋友。谁都怕一旦走了，其他几人会联合起来甩掉自己。于是，四人决定抓阄来选出那个联系买家的人。于是，杨克昌获得了这个“幸运”机会。

杨克昌一出门就觉得事有不妥，于是他在外面转了一圈，又悄悄回到院子里，正巧在窗下听到三人的密谋。这几个人果然是想甩了自己，将四羊方尊转移走。杨克昌想，既然知道了他们的打算，回屋再与这些人理论，恐怕更是凶多吉少。于是他翻墙而出，直奔长沙县政府去告发了赵佑湘等人。

当长沙县政府得到四羊方尊的信息后，立即派出国民党长沙县保安特务队前往靖港，收缴四羊方尊。可是，当他们冲进商号的时候，放置宝鼎的屋内早已是空无一人，只剩下了一张桌子以及铺在上面的一块绸布。在这块绸布上，可以清楚地看到四羊方尊底座所留下的印痕。

从杨克昌翻墙而出一直到特务队的破门，只有短短两个小时左右的时间，这三个人是怎样将重达几十千克的四羊方尊悄无声息地转移出去的呢？况且，在接到杨克昌的报告后，特务们早已将这里团团包围，他们又怎么可能在众人的眼皮底下离奇消失呢？

反复搜查无果的特务队见实在找不到宝贝，随即放话说，如果找不到方尊，那只好将杨克昌带回县政府，按提供假情报论处。可是，桌子上的绸缎上明明还显露着四羊方尊曾存放在这里的印记，怎么能说是提供假情报呢？可是，多番的搜查确实又没有发现宝鼎的下落。

为了证明自己所说属实，杨克昌恳请特务们再给自己一次机会，让他去后院查看一下。这一次，他仔细搜索，终于在后院的草地上发现了一个方方正正的印记。因为刚下过雨，所以很容易辨认。眼前的这个印记，无论是大小还是形状，都与绸布上的一模一样。很快，按照杨克昌所发现的地点，特务们在后院石凳旁的秘密地窖里发现了四羊方尊，并且当场将赵佑湘等三人一并抓获。

后来，四羊方尊被上缴到了当时的湖南省政府手中。当年的《长沙市民报》

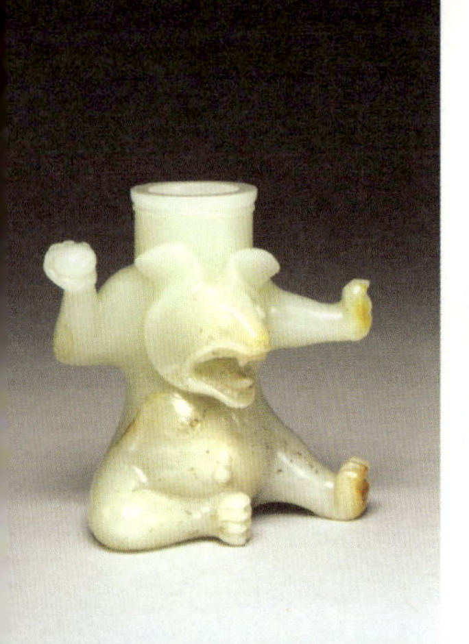

清 乾隆 玉熊尊

等媒体纷纷报道。一时间，四羊方尊名声大震。

虽然，表面上四羊方尊已经牢牢地掌握在了国民政府手中，可是当时正处战乱时期，日本人的军队步步紧逼。就在四羊方尊刚被送到湖南省银行的时候，长沙沦陷了！而这件稀世的国宝，才刚展露真容，就卷入了战争之中，从而失去了影踪，再也无人知晓它的下落。

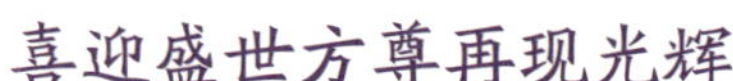

喜迎盛世方尊再现光辉

“尊”是一种古代盛酒器，一般为圆形、鼓腹、侈口。在商代，羊通祥，寓意吉祥。四羊方尊以四羊、四龙相对的造型显示了青铜礼器的至尊。它高达 58.3 厘米，重近 34.5 千克，是中国现存商代青铜器中最大的方尊，代表着商代晚期青铜器的最高水平。

由此可见，四羊方尊在我国商代考古史上有着怎样的历史价值。但由于连年的战乱，这件珍贵的国宝一直到中华人民共和国成立以后，才得以被人们再度重视，并努力查找它的下落。说起这件事，还得感谢一个人，他便是周恩来总理。

1952 年，中南文化部接到了周恩来总理的指示，奉命派人到长沙，去寻找四羊方尊的下落。

周恩来总理为何会下达这样的指示呢？原来，早在 1938 年的时候，周恩来与叶剑英等一起在长沙领导抗战工作，而四羊方尊从出土到截获，曾经轰动三湘。据说，这次的调查活动就是周总理亲自责成文化部派人来追查的。

但是，四羊方尊已经失踪了十多个年头，查找起来谈何容易。唯一的线索，便是当时长沙沦陷时，四羊方尊可能是随湖南省银行一起迁到沅陵去了。

而当工作组赶往沅陵的时候，却被眼前的场景惊呆

唐　象尊

了。原来，那里的房屋早已被炮火炸得支离破碎，到处都是残垣断壁。在不得已的情况下，工作组只好一边走访当地的群众及相关部门，一边在这些废墟上搜寻线索。尽管工作组进行了多番的查找，可是始终一无所获。

虽然工作受到了一定的阻碍，但是同志们并没有放弃寻找国宝的决心。他们在彻底清理废墟的同时，又开始了更加全面细致的地毯式搜寻工作。

尽管这样，经过几天几夜不分昼夜的排查搜索，国宝的找寻工作依然没有丝毫进展，搜寻工作完全陷入了瓶颈。但大家仍然没有放弃希望，依然在积极地进行着多方的搜寻。

几个月过去了，湖南省文物管理委员会忽然接到了一份报告，中国人民银行湖南分行在准备处理仓库中的废品时，发现了一些历史文物。听到这则信息，湖南省文物管理委员会立即派出蔡季襄等人火速赶往现场。蔡季襄一点一点仔细地排查验收着这批文物。忽然，一个堆放在墙脚的大木箱映入了他的眼帘。出于职业的敏感，他叫了几个同事上前，慢慢将这个木箱撬开。当这个箱子的木头盖被撬开的同时，整个木箱刺啦一声散落了开来，从里面稀里哗啦地滚出了好几块金属碎片。蔡季襄定睛一看，只见其中一个大块的碎片上雕刻着一个羊头。这就是失踪十余年的国宝——四羊方尊！

原来，在日军兵临长沙的时候，国民党湖南省政府银行也确实迁避到了沅陵。可是，在一次日军的空袭中，四羊方尊被敌人的炮火震成了十几片碎片。抗战胜利后，由于回迁过于仓促，方尊被转运到了这个废品仓库。后来，这事渐渐被人们淡忘了。

就这样，国宝四羊方尊失而复得，后来经过相关专家近一年时间的努力修复，终又获得了新生。1959 年，伴随着中国历史博物馆的建成，四羊方尊被调往博物馆进行展出。后来，历史博物馆正式更名为中国国家博物馆，四羊方尊便在此安家落户直至今日。

曾侯乙编钟：改写世界音乐史的稀世珍宝

在湖北随县东坡团这个并不起眼的小地方，却深藏着一件令整个世界音乐界为之惊叹的稀世国宝。这件来自两千四百年前的战国古乐器，用它那清脆且富有穿透力的音阶，深深打动着每一位聆听过它曼妙钟声的听众。究竟是怎样的声音能有着如此神奇的魅力？让我们一起走近这件传奇的国宝——曾侯乙编钟。

千呼万唤中的战国古墓

编钟是钟的一种，它是中国古代重要的打击乐器。早在三千五百年前的商代，中国就有了编钟，不过那时的编钟多为三枚一套。后来随着时代的发展，每套编钟的个数也不断增加。古代的编钟多用于宫廷的演奏，在民间很少流传。每逢征战、朝见或祭祀等活动时，都要演奏编钟。

据有关资料显示，出土于湖北随州南郊擂鼓墩曾侯乙墓编钟，是至今为止所发现的成套编钟中最引人注目的一套。这套编钟之大，足以占满一个现代音乐厅的整个舞台。

那么，这是一件怎样的神秘乐器呢？让我们走入历史的长廊，从 1977 年 9 月的一天说起……

驻扎在湖北随县东坡团的中国人民解放军空军某部因扩建厂房，雇用了当地一些农民与他们一起开山炸石、平整土地。施工农民梁升发无意中挖到了一堆形状怪异、满身带刺的青铜器。后来，他的邻居告诉他，他挖到的这些东西很可能是一批珍贵的文物，应该值很多钱。但这位朴实的农民并没有被金钱所惑，他知道这些宝贝是属于国家的财产，所以毅然决然地将它们交给了当地的部队机关。他的高尚情操也因此得到了部队领导的赞扬。

虽然这场文物风波暂时告一段落，可是人们并没有意识到这些文物的真正价值，也没有进行后续的工作。直到东坡团山岗上传来神秘褐土的消息，才引起军团分管建设的领导解德敏的重视。看到这一大片与周围泥土颜色大相径庭的褐土，他意识到，这片土地之下，很有可能埋有古墓。于是，他立即向随县县委进行了汇报。可惜的是，县里前来的同志并不了解褐土的意义，所以此事不了了之。

直到 1978 年 5 月 11 日，在县文化馆副馆长王传振、省博物馆考古队队长谭维四的带领下，古墓的挖掘工作才得以正式开展。随着勘察结果的出炉，大家可以初步断定在这片褐土之下，埋藏着一个面积达到 220 平方米，大出马王堆 6 倍之多的超级大墓。

1978 年 5 月 23 日，挖掘工作进入紧张的阶段，伴随着抽水机缓慢低沉的声音，水位开始渐渐下降，一个巨大的身影出现在了众人的眼前。这便是后来被美国纽约大学麦克伦教授称为"古代世界第八大奇迹"的曾侯乙编钟。

编钟出土时基本保持着下葬时的状态，分为两排，成曲尺形立放。靠西的一面长为 7.48 米，高为 2.65 米；靠南的一面长为 3.35 米，高为 2.73 米。编钟共计 65 件。其中，甬钟 45 件，镈钟 1 件，钮钟 19 件。分成三层排列，最上面的一层为钮钟，中间及下面二层为甬钟。其中，最轻的一件重为 2.4 千克，最重的一件重为 203.6 千克。编钟加木制横梁及钟架附件，总重量高达 5 吨，是迄今为止中国出土的最大青铜编钟。

震惊中外的绝世初啼

随着曾侯乙编钟的出土，人们在惊喜的同时，更多的是想听到这件在古代位列乐器之首的王者声音。可是，毕竟这件国宝已经深埋地下超过两千四百年，又受到了泥土与水多年的浸泡侵蚀，万一被敲碎了该怎么办？

1978 年 6 月 28 日，受到国家文物局的邀请，文化部艺术研究院、中国音乐研究所的黄祥鹏、王湘、李纯一等六位音乐专家专程前往随县，对出土的编钟进行考察。

经过专家们的现场测音分析，由王湘对几个保存较为完好的编钟进行试敲。没想到这一下简单的敲击，竟使得黄祥鹏专家像孩子一般高兴得忘乎所以。原来，早在 1977 年的时候，黄祥鹏曾到陕、甘、晋、豫四省进行了一次有关先秦音乐文物的测音调查，并发表了一篇题为《新石器与青铜时代的已知音响资料与我国音阶发展史问题》的论文。他在文章中提出，先秦以前的古代乐师，就已经掌握了一钟双音的操作模式。这一观点的提出，立即在学术界引起强烈的震动。有音乐家质疑他的调查与测音可靠性。这部分人认为，编钟是体鸣乐器，主要依靠板振发动声音，一个物体怎么可能发出两种不同频率的声音呢？

虽然黄祥鹏的这篇文章被《音乐论丛》刊登，但只发表了文章的上半部分，下半部分由于没有实例作为“一钟双音”的考证，便被杂志社给拿下了。现在，曾侯乙编钟的出现，无疑是一个很好的实例。那一声清脆的敲击，完全证明了黄祥鹏所提出的观点是正确的。在这场学术的争论中，他取得了最终的胜利。

在为编钟所进行的陆续测音的过程中，经过反复地分析确认，几位专家最终认定，全套编钟音域宽广，与现代钢琴的音域相当。如果能够将各组钟相互配合进行演奏，一定可以发出类似于交响乐的美妙声音。

1978 年 8 月 1 日，考古学家、音乐学者以及炮兵宣传队的部分人员临时组建了一个演奏组。他们在炮兵大礼堂，为上千名官兵与地方群众演奏了曾侯乙编钟。当《东方红》熟悉的音乐响彻整个礼堂的时候，人们被这来自两千四百年前的古乐器深深震撼，报以热烈的掌声。人们没有想到，古代的乐器居然能演奏出如此美妙的现代歌曲。

1979 年 9 月 20 日下午，在天安门广场东侧的中国历史博物馆二楼“湖北随县曾侯乙墓出土文物展览”大厅里，编钟再次被敲响，这一次增加了世界名曲——贝多芬的第九交响乐《欢乐颂》。

集思广益复制全新编钟

曾侯乙编钟的演奏虽然美妙动听，但是鉴于编钟无与伦比的价值，国家文物局规定不能再对原件进行敲击。可是，它那绝妙的声音已传遍海内外，越来越多的人被它吸引，为它着迷。

究竟怎样才能让编钟的艺术不再失传，让更多的朋友去体会这难得的听觉盛宴呢？一个大胆的想法渐渐诞生——复制编钟。只有这样才能在不损伤原件的基础上，进一步满足人们的聆听需求。

1979 年 3 月，由湖北省博物馆牵头，邀请中国社会科学院自然学史研究所等相关单位，成立了曾侯乙编钟复制研究组。由当时曾负责曾侯乙墓考古挖掘的工作队队长谭四维任组长并主持复制工作。

在专家们的再三斟酌下，选定了由中国科学院自然研究所的华觉明先生提出的用现代激光技术对古代的钟体进行全息分析，分析古人的设计以及制作方法。在用激光分析吃透编钟的发音情况后，经过多番的尝试，专家们选用了溶模精密铸造法来复制编钟。

可以说，复制编钟发挥了各学科协作的特点，包括了考古、物理、激光、声学、历史等专家的通力合作。六个机构的科学家、工程师、技师多达百余人，历时四年终于复制出了第一批编钟。

迄今为止，全国共有曾侯乙全套复制编钟四座。一座在它的发现地随县，一座在湖北博物馆，一座在西安黄帝陵，还有一座则带上“种子营”称号，落户到了台湾的鸿禧美术馆。

春秋 蟠虺纹编钟 高 49 厘米

虢季子白盘：西周三大青铜器之一

传世铜器虢季子白盘与毛公鼎、散氏盘，并称为西周三大青铜器，距今已有两千八百多年的历史。说起它的身世，就不得不提到一个人——台湾省第一任巡抚刘铭传。

台湾巡抚刘铭传巧获至宝

清朝同治三年，刘铭传率领着清兵与太平天国起义军进行鏖战。在攻陷了常州地区后，他住进了太平天国护王陈坤书的府邸。

在一个风黑月高的晚上，刘铭传正在灯下挑灯夜读。忽然，窗外传来了一阵清晰的金属碰击声。由于当时天色已晚，这声音也就显得格外的清脆、响亮，于是，刘铭传寻声探源。他来到了马厩，发现原来是正在吃草的马的马笼头上的铜环不时地碰撞着“马槽”弄出了铮铮的响声。

见此情形，刘铭传不由得心生好奇，他持灯俯身仔细查看，只见这个“马槽”又宽又深，透过隐隐的锈色依稀可以看到上面的一些花纹。于是，他试着去推了推，可是并没有推动。按理说，正常的马槽应该没有那么重，一个成年男子足以将它推动。当下，刘铭传便觉得此物定有不凡之处，便决定待天亮后再来探寻个究竟。

等到第二天清晨，刘铭传命人将这个“马槽”清洗干净，这才使它露出了庐山真面目。这个庞然大物，是一件长 130.2 厘米、宽 82.7 厘米、高 41.3 厘米、重达 215.5 千克的青铜盘。它的样子有些像浴缸，周身有一圈突出的花纹，均匀精美；大铜盘的四壁外各铸有一对衔着环的兽头；底部刻有优美工整的字迹。对铭文略有研究的刘铭传，确定这些文字是西周的铭文，可惜的是许多字他并不认识。

在认定这是一件稀世珍宝后，刘铭传派亲信将铜盘悄悄送回了他的老家，也就是现在的安徽省肥西县大潜山下的刘老圩村。同时附上一封书信，信中再三叮嘱家人，要妥善收藏此物，切不可大肆张扬，以免走漏了风声。

待送走这件宝物后，刘铭传左思右想，却始终猜不出这件宝物的来历。由于前方的战事吃紧，也就暂时将这件事放到了一边。

一直到了同治十年，刘铭传解甲归田之后，才得以腾出空闲，邀来几位熟悉古文字的名士，一起辨认铜盘上的铭文。

铜盘上共刻有一百一十一字铭文。根据铭文上的记载，周宣王十二年（前816年），虢季子白受命于宣王，率领广大的官兵赶往洛河北岸，同匈奴的祖先玁狁作战，且大获全胜。一次斩杀敌人五百名，俘虏五十名。宣王为了表彰虢季子白的功绩，为他举办了隆重的庆功仪式，同时还赏赐给了他马匹、彤弓、彤矢等器物，以示对他的嘉勉。为感恩宣王的厚爱，虢季子白特别铸造了此铜盘以作纪念。

虢季子白是西周宣王时期的一个诸侯，虢是他受封的姓氏，季代表着他在家族兄弟中排行第四，子在古代是一种尊敬的称呼，白则是虢季子的名字。

这些名士告诉刘铭传，以往考古所发现的那些铜盘，大部分都是圆形的，方形铜盘比较稀少，而像虢季子白盘这么大体积的长方形铜盘实为罕见，可以说是绝无仅有的佳品。

那么，这件佳品又是如何流落到常州太平天国的护王府中的呢？根据道光时期的《庐州府志》中《刘铭传·跋》所记：虢季子白盘是清朝道光时期出土于陕西宝鸡虢川司的，后来被当时任陕西的县令徐燮所得。他离任的时候，将铜盘带回了自己的老家常州。太平天国初期，太平军占领了常州，虢季子白盘落到了陈坤书的手中，成了护王府的宝藏。而刘铭传进驻护王府时，由于手下兵卒不识宝物，竟错把宝物当作了马槽，这才有了先前的一幕。

在弄清虢季子白盘的身世后，刘铭传真是又惊又喜，高兴的是自己竟然误打误撞寻得了如此珍贵之物；担心的是如果宝物落入那些贪财之人的手中，怕是命运堪忧。于是，他决定无论如何一定要将此宝物保护起来。

为了更好地安放虢季子白盘，刘铭传特地在府中修建了一座精美的凉亭，

虢季子白盘

虢季子白盘铭文拓片

并题名为“盘亭”，用以专门安置虢季子白盘。同时，他还写了一本《盘亭小录》，用以记载修造盘亭的经过以及铜盘的形状与铭文所述内容。在《盘亭小录》的跋文中，刘铭传写道：“寂寂青山，悠悠白云，一重阙案，百尺孤亭，世有识奇好事如杨子云者，览而补订之，则更幸甚！”

尽管刘铭传再三告诫家人不要将此事外传，可是刘家收藏宝盘的事情还是走漏了风声。不少文人政客都慕名前来，想一睹虢季子白盘的风采。奈何刘铭传爱盘如命，一把铜锁锁住了盘亭的大门，谢绝了所有的访客。据说，连光绪皇帝的老师大学士翁同龢都被他婉言谢绝。

乱世中子孙坚守遗志护国宝

1895 年，中日甲午战争爆发，大清海军被日本人扼杀在了摇篮之中。在深受奇耻大辱的同时，清政府又签订了丧权辱国的《马关条约》，将台湾割让给了日本。得知此讯的刘铭传勃然大怒，从此一病不起，并最终含恨而终。临终之前，他再三叮嘱他的子孙，虢季子白盘乃是国宝，只要刘家还有一口人在，就绝不能让宝盘流失。

刘铭传去世以后，他的子孙始终坚守着先人的遗志，守护着这个传世的铜盘。辛亥革命以后，时局动荡，各路军阀乘机而起，在得知刘家藏有家传珍宝虢季子白盘后，他们便打起了宝盘的主意。当时的安徽省政府主席刘镇华就是其中一位，他以拜会刘铭传后人为名，欲重金购买宝盘，无奈被刘家第四代传人刘肃曾拒绝。见此计不成，刘镇华又对刘家人施以暴行，并进行严密监视。

就这样，刘家在紧张的气氛中度过了四年。1937 年，日本发动了卢沟桥事变，很快占领了华北地区，并长驱直入伺机占领了长江沿线，合肥也危在旦夕。

这期间，曾有位美国商人听闻刘家藏有绝世宝盘的事情，欲重金收购，并答应可安排刘家所有人出国定居，但被刘家人断然回绝。刘肃曾表示，自己家并没有什么宝盘，即使有也绝不会卖给外国人，做祖先不孝的子孙，做国家、民族的败类。

就这样，秉持着一个中国人所固有的情操，在合肥沦陷以后，为了更好地保护好国宝虢季子白盘，刘家决定举家迁居外乡。就在刘家人走后不久，日本人就从汉奸的口中得知了刘家藏宝的事情。他们多次来到刘家，进行了严密地搜寻，将那里里里外外全部翻遍，最终依然是一无所获。

煎熬了八年的时间，日本人终于投降了。得知此讯，刘家人高兴地返回了故土。可是，兴奋的心情还没有平复下来，又有讨要国宝的人上门了。这次来的是新任国民党安徽省主席、原国民党第十一集团军司令李品仙。

在对刘家人进行了一番褒奖后，李品仙终于进入正题，提出为了国宝的安全，刘家应当将虢季子白盘交给国家保管。可是，李品仙的花言巧语并没有打动刘肃曾，他明白，这个司令与其他人一样，打的还是国宝的主意。

为了不激怒对方，同时也保护好自己的家人，刘肃曾告诉对方，之前全家外逃时，由于宝盘太重，并没将其带走，等到回家后才发现已经遗失，不是不想上交国家，实在是有难言之隐。

听到刘肃曾无懈可击的回答，李品仙也无话可说，但是他并不相信这个理由。等到刘肃曾前脚离开家门，一位姓蓝的军长便打着保护国宝的旗号，住进了刘家。没过几天，这位军长就以贵重物品在刘家丢失为由，要刘家进行赔付。虽然刘家人曾试图辩解，但是面对国民党的枪炮，解释是徒劳的。无奈之下，只好签下了用宝盘抵押的欠条。刘肃曾不想就这样窝囊地死去，在妻子李象绣的掩护下，以外出筹款为名逃了出来。

伴随着驻军长期驻扎在刘家所引起的舆论压力，李品仙只好暂时撤了兵，将查找国宝的任务交给了肥西县县长隆武功。没想到此人更加无赖，直接把县政府搬进了刘家，并且每天纠缠李象绣。虽然李象绣是个文弱的女子，却胆识过人，她暗中嘱咐丈夫不要回家。见到计谋不成功的隆武功恼羞成怒，带人将刘家所有房子的地板都撬开，并挖地三尺，却始终一无所获。

刘家大义献国宝

1949 年 1 月 21 日，合肥解放了，刘家决定将深藏在后院槐树下的国宝虢季子白盘献给刚成立的中华人民共和国。

当年为藏宝所种下的小树，如今已成为七八米高的大树，高高地耸立在院

清代乾隆　磁胎洋彩黄地锦上添花海棠式盘

商后期　蟠龙纹盘

中，静静地守护着地下的国宝。仰望着茂密的树叶，刘肃曾不由得泪流满面。今天这棵护宝有功的槐树终于完成了它的使命。随着槐树的锯倒，刘家人从树根下取出了宝盘。

八十六年，刘家人传承四代，为了国宝虢季子白盘不落入敌人的魔爪，经历了无数的坎坷。但是，他们并不后悔，为了祖宗留下的东西能被更好地传承，他们无怨无悔！

1950 年 2 月 28 日，文化部为刘肃曾颁发了“褒奖状”，用以表彰他的爱国之举，并决定在北京给他安排一份工作。但考虑再三，刘肃曾还是决定留在安徽老家。遵照中央人民政府的指示，安徽省人民政府将刘肃曾安排在了省文物厅，他的家人也由老家迁到了合肥市。1977 年，刘肃曾安然离世，享年 77 岁。

而今，这件传世的国宝虢季子白盘被收藏于北京的国家博物馆中。无论是工艺水平还是历史价值，这件铜盘都拥有举世无双的地位，堪称国宝之重。

南宋　庭园婴戲图银盘

马踏飞燕：奔马与飞燕绝妙结合的青铜艺术

马踏飞燕又被称为“铜奔马”或者“马超龙雀”，是东汉时期所铸造的青铜器物，现藏于甘肃省博物馆。这件铸造于两千年前的青铜骏马，造型生动，比例准确，四肢所呈现出的动势完全符合马的动作习性，令中外许多考古学家与艺术家叹为观止。而有关这匹青铜骏马的传奇及命名过程，我们还要回到它被发现的那一天。

备战地道中的铜奔马

1969年，正是“文化大革命”进行最为激烈的时候，为了落实“备战备荒”的号召，全国各地都在进行着防空洞的挖掘工作。

这一年的秋天，甘肃省武威县新鲜公社新鲜大队第13小队按照上级领导的统一安排，从雷台东南角开始作业。

9月20日，一件出人意料的事情发生了。当地道挖到10多米的地方，社员们在地道侧壁发现了一堵青砖墙壁，工作队队长举起镐头就向砖墙砸去。顿时，墙壁被砸出了一个巨大的黑洞，里面不时泛出幽幽的蓝光。在好奇心的驱使下，社员们纷纷爬进了这个大洞。他们借着手电发出的亮光，发现这里是一间用青砖砌成的墓室。在墓室的中央整齐地排列着大量的铜人、铜车、铜马等青铜器物，旁边还有一座棺床，里面放着两具尸骨。在尸骨的下方堆放着几件陶器。社员们一见这些显得异常兴奋，以为挖到了“金人”“金马”。于是众人随手抄起几件后，便将洞口封住，并互相告诫千万不能泄露此事。

尽管如此，雷台下挖出“金人”“金马”的消息，还是很快在生产队中传开。傍晚时分，在队长的带领下，社员们再次将洞口打开，将里面所有值钱的

铜奔马（“马踏飞燕”）　雷台汉墓出土　甘肃省博物馆藏

东西全部装进了麻袋，并将这些东西悄悄地转移到了大队库房里藏了起来，打算等到事情平息后再做打算。

为了掩人耳目，他们又在离洞口约20米处的台基下，重新开始继续挖掘地道。而他们所挖的地道，恰巧与这座墓室的甬道形成了一个直角。不久之后，在这次所挖的地道尽头，他们又再次发现了墓室。那里堆放着大量的铜钱，还有一些陶器、铜壶、铁器等物品散置在墓室的四周。

此时，发现古墓与文物的消息再也掩藏不住了。公社书记得知后，立即下令封存墓葬的洞口，并且派出专人在现场进行监控。同时，武威县的有关领导还派人将失散的文物进行追缴。据武威县博物馆研究员党寿山回忆，当文物工作者们沿地道爬进30多米的时候，就看到右下方有一个黑洞，这里面就是一个大型的砖室墓。这个墓室里有大量的铺地钱，还有一些陶器，此外还看到了被掀翻在地的棺材板与尸骨，现场呈现出一片狼藉的景象。据此可以推断，当时墓穴中陪葬物品的丰富程度，而且可以肯定的是，一些重要的文物已经被转移到了别的地方。

党寿山等人马上请来公社与大队的领导干部，给13小队的干部做思想工作，并反复向他们说明这批文物的重要价值。经过多番的劝说，这些村民才交出了各自私藏的文物，而被藏在库房的文物也最终被交了出来。后来，这些社员还同文物工作者一起将这批文物送到了武威文庙文昌宫保管，后又被拨交至甘肃省博物馆保存。

1. 汉代彩陶马头　17.15 厘米 ×5.4 厘米 ×16 厘米
2. 六朝彩陶　15.24 厘米 ×8.57 厘米 ×18 厘米
3. 唐马头（唐三彩）
4. 唐代大理石马头　15.88 厘米 ×7.62 厘米 ×17 厘米

身世显贵的神秘墓主

1969 年 11 月 3 日，甘肃省文物考古研究所的专家张学正、魏怀珩前往武威县。在清理墓葬的时候，专家们发现了数个早期盗洞，至于被盗的年代，已不得而知了。

这座古墓分为前、中、后三个主墓室，墓门向东开启，从墓门到后室的总室长为 19.34 米。前室向东由甬道与墓道构成，甬道的右侧壁有一口古井，直径为 1.2 米，井深约为 12.8 米，它独特的人字形砌砖方式在我国考古发现中并不多见。究竟这古井是排水系统还是用来迷惑盗墓者所设计的，如今已成为一个难以解答的谜团。

铜车马武士仪仗俑与后来闻名于世的铜奔马就被陈放在墓葬前室的右耳室，其他的铜器用品都存放在墓葬中室。中室右耳室还陈设有高达五层的陶楼院与大部分陶器物品。墓葬的后室较小，是墓主人夫妇合葬的地方。

在已出土的 12 件男女铜俑背后，分别刻有“张氏婢”与“张氏奴”的字样，由此可以判断出墓葬主人姓张。而胸前有铭文的八匹铜质骏马以及四枚将军银质印则告诉我们，墓葬主人曾担任“张掖长”，同时还兼任过武威郡的“左骑千人官”。四枚将军银印则证明墓主生前曾经四次被册封为“将军”，还兼任过武威郡郡守。那些出土的铜马上都清楚地刻有“张君前夫人”与“张君后夫人”的铭文。根据《礼记・典礼》记载：天子之妃曰后，诸侯曰夫人，大夫曰孺人。而从铭文判断，这位墓主的最高身份应该是诸侯。

正因为墓主人生前拥有如此显赫的地位与身份，所以才能够置办如此奢华的墓葬。尽管这个墓葬曾遭到多次的盗取，仍然出土了 230 件珍贵的文物，尤其是 99 件铸造精美的铜车马仪仗俑。也许是盗墓者当年并不清楚青铜国宝的意义价值，才使得这些铜车马仪仗俑得以完好地保存至今，成为人类的共同遗产。

享誉国内外的马中极品

由于这批文物发掘时正赶上“文化大革命”，所以在被送到甘肃省文物局后，便无人问津。一直到了 1971 年 9 月中旬，时任全国人大常委会副委员长的郭沫若陪同柬埔寨国民族团结政府首相宾努亲王到兰州进行访问，在休息时，一起参观了甘肃省博物馆，这才使这组东汉末年的铜马、铜车、铜佣仪仗队得以再现光芒。当时，郭沫若被这些精美的青铜器深深吸引，尤其是对其中一件飞跃奔驰、三足腾空、右后足踏着一只展翅作回首惊望状飞燕的铜马大为赞赏，并将它取名为“马踏飞燕”。待郭沫若回京后，这件青铜马随即被调到了北京，补充到正在故宫举办的“‘文化大革命’期间出土文物展”里面。铜奔马在京公展后，立刻在国内外引起了强烈的反响，被誉为“天下第一马”。

这匹飞奔的骏马头小而俊朗，微微向左轻扬，作昂首嘶鸣状，头顶一撮呈流线型的鬃毛，指向彗星一般的翘尾。脖颈长而弯曲，前胸宽厚且躯体粗实，臀部浑圆，四肢修长有力。纵观此马，体型异常矫健精美。只见它三足腾空，只有后足践踏在一只展翅翱翔在空中的飞鸟上,而飞鸟则在惊愕之中回首注目。

这样一个独具匠心的设计，既体现了骏马奔腾的飞驰电掣，超越了飞鸟的速度，又巧妙地利用飞鸟的身躯以及展开的双翅，扩大了雕塑的着地面积，使得力学平衡原理与艺术审美价值完美地融为一体。这座塑像充分反映出了古代劳动人民丰富的想象力，以及高超的制作工艺。

如果仔细观察，还可以发现，奔马同侧的腿是同时向一个方向腾起的。这是一种极为少见的步法，被称为“对侧步”。据说，在现代赛马场上，仍然有一些马匹可以跑出对侧步，但是概率相当低，倒是在野生动物中还是有机会欣赏到这一步伐的风采。而铜奔马对侧步的造型，也成为后人怀疑它为天马，而非现实中马匹的证据之一。

马踏飞燕以其巧妙的构思、优美的体态以及独特的造型，完美地再现了一尊宛似天马的塑像。而那表现力量美、速度美的瞬间也被永久地定格下来，令人们产生无限的遐想。马踏飞燕代表的不仅是汉代雕塑的高超水准，更成为整个中国雕塑工艺的杰出典范。

汉代青铜马　高6.5厘米

利簋：迄今所见最早的西周青铜器

利簋，国家一级文物，西周早期所铸造的青铜器。因为它是周武王时的官吏利所作，故名利簋。因它的铭文中有“珷征商”字样，所以又被后人称为“武王征商簋”。然而究竟是怎样的机缘，才使我们寻得了这件国宝呢？

挖地窖挖出的青铜珍品

1937 年 3 月，陕西省西安市临潼县零口镇南罗村的几位村民在田边打井。当村民们在地上打出一个较深的洞口后，发现这里打出的水井没有出现预期中那样高高的水柱；相反，打井用的工具居然掉进这黑漆漆的深井里没了踪影。

原本想打一口可以灌溉农田的水井，可谁曾料想，不但水井没打出来，还弄丢了打井的工具，真是赔了夫人又折兵。

那么，这些村民的工具到底去了哪里了呢？原来，村民们在打井的过程中，无意间发现了一个地窖，这些打井的工具全都掉进了这个地窖之中。闻讯而来的考古学家们，立即对这个地窖进行了实地考察。经过众人缜密细致地勘察，认定这个地窖是西周时期所建造的，并且从地窖中发掘出土了大量的文物，如鼎、尊、壶等青铜器 151 件。其中，一件铜簋的出土引起了整个学术界的轰动。

这只铜簋就是利簋，它是我国目前已知的最早的西周青铜器。利簋高为 28 厘米，口径为 22 厘米，重达 7.95 千克。上半部呈圆形，侈口，鼓肚，两侧有两只兽形耳，兽形耳上有垂珥；下半部为方形底座，造型庄重沉稳。腹部、圈足以及方座均以云雷纹为底纹。其中，腹部以冷艳怪诞的饕餮纹为主体纹样，圈足饰有夔纹。方座平面四角饰有蝉纹，方座腹部亦以饕餮纹为主体，左右配有两龙纹。簋腹内底处铸有铭文四行三十三字，成为此簋的最大亮点。

利簋上所篆刻的铭文使用的是大篆字体,代表了西周前期金文的典型风格。字形扁长，均匀且规整，笔画苍劲古朴，保留了商代铭文字形的特征，给人以朴素大方的感觉，同时也彰显出自然生动的时代风貌。

祭祀中的重要礼器

簋是古代的食器，流行于中国商至春秋战国时期，主要用于放置饭食，相当于我们现代吃饭时所用的大碗。直到今天,我国广东地区仍有“九大簋”之说。

那么，“九大簋”指的都是什么呢?

古人认为“造化之初，九大相争”。这里的“九大”主要指的是：风、雨、雷、云、海、火、天、地、日，它们皆为万物之最。而“簋”又是可盛装五六斤米饭的大碗。按照现在人的食量，“九大簋”可以供百余人享用。

可见，“九大簋”的意思就是指饭菜极为丰盛，用来夸耀宴席的规格。如在北京东直门附近，就有一条被称为“簋街”的地方，里面聚集了众多的饭店，供人们吃饭聚会所用。

在商周时期，“簋”除了作为盛放食物的器皿外，在祭祀或宴享之时，又是一种重要的礼器，与鼎配套使用，供奉在神坛上用以祭祀祖先。簋的造型一般为圆腹、侈口、圈足，有无耳、二耳、四耳的。其中，商朝时期的簋大多无盖，无耳或者是二耳；西周与春秋时期的簋，则常常是带盖，二耳、四耳。并且还出现了圈足下加方座或者附有三足的簋。到了战国以后，簋就很少见到了。

通常情况下，簋以偶数出现。在西周时期，还常常与鼎配合使用，成为区别贵族等级的器物。按照周代礼制中用鼎制度的规定，只有天子才可以享用“九鼎八簋”组合的最高礼仪。诸侯为六簋七鼎，大夫为四簋五鼎，士为二簋三鼎。

这只青铜利簋是我国迄今为止所发现的最早的西周青铜器。它的表面以兽面纹装饰，兽面聚精凝神，显得十分森严恐怖。而兽面纹也被称作饕餮纹，这是由古人想象出来的一种神秘怪兽的图案，在商周青铜器皿中经常可以看到这样的纹饰。

仔细观察这只利簋，在兽面纹两侧与圈足的部位还分别装饰有夔龙纹，并以云雷纹作为底纹。饕餮纹、夔龙纹与云雷纹三种纹饰共同装饰在同一件青铜器皿上，线条流畅且清晰，更为这只庄严且肃穆的西周利簋平添了几分神秘的色彩。

青铜利簋的由来

那么，这只体现了西周早期高超铸造技巧的青铜簋，为什么会取名“利簋”呢？这就不得不提到一个关键性的人物——商纣王。

在中国的历史上，纣王是一位有名的昏君。他在位的时候，整日沉迷于酒池肉林之中，荒废朝政，从来不去理会国计民生的大事，由此导致了社会的动荡不安。

就在这一时期，西方的商朝属国周国，却是如日中天，国富民强。周武王礼贤下士，任用贤能之人，且积极策划讨伐商纣的大业。然而此时的商王朝，虽然有颓败之势，但仍旧是兵力强盛，武王要想伐纣还是比较困难。相传，军事家姜子牙率领杨戬、哪吒、雷震子等各路神仙，纷纷显露神通帮助武王征讨商纣，并在牧野与纣王展开大战，最终帮助武王取得了关键性的胜利，由此结束了商王朝的统治。

关于武王伐纣的神话故事非常多，《封神演义》就是以这段历史为背景进行的演绎；但有关历史方面的记载却从来没有。直到利簋的出土，才打破了这一僵局。

有关专家在利簋底部的铭文中，找到了关于牧野之战的记载。“武王征商，唯甲子朝，岁鼎，克昏夙有商，辛未，王在阑师，赐有司利金，用作檀公宝尊彝。”寥寥三十三个字，却足以证明武王与纣王交战这一史实。

铭文中，叙述了在牧野之战的当天，周武王大破商军，八天之后，周武王在军队的驻地，赏赐铜料给那些在战斗中英勇无畏的将领。其中的一份铜料，赐给了当时的有司——利。

这里的“有司”是古代的官称，得到赏赐的利感到非常荣耀，便用武王所

利簋　中国国家博物馆藏

西周追簋　高 35.1 厘米

赐的铜料铸造了一件铜簋，作为永世纪念的宝器。由于它的铸造者是利，所以后人称它为利簋。它见证了武王征商伐纣的重大历史事件，因此又被称作“武王征商簋”。

而在利簋中所提到的甲子日，正是牧野之战的时间。专家们通过推算，将武王伐纣的年代锁定在了前 1046 年。三千多年以来，许多中外学者根据各种文献及对西周历法的理解，对武王伐纣的年代形成了超过 40 种推论。其中，最早的是前 1130 年，最晚的是前 1018 年，两者前后相差了 112 年。而青铜利簋的发现，则为最终解决商周年代划分提供了重要的依据。

西周早期凤纹方座簋　高 28.2 厘米

长信宫灯：汉代造灯艺术的最高水平

长信宫灯，西汉时期铸造的青铜器物，现被收藏于河北省博物馆。2010年，作为上海世界博览会展品展出。它与秦始皇陵铜马车、马踏飞燕等金属雕刻精品，作为中华文明的象征而享誉世界。究竟这座造型精美的宫灯有着怎样的身世背景，它又有何魅力会被世人赞誉为“天下第一宫灯”呢？

一语道破神秘墓主身世

1968年6月，已经75岁高龄的中国科学院原院长郭沫若对位于河北省满城县陵山的一座汉墓进行了实地勘察。在看过此墓后，他十分肯定地断定，这座墓是汉景帝之子、汉武帝庶兄、第一代中山靖王刘胜的墓穴。随后，郭老又根据史料中所记载的西汉墓葬规制，结合中山靖王墓周围的环境与地形，再次对古墓进行了长时间地详细观察，最后他肯定地表示：距刘胜墓北侧120米处，是他妻子的墓室。

郭沫若是学术界泰斗级的专家，对历史、考古有着相当深厚的研究，而他能如此肯定得出这样的结论，显然是有十足的把握和依据的。于是，考古队员按照郭老指出的方位进行进一步的探索发掘。果然，9月16日这天，考古队员们开启了这座墓葬的后室。

根据汉王朝同坟异葬的习俗，众人更加确信这便是刘胜妻子的墓室。随着墓中一方铜印的出土，众人在其两面的印文上，发现了“窦绾”“窦须君”的字样，随即知晓了这位女性的姓名。而在随后出土的器物上，人们又发现印有“长信尚浴……今内卧”等字样。根据这些文字记载，考古队员们推测，这位女性可能是汉武帝的祖母窦太后的族人。

长信宫灯　河北省博物馆

汉　素镫

纵观此墓，它的构造与刘胜墓基本相同，都是由甬道、墓道、南北耳室、中室以及后室六个部分所构成的，整个墓穴的容积约为 3000 立方米。其巨大的规模以及宏伟的气魄，甚至都超过了刘胜墓的水平。另外，墓内还随葬着无数珍贵器物，主要包括铜剑、弩机等武器，铜钫、铜壶、铜杯等酒器，铜人、铜豹等工艺品，铜炉、铜灯等生活用品以及大量的铜质部件。除此之外，还出土了大量的金银器、珍珠、金饼、铜钱、漆器残片、纺织器残片等。其中，窦绾的镶玉漆棺，在我国尚属首次发现。

世人瞩目的"中华第一灯"

在窦绾墓所出土的大量精美的随葬品中，最为引人注目的便是一件铜灯——长信宫灯，它也成为窦绾墓所出土的陪葬器皿中最典型的代表。

灯具的发明与我们的祖先对火的认识有着极为密切的关联。远古时期的照明就是从用火开始的。在北京猿人的遗址中，我们可以清晰地看到大量的灰烬堆积，这说明早在五十万年以前，我们的祖先就懂得用火来照明了。

从西周时起，人们开始学会用一种易燃的材料制成火把，从而更便于照明，并将它称为"烛"。我国现存最早的灯具出现于战国时期，如屈原的《楚辞·招魂》中就有"兰膏明烛，华镫错些"的相关记录。这里所提及的"镫"就是后来的"灯"。但由于当时的金属非常稀少，所以大部分灯具都是由陶土做成的。后来，灯具又经过了不断地发展改进，逐渐流传使用开来。据相关考古资料显示，中国古代灯具不但种类繁多，而且具有很强的实用性与时代性。其中不乏一些造型精美，设计新颖的工艺品。而长信宫灯就是其中一件杰出的灯具代表。

长信宫灯通高为 48 厘米，外形是一位跪坐掌灯、恬静优雅的宫女，高度为 44.5 厘米，通体鎏金，散发着柔和的光芒。细观这位掌灯的宫女，头上梳着高高的发髻，并且戴有方巾。她的身上穿着一件广袖内衣，外披长袍，腰束细带，衣袖宽大。宫女的上身保持平直，双膝着地，以脚尖抵地来支撑全身的平衡。右手袖口下垂，形成了此灯的灯罩；左手则向上托举着自成的灯盘，在灯盘的中心处有一根烛钎，用作插拔蜡烛。同时，宫灯的灯罩可以开合，灯盘也可以旋转，两者结合起来，就能够随意转动照射方向与调节灯光的亮度。由于宫女的身躯与右臂都是中空的，右臂作为烟道将烛火所释出的烟，排入她的体内，而这些烟雾再经过底层水盘的过滤后得到了充分的净化，能够有效地维持室内的清洁。

由于长信宫灯是分铸组合而成的，因此执灯宫女的头部、右臂、灯盘、灯座等部位均可随时拆卸，清洁起来也就更加便捷。而像这样的分体铸造工艺，早在我国商朝时期就已经发明，后来又在春秋中晚期得到了进一步的发展。除了能使制品更加规格化以外，还便于创造结构复杂、气势雄伟的艺术佳品。

争论不休的身世之谜

长信宫灯上共有九处铸刻有铭文，共计六十五个字。这些铭文主要交代了宫灯的始作年、灯的重量、灯盘的容量等相关信息。

长信宫灯的命名，主要来自宫灯上所铸刻的“长信尚浴”与“长信家”等铭文。不过，宫灯上还有六处提到了“阳信家”，这也使人们对宫灯的最初持有者产生了极大的兴趣。对于这位持有者的身份，各方学者持有不同的观点，总的来说，可归纳为三类：其一，认为宫灯最初属于阳信家，也就是阳信侯刘揭父子；其二，认为是汉武帝姐姐阳信公主家的器物；其三，认为是属于皇太后所居住的长信宫，后来专由内者管理，到景帝七年（前150年），归于阳信公主家，最后又转归中山王后窦绾所有。在这些推论中，由于第一种观点所支持的人数较多，论据也相对充分一些，因此一般来说以此为证。

截至目前，已经出土的带有“阳信家”铭文的铜器，除了长信宫灯外，还有出土自陕西茂陵一号无名冢中的鼎、甑、钟、炉、釜等一大批精美的铜器制品。从它们的铭文以及制造风格与特点上来看，制作年代应属于西汉文、景、武帝时期，而且最初很可能为一家所有。

据史料记载，阳信侯刘揭在汉高祖十二年（前195年）为郎，七年后任典客（与诸侯王的管理相关），文帝元年（前179年）被正式封为阳信侯，文帝十四年（前166年）去世，由他的儿子刘中意继承了他的爵位，父子两代为侯时间共计二十九年。

而作为阳信侯的刘揭，不仅在当时荣享封侯赐金之赏，身后还被他人作为功臣的标准受到推崇。根据相关史料记载，汉宣帝曾在下诏褒扬那些拥戴他的功臣时说道：“后将军赵充国、少府史乐城、大司农田延年功比典客刘揭，皆封侯益土。”因此，无论是从刘揭父子所生活的时代来看，还是从他们的身份地位来说，都与这些“阳信家”铜器制品相吻合，因此他们作为这些铜器的最初持有者也就不足为奇了。

后来，刘中意因为参加了“吴楚七国之乱”而被废黜了爵位，并被撤销了封地。长信宫灯这件精美的铜灯也被朝廷没收，并收回长信宫所有。长信宫是西汉时期长乐宫建筑群中一座著名的宫殿，是刘胜的祖母、汉景帝的母亲窦太后所居住的地方。窦太后在当时拥有非常大的权势，她与中山靖王刘胜的夫人窦绾同属于窦氏家族。因此，两人间的关系十分亲密。于是，窦太后又将长信宫灯送给了窦绾使用。就这样，宫灯转换了主人，从京城长安辗转到了中山侯的封地，最后被窦绾带到了自己的墓葬之中。在两千多年之后，长信宫灯重现世间的时候，一切早已时过境迁。而今，作为国家级保护文物的长信宫灯，被收藏于河北省博物馆中，供世人参观欣赏。

玉器

晶莹剔透凝如脂

红山文化“C”字形玉器：中华第一玉雕龙

红山早期人类文化遗址的发现，在国内外学术界引起强烈的震撼，许多专家、学者纷纷以此作为学术研究的案例范本。而从这里出土的“C”字形玉龙更是受到了很多文物收藏者的追捧。那么，这件被誉为“中华第一玉雕龙”的稀有国宝,究竟有着怎样的魔力,让所有见过它的人都被它所吸引并由衷赞叹?现在，就让我们追寻时代的步伐，一起去探访这件玉中珍品。

来自远古时代的玉龙

七千多年以前，人们在选择石器时，发现了一些美丽的石头。这些石头不但质地细致温润，而且色泽晶莹，古人将这些石头称为“玉”。

古人将一切温润而有光泽的彩石都视为玉石。当然，这其中的玉石除了软玉与硬玉以外，还包含了岫玉、玛瑙等一些传统玉石，另外有些琥珀、珊瑚也被包含其中。由于玉料的来源比较有限，而玉器制品的加工又会耗费一定的时间与精力，因此从一开始人们便对玉器十分珍爱，很少用玉石去制作生产用品，而是将它们精雕成各种首饰以及特殊的装饰品。

史前时期的红山文化所出土的玉龙，更为明确地标志着原始玉器已经开始逐渐脱离装饰玉的局限，从而进入礼器玉的阶段。

红山文化距今约有五千五百年，主要分布在老哈河、西拉沐沦河，它东起辽河中游，西到张家口，南通大凌河谷，北至大兴安岭。其分布的中心主要集中在赤峰、承德、朝阳等地。当时的先民以原始农业为主，兼狩猎、渔业、游牧等多种经济活动。

1955 年，中国考古学家尹达在《关于赤峰红山后的新石器时代遗址》一

玉龙　新石器时期　红山文化　一级文物　辽宁朝阳 11.26 系列盗掘古文化遗址古墓葬案追缴

新石器时期　红山文化　一级文物

文中，根据对这里所出土的石器与陶器的特点分析，将分布在辽宁、内蒙古与河北交界的燕山南北以及长城地带的中国新石器时代的文化命名为红山文化。从此，红山文化被正式命名。

1971 年，在赤峰翁牛特旗三星他拉村出土的“C”字形玉龙是红山文化的杰出代表。它是我国已发现的时代最早、体型最大、制作最精美的龙形玉器。这件玉器高为 26 厘米，重达 1000 克，体型卷曲呈“C”字形。玉龙无角、无足、无爪、无鳞、无鳍，颈披薄片状长鬃，长为 21 厘米。顶端上卷与龙身相反，使得玉龙形神更加生动自然。

玉器是由一整块墨绿色的岫岩玉圆雕而成。它的细部采用的是浮雕与浅雕的手法。龙首阴刻细长的菱形大眼，长阔的龙嘴，吻部前翻略微向上翘起，鼻端截平，两圆形鼻孔，并且在额上以及颌下处，装饰有阴刻的网格线。如此精细且突出的五官刻画，说明红山先民已掌握了从总体上把握对象的技巧。

玉龙的发现在国内外引起强烈的轰动，但是直到 1984 年，学界才从形态、工艺、考古等各方面对它做出全方位的考证。确认此玉龙属于红山文化，距今有五千年的历史。

红山文化玉器的典范

龙，是中华民族自上古以来所崇拜的神异动物。作为一种图腾文化的象征，

被赋予了相当程度的神秘色彩。可是，有关这种动物形象的诞生起源，却成为中国文化史上最大的谜团之一。

红山文化出土的这件“C”字形玉龙，带有浓重的幻想色彩，已经显示出成熟龙形的诸多因素，代表了早期中国龙的形象。从这件玉龙的形状来看，有部分人推测主要来源于野猪、马、熊等动物的形象。红山文化玉龙，可以说是多种动物的特征组合。它是神话了某些动物的形象再进行二次加工所形成的龙形玉器。

有学者推测，“C”字形玉龙主要是作为祭祀礼器。氏族的首领在祭祀活动中，进行仪式活动所用的神器，在巫师通天通地的时候所使用。

玉龙的发现，反映了早期人们的生活状态，是原始文化原始崇拜的表现。而这件玉龙也因此成为红山文化的象征。

除了三星他拉村出土的这件“C”字形玉龙外，20世纪80年代，在辽宁凌源牛河梁积石冢还出土了两件玉猪龙。此玉器龙头的部分像猪，身躯却弯曲如龙蛇，显然也是一种被神话了的灵物。玉猪龙在出土时，被并列倒置在死者的胸骨之上，背靠背，吻部向外。而牛河梁积石冢其他的墓穴之中，却没有发现过这种造型的玉器。

另外，在辽宁省博物馆的玉器展厅内，还陈列着许多器形颇为神秘的红山文化玉器。如马蹄形玉器、勾云形玉佩等。这些在东北地区所出土的精美玉器，则进一步证明了当时红山地区的社会生活水平处于比较发达的阶段。

这些重大的发现也将中华文明史整整提前了一千多年，为夏代以前，三皇五帝的传说，找到了重要的实物依据。特别是“C”字形玉龙的发现，作为红山文化的代表，对历史文化的研究，起到了至关重要的作用。

翠玉白菜：台北故宫博物院的镇院之宝

一棵几乎与真实白菜百分之百相似的玉器珍品，本是末代皇帝溥仪妃子的陪嫁之物，怎会翻越海峡落脚到了台北故宫博物院？而这件翠玉白菜究竟与东陵盗宝案有着怎样的关联？它又有怎样的传奇经历？

翡翠中的极品帝王

翡翠被誉为玉中之王，原产于缅甸。相传在13世纪时，缅甸北部乌龙江一带的居民就开始在离家不远的河床上挖掘翡翠籽料，后来翡翠被传入了中国。到了清朝时期，乾隆皇帝尤其对翡翠情有独钟，一些江南的琢玉名匠也能精细地将中华文化完美地诠释在翡翠上。就这样，在乾隆皇帝的带头示范之下，从此以后，清朝历代的帝王、后妃，都对翡翠偏爱有加，而王侯贵戚也皆以拥藏翡翠的多少来衡量自己的财势。

“翡翠”一词，原来是两只鸟的名字。赤色羽毛的鸟被称为“翡”，绿色羽毛的鸟则被称为“翠”。后来，人们便将拥有同样颜色的美玉称为“翡翠”了。翠色讲究的是浓、阳、正、俏、均，以白色与绿色较为常见，其中又以绿色为佳，尤其是以鲜亮浓艳的翠绿色最为珍贵。如高档翡翠有祖母绿、苹果绿等。

而如今珍藏在台北故宫博物院，被称为“台北故宫招牌”的翠玉白菜，就是一块难得的翡翠极品。它被陈列于台北故宫三楼展厅的入口处，每天都会有许多外来游客争相驻足观看。

翠玉白菜长为18.7厘米，宽为9.1厘米，高为5.07厘米。它是由一块半白半绿的翠玉雕琢而成的翡翠珍品，并且有一个让人感到十分亲切的名字——

清　翠玉白菜

青玉镂雕螭凤鸡心佩

白菜。它洁白的菜身与翠绿的叶子，都让人感觉十分熟悉，故而想与之亲近。另外，在绿意最浓之处，还有两只停留在菜叶上嬉戏玩耍的鸣虫——它们就是寓意多子多孙的螽斯与蝗虫。

众说不一的传奇身世

对于有关翠玉白菜身世的传说，至今仍众说纷纭。其中，就有与慈禧太后相关的。因为有人说这件稀世的国宝是从慈禧墓中盗出的。

那是在 1928 年春夏之交，北伐战争已进入了尾声。就在此时，震惊中外的“东陵盗宝案”发生了。军阀孙殿英率领的士兵，轰开了清东陵一道道紧闭的墓门。

在开启慈禧墓的两座石门后，士兵们蜂拥至主墓室，首先映入他们眼帘的便是慈禧太后的棺椁与无数价值连城的宝藏。

《世载堂杂记》记载，这些利欲熏心的盗墓者在撬开外棺与内棺时，将原本光芒四射的金漆外椁劈得七零八落。

当时，将棺椁揭开后，只见霞光满棺，棺内珍宝堆积无数。最后，大者由长官拿去，小的便被士兵分藏在衣袋之中。慈禧太后的贴身珠宝被抢掠一空。

这些数不胜数的东陵珍宝，被人们赋予了神秘的色彩。当年，孙殿英在回忆中曾提到一颗夜明珠。它分开是两块，合拢则成一个圆球，夜里发出的光可以照见百步之内的头发。慈禧在临终的时候，将其含在口中，据说可以使尸骨保持不化。

据《爱月轩笔记》记载，慈禧死后，身边还放有这件极其名贵的珍宝——翠玉白菜。所以，后来有人猜测，现在收藏在台北故宫中的翠玉白菜，就是清东陵慈禧棺椁中存放的宝物之一。后来，孙殿英因盗宝一事泄露，不得不四处打点，而翠玉白菜则很可能被送给了蒋介石。

除了这则传言以外，关于翠玉白菜的身世还有另外一种说法。根据有关史书记载，台北故宫博物院的这件翠玉白菜，并非来自清东陵，而是来自清朝的皇宫，也就是现在的北京故宫。

在北京故宫工作了二十多年的那志良老人，就见证了这历史性的一幕。

那志良，北京宛平人，1925年1月入故宫，曾相继参与清室善后委员会点收、北京故宫博物院成立、故宫文物南迁和运台等工作。他一生研究玉器，曾著有《故宫四十年》《中国玉器》等作品。

那志良老先生在1949年1月的时候到了台湾，又在台北故宫工作了三十多年。他曾在《典守故宫国宝七十年》一书中写道："1925年10月10日，北京故宫博物院成立，开始着手整理故宫铜器、瓷器、玉器、绘画等物品。而自己正好负责的是玉器的整理工作。"

在书中，那老先生很风趣地回忆了他在北京故宫第一次见到翠玉白菜时的情景。那老说，那件著名的翠玉白菜刚从宫里提来的时候，是种在珐琅花盆里的，在它的旁边还种了一棵小灵芝。在提到库房的时候，有专家就认为，这是一件顶好的物件，可是被种在了珐琅花盆里，旁边还配上了灵芝，实在是太不匹配了。

后来，斋宫成立了玉器陈列室，翠玉白菜被选成展品。专家们决定将花盆与灵芝都留在库里，单独将翠玉白菜进行展出。想不到，此举竟然使翠玉白菜一举成名。从此，国宝翠玉白菜闻名于世，一直享誉中外。

而这件美轮美奂的翠玉白菜，也被人们称为"量材就质"的典范，雕刻家顺应玉料自然形成的外形与色泽，设计玉器的形制，在原玉的条件限制下发挥了超常的创造力，是一种协调天与人之间的难得功力，正应验了"玉不琢不成器"的古语。据说，这件翠玉白菜出自清朝时期的一位天才工匠之手，而且这是他毕生呕心沥血的代表之作。

清朝皇妃的天价陪嫁

1925年10月，北京故宫博物院正式成立，而发现翠玉白菜的地方正是北京故宫的永和宫。据相关文献记载，永和宫是清朝光绪皇帝一位皇妃的住处，也是后来帮助溥仪盗取国宝的瑾妃，她后来被溥仪皇帝封为端康皇贵太妃。据说，她便是这件稀世国宝的主人。

在这里，我们不得不提到光绪皇帝的另一位妃子，也就是这位瑾妃娘娘的亲妹妹——珍妃。珍妃深受光绪皇帝的宠爱，她自幼天资聪慧，支持光绪维

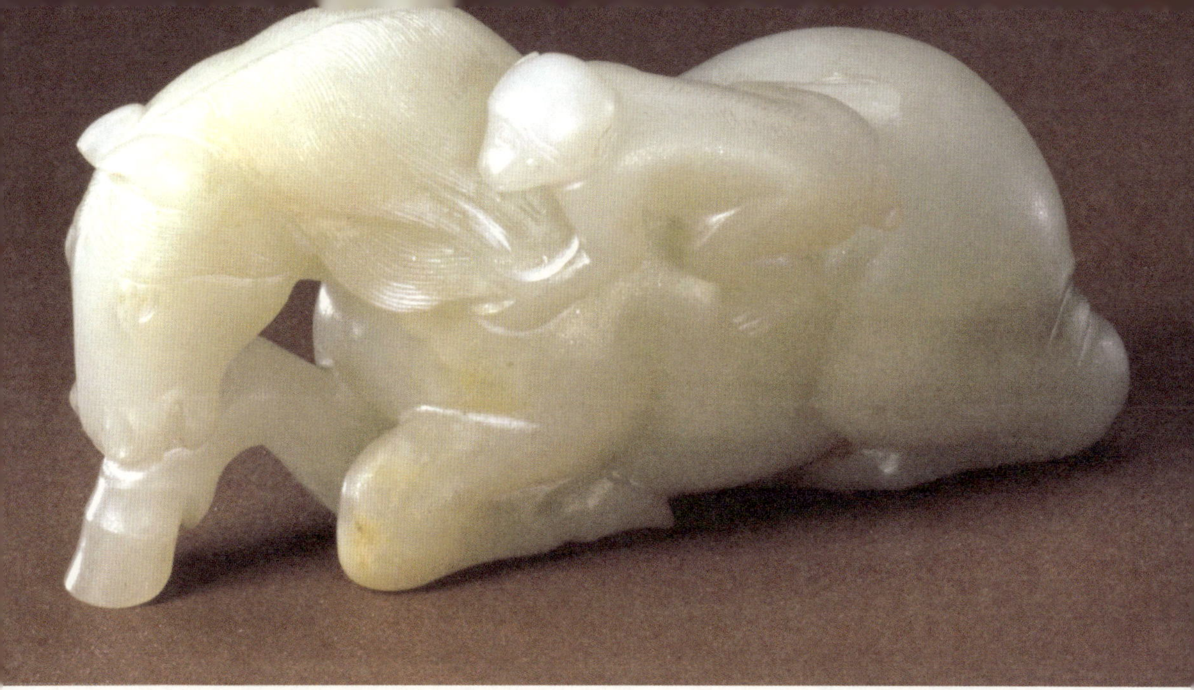

清　马上封侯玉

新变法。1898 年，慈禧太后发动政变，幽禁了光绪帝，珍妃也被囚禁起来。1900 年，英、日、美、法等八国联军侵入了北京城，在慈禧太后仓皇出逃前，下令将刚 25 岁的珍妃投入井中淹死。这口井现在就在故宫内。

相传，这件国宝翠玉白菜本是瑾、珍二妃的母亲，清朝礼部侍郎长叙的夫人留给珍妃的陪嫁添妆之物。这块用一半洁白、一半翠玉雕刻而成的翡翠珍品，象征着家世清白，而这清清白白的寓意也正好与珍妃的善良相称。原来，瑾、珍二妃都是长叙的女儿，姓他他拉氏，满洲镶红旗人。1890 年的一天，姐妹两人同时被选入后宫，并且同被封为嫔。

可是，瑾妃在入宫的前一晚，与父母、妹妹吵闹个不停。原来，她发现母亲并没有将翠玉白菜作为嫁妆陪送给她便大哭大闹起来。虽然谨、珍二妃是亲姐妹，可是两人的性情、相貌却截然不同。姐姐瑾妃年长妹妹三岁，长得是又矮又丑，平日里总是时不时地去找妹妹的碴儿。而妹妹珍妃，不仅长得端庄秀丽，而且性格也十分温柔善良，对于姐姐的苛责总是百般忍让。

这一次，霸道的姐姐在得到了满箱的金银珠宝后，仍不满足，想要母亲将翠玉白菜交给自己。其实，礼部侍郎夫妇为了姐妹两人的嫁妆，很是下了一番苦功。因为姐姐偏爱珠宝，所以就给了她许多金银首饰。而妹妹却只要些书，

清　青玉三足带盖尊

为了不显得太过寒酸，就陪嫁了这棵翠玉白菜摆件。同时，也有用这件配件衬托珍妃美好善良的寓意。

可没有想到，为了此物姐姐瑾妃却闹个不停。最后，还是妹妹珍妃将翠玉白菜从自己的嫁妆中抱出，给了姐姐做嫁妆，才算是了结了此事。而得到宝贝的瑾妃，自然是爱不释手。可惜的是，她不明白翠玉白菜所蕴含的寓意，当这件宝贝被人们发现的时候，竟被种到了珐琅花盆里，还被配上了灵芝。本是高雅之物，竟被弄成如此世俗之感，实在是与之不配。

后来，经历了数十年的战乱，这件珍贵的国宝在经过多年的辗转流离之后，被国民党政府从南京带到了海峡彼岸的台湾。1965 年 11 月 12 日，台北故宫博物院正式成立，这棵翠玉白菜与众多国宝一起被再次展示到众人的面前，并以其精美的雕工与美好的寓意，成为台北故宫博物院的镇院之宝。

乾隆宝玺：金玉皇权的象征

乾隆宝玺是我国一级文物，共有二十五枚，现存放于北京故宫博物院的珍宝馆中。这些宝玺不仅是中国古代封建皇权的象征，也是中国历史与文化的最好见证。究竟这些宝玺有何功效，竟会有如此之多？乾隆皇帝又为何一定要将宝玺的数量定格在“二十五”这个数字上呢？

不同功效的帝王宝玺

自周代时起，玉便被定义为代表儒家的“五德”之物，即礼、义、仁、信、智。同时，玉也代表着美好、尊贵等含义，更是权力、财富、高雅的象征。

御宝，也被称为“宝玺”。自秦朝时起，我国就开始用玉石镌刻印章。凡是由帝王所使用的印章，称为国玺，又称御宝；诸侯或高级官吏们所使用的则被称为印；低级官吏使用的被称为钤记。印章使用等级的制度严明，且秩序井

大清受命之宝

皇帝奉天之宝

皇帝亲亲之宝

大清嗣天子宝

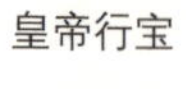

皇帝行宝

皇帝之宝

皇帝信宝

皇帝之宝

天子行宝

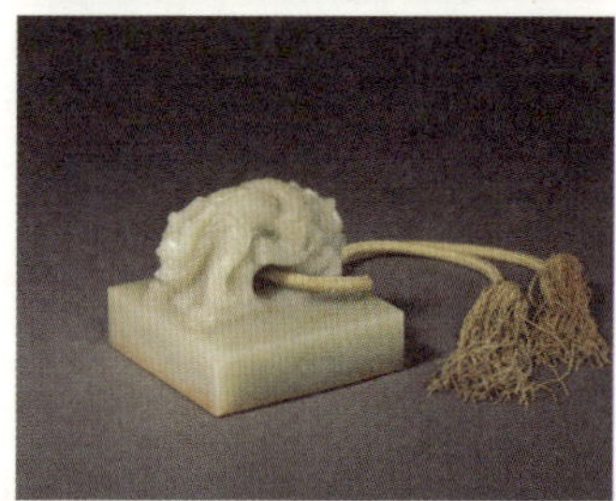

天子之宝

天子信宝

皇帝尊亲之宝

敬天勤民之宝

制诰之宝

巡狩天下之宝

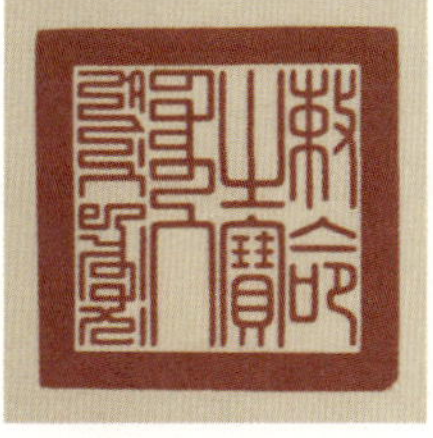

敕命之宝

讨罪安民之宝

垂训之宝

制驭六师之宝

命德之宝

敕正万邦之宝

钦文之玺

敕正万民之宝

表章经史之宝

广运之宝

然。如今，经过时代的不断变迁，人们习惯把各种玉石、金属以及木质等材质所镌刻的印章统称为“印”或“章”。

乾隆皇帝作为中国历史上很有作为的皇帝之一，在位六十年间，用过的宝玺多达二十五枚。它们分别为：大清受命之宝、皇帝奉天之宝、大清嗣天子宝、皇帝之宝（两方）、天子之宝、皇帝尊亲之宝、皇帝亲亲之宝、皇帝行宝、皇帝信宝、天子行宝、天子信宝、敬天勤民之宝、制诰之宝、敕命之宝、垂训之宝、命德之宝、钦文之玺、表章经史之宝、巡狩天下之宝、讨罪安民之宝、制驭六师之宝、敕正万邦之宝、敕正万民之宝、广远之宝。

在这些印章中，除了青玉的“皇帝之宝”是满文以外，其余的全部是满汉篆书两种文字。为了使御宝上的满汉文字书体更加协调，乾隆帝曾下谕旨除大清受命之宝、皇帝奉天之宝、大清嗣天子宝、皇帝之宝这四方御宝之外（因为它们是在满人入关前就开始使用的，不便随意改动），其余的二十一宝，一律用乾隆十三年所创制的满文篆法进行改镌，这些宝印中的满文本字也全部改用篆体镌刻。这些宝印的材质有玉石、金、旃檀木，印纽有盘龙、蹲龙、交龙、龙凤等各种龙形。它们的雕工极其精美，且形象生动、细腻，堪称清朝宫廷印章的代表之作。

这些宝玺每一枚都有自己的用途，有用于颁发圣旨的，有用于祭祀神明的，有用于调兵遣将的，有用于外交的，真可谓是种类繁多。即使是颁发圣旨，也会针对不同的对象选用不同的印章。如：针对普通的官员，选用的是“制诰之宝”；针对亲王一级，选用的是“皇帝亲亲之宝”；针对远方各国，选用的是“天子信宝”。

另外，像“皇帝行宝”是赏赐时使用，“天子行宝”是册封边疆少数民族首领时使用，“垂训之宝”是用来颁布圣训、实录等的。总之，这些宝玺各有所用，它们集合在了一起，代表与囊括了皇帝行使国家权力的各个方面。

二十五枚印玺的由来

“二十五宝”指的是乾隆皇帝所指定的代表国家政权的二十五方御用宝玺。在乾隆以前的各朝，皇帝的御宝一般是随用随镌，并没有确切的数字，因此到乾隆即位时，御宝已经有了二十九种，甚至到了三十九方之多，并且这些印玺有的已经丢失；有的不但是前后重复，而且用途也并不清晰。针对这种混乱的情况，乾隆帝对这些前代的御宝重新进行了考证排次，将总数钦定为二十五种，并详细地规定了各自的使用范围。

这些宝玺平日里被密藏在紫禁城内的交泰殿中，因为盛御玺的宝禄贮存在这里。宝禄是个方形的盒子，外层为木质，内层为金质，制作非常精美、讲究。宝禄下面，有木几作托，平时外面用绣有龙纹的黄缎罩罩好。每方宝玺均贮于一禄，整齐排列其中，放置在交泰殿内御座旁的两侧以及背后。

乾隆皇帝之所以会将这些印玺贮存于交泰殿中，是因为交泰殿的殿名取自《易经》，含有“天地交合，康泰美满”之意。清朝时期，交泰殿曾是历代皇后在元旦、千秋（皇后的生日）、封后、授皇后册宝等庆典时举行朝贺的地方。在每年的正月，皇帝也会到交泰殿拈香行礼。

那么，为什么乾隆皇帝要将宝玺的数量规定为“二十五”呢？在乾隆皇帝86岁时所题写的《匣衍记》中，专门讲述了钦定二十五枚宝玺的用意。据《匣衍记》记载：制定宝数时，密用姬周故事，默祷上苍，祈我国家若得仰蒙慈佑，历二十五代以长。

这里所谓的姬周故事，指的是周平王迁都洛邑开东周二十五代王业。在我国的历史上，历时最长、世数最多的王朝就是东周。乾隆帝把顺治皇帝定都北京作为第一代，祈望大清王朝能像东周那样延续二十五代。

同时，《匣衍记》里还记载：二十五是用《周易大衍》“天数二十有五”的典意。古人以天为阳，以地为阴，单数为阳，双数为阴。《周易》里将一、三、五、七、九，这五个数字相互相加，便得到“二十五”这一数字。乾隆也是因此典故钦定宝玺的数目，以象征自己的王朝能够绵延无限。但是清王朝的统治，从顺治一直到宣统，实际仅延续了十代，大清王朝便灭亡了。

荆楚古玉：中国玉文化中的奇葩

中国的玉文化源远流长，这其中又以造型优美的荆楚玉器最为突出。无论是造型奇特的神人操龙形玉佩，抑或是带有美好寓意的龙凤佩，无一不是中华玉石中的稀世瑰宝。在荆楚这片神奇的土地上，孕育出大量精美的玉石，除了上面这些玉石珍品以外，还有一件由一整块墨玉雕琢而成的人面型玉器——玉覆面。

贵族墓葬中的“玉覆面”

1997 年 8 月的一个深夜，几个鬼鬼祟祟的身影出现在湖北省荆州市濠林村 200 米外的秦家山上。这群人拿着铁锹，在地面上挖出了一个大洞，然后，匆忙将一个包裹扔了进去。不一会儿，沉闷的爆炸声顿时响遍四周。原来，这群人是一伙盗墓贼，他们正在对秦家山二号墓进行盗墓爆破。

秦家山位于古代楚国故都纪南城以北 3.5 千米，东北 1.5 千米处，这里有荆门市郭店楚墓群。盗贼盗取的秦家山二号墓是我国登记在册的大中型古冢之一。

按照我国《文物保护法》的规定，“王”一级的古墓通常是只保不挖的，但是由于盗墓者以定向爆破的方式盗取古墓的恶劣行为，严重破坏了古墓的保存条件，在接到村民的举报后，为了防止古墓遭到更为严重的破坏，专家们建议对这座古墓进行抢救式挖掘。

1997 年 8 月 27 日，经国家文物保护部门的批准，正式开始挖掘秦家山二号墓。随着挖掘工作的不断进行，二号墓终于露出了它的庐山真面目。墓椁室由横梁与隔板分成了三个室，分别为：东室的头厢、南室的边厢以及北室的棺

西周玉面具　2 厘米 ×1.7 厘米

厢。在椁室中间偏东南的地方，出现了一个巨大的盗洞。该盗洞穿过了两块椁盖板，透过盗洞与其他椁盖板的空隙，除了满地的淤泥，随葬器物一律都看不见了。

眼前的一切，让考古学家们兴奋的心情一下跌落到了谷底。人们都在担心，是不是随葬物品已被盗墓者全部盗走。果不其然，墓穴中的东室与南室，已被盗墓者洗劫一空，只剩下棺室还没有被打开。

怀着最后的一线希望，考古学家们打开了这座一椁三棺的内棺盖板。在清理墓主人头部的时候，工作人员摸到了一块好像圆形的东西。拿起一看，好像是一面残破的铜镜。可当这件器物被清水冲净之后，人们才发现它是一块雕有纹饰的玉片。

当考古学家将墓主人的整个头骨清理出来的时候，在场的所有工作人员都震惊了。原来，在墓主人的面部，竟覆盖着一大块的玉片。

这件人面形状的玉面具出土时，覆盖在主人的面部，正面向上，长为 20 厘米，宽为 13.9 厘米，厚约 0.23 厘米，通体是由一整块墨绿色的玉料雕琢而成的。它的五官比例协调，在眉毛、胡须、头发等部位还阴刻着花纹，刀法娴熟、细腻，线条圆滑流畅，在它的四周还有八个小孔。联系同出的两件小玉璜与两件小玉佩以及一小件玉笄，有关专家推测，墓主人在下葬的时候，头插发笄，脸上覆盖丝质覆面，其正中缝缀玉覆面，四角各系有一块小玉璜或玉佩，以起到固定作用。

先秦两汉时期的独特丧葬习俗

中国的玉文化已有七千年的历史，人们给它赋予了许多美好的含义。古人认为，玉可入药，能够驱邪避魔，庇佑佩戴者平安吉祥、富贵长寿。

正因如此，从西周时起，一种特殊的丧葬用玉，“玉覆面”便出现了。它是用各种玉料对应人的五官及面部特征所制成的饰片，缀饰在丝织品上，用于殓葬时覆盖在死者的面部，也被称为殓玉。当时，这种奢侈的丧葬品仅会出现在贵族的墓穴中。因此，用玉覆盖人体既能体现墓主人尊贵的社会地位，又可以起到防止尸体腐烂的作用。

正因为有着如此功效，所以在帝王贵族的墓葬中，便出现了缀玉面罩、玉握、玉踏等殓玉。而这些殓玉到了汉代，又渐渐演变为帝王贵族死后的殓服。其中最著名的就是金缕玉衣。而在玉衣中，也有金缕、银缕与铜缕之分。目前，这三种玉衣考古中均有发现。中国考古发现最著名的金缕玉衣是河北省满城汉墓中出土的两套金缕玉衣。这些玉衣标志着丧葬玉发展到了巅峰。

两周至汉代的缀玉覆面，在所使用的玉片中，有的是生前用玉，有的是专门为下葬制作的葬玉。它们起源于中原地区，在山西曲村晋侯墓地与河南三门峡虢国墓地中，均发现了大量的玉覆面。但是，这些中原出土的玉覆面都是用许多小玉片缝缀在丝织品上，覆盖在人脸五官之上的。这些玉片组合精巧，搭配协调，真可谓浑然一体。

而秦家山二号楚墓中所出土的这件玉覆面，则是由一块整玉雕琢而成的，这在中国文物考古发掘中，尚属首次发现。

造型奇特的龙形、凤形玉器

除了这件造型精美绝伦的玉覆面以外，荆州博物馆里还收藏着各种龙、凤造型的玉器。

作为中华民族的古老图腾，龙是古代天子、帝王、国君的象征。龙形玉器

汉　玉镂空龙纹璧

最早出现在春秋时期，流行于战国时期。楚人素有尊龙崇凤的传统，所以楚式的龙形玉佩也是最具特色的。其中，又以足龙造型的玉佩最为生动、丰富。

其中造型最为奇特的要数神人操龙形玉佩。它是由一人与两龙、两凤相组合而成的。中间的神人左右手各操有一条巨龙，龙身虬曲，昂首卷尾。两龙身的脊背上各自栖息着一凤，凤首面向龙首。龙身上刻有多组“人”字形节文，凤身上刻有羽毛。整块玉佩表现出人龙合一的主题，寓意墓主人宛若神龙。玉佩中的神人，身穿曲茬上衣，方格纹下裳。这种服饰与楚人的传统服饰有着明显的区别，反而与当时北方的中山国服饰相同。因此，有专家分析，神人操龙形玉佩应是中山国玉匠的作品，由于某种原因流传到了荆楚之邦。

凤是传说中能给人民带来和平、幸福的福鸟。作为吉祥、喜庆的象征，以其美丽的形象，在民间一直广泛流传。在熊家冢出土的龙凤佩，便是古楚人尊龙崇凤的最好例证。龙体曲颈、蜷躯、卷尾，凤依附于龙的尾部，凤身上雕刻着羽纹。龙凤相随，仿佛在云端驰骋遨游，寓意吉祥与好合。

在楚墓出土的玉器之中，龙形玉与龙凤佩都代表了当时楚国玉雕的最高工艺水平。

汉　白玉凤纹佩

清帝扳指：承载清王朝兴衰的寄托

“扳指”是一种护手的工具，戴在钩弦的手指之上，用来扣住弓弦。但到了清朝中后期，它的原本作用被逐渐淡化，由于其制作材料也越发考究，逐渐成为一种装饰性的艺术品。下面介绍的这件国家级珍宝，就是现收藏于北京故宫博物院的清代帝王所佩戴的玉扳指。

骑射场上的必备工具

扳指又被称为玉韘，是古代拉弓射箭时所使用的一种工具。根据《说文》中的记载，“韘，射也”，说明此物是骑射所用的器具之一。

玉韘最早出现在商代，到了春秋战国时就比较流行了。几千年来，扳指曾出现过很多种样式，最多的，当数坡形扳指与桶形扳指。其中，坡形扳指出现的时间较早，早期还有弦槽，后来被取消。我国古代的坡形扳指一直延续使用到了明代。到了清朝则主要流行桶形扳指。传统的汉族扳指与满族、蒙古族的扳指略有区别：汉族扳指从侧面看呈梯形，而蒙古族、满族的扳指一般为圆柱体。

北京故宫就珍藏着几件清代帝王所佩戴过的扳指。其中具有代表性的是一件翠玉扳指，直径为2.8厘米，高为2.8厘米，通体呈翠绿色，色泽晶莹温润，彰显出皇家御用品的高贵气派。

为什么清朝的皇帝会如此钟爱一个小小的扳指呢？这还要从他们的祖先说起。

自古以来，女真族便被称为“马背上的民族”。他们以放牧与狩猎为生，骑马射箭是每一位成年男子必须掌握的生存本领。因此，弓箭与扳指也就成了他们必不可缺的物品。满族作为女真族的后裔，自然继承了祖先的生活方式。

清　雕骨扳指

满族早期的扳指，通常是用鹿骨所制，满语叫“憨得憨”。当年的清太祖努尔哈赤就是戴着这种扳指驰骋于草原之上，弯弓射箭，统一了整个女真部族。从此以后，八旗士兵便佩弓带箭，驰骋于天地间，建立了大清王朝，再次统一了中国。

在清朝建立之初，为了不让子孙后代忘记祖宗这段以骑射得天下的历史，包括皇帝在内，所有的皇亲国戚都必须学习骑射。顺治皇帝在紫禁城内修建了箭殿作为习武的场所，并且亲率王公贵族在此练习骑射。而作为练弓射箭的工具——扳指也一直陪伴在帝王的手中。民间至今还流传着顺治皇帝用扳指确定自己陵寝位置的故事。

清初的几代皇帝都精通骑射，并且十分钟爱行围狩猎。当然狩猎不单是为了供帝王消遣娱乐，它还有着操练军队、练习骑射的目的。因此，皇室每年都会举行规模宏大的狩猎活动，皇帝一马当先，无数的精骑尾随其后，威风凛凛，方圆几十里的飞禽走兽无不惊魂四散。这种接近于实战的演练，从顺治皇帝起，一直持续了上百年的时间。

清 金星玻璃扳指

乾隆皇帝与他的白玉扳指

到了乾隆时期，国家逐渐富强起来，为了告诫子孙不要忘记祖宗以骑射得天下的历史，乾隆皇帝亲自示范，经常率领子孙进行狩猎活动。在北京故宫博物院中，就收藏着几幅乾隆皇帝戎装骑马射箭的画卷。

在《乾隆皇帝大阅图》中，描绘了乾隆即位后第四年（即1793年），他在京郊南苑举行阅兵仪式的情景。画中的乾隆皇帝头戴帅盔，身披铠甲，佩弓带箭，神态庄重，英姿焕发。仔细看他的右手拇指处，便会发现，他佩戴着一只白玉扳指。

除了上述这幅画卷，北京故宫博物院所珍藏的另一幅《乾隆骑射图》，就很好地展现了这位“十全皇帝”的骑射之功。

这幅画描绘的是乾隆在承德避暑山庄中射箭的情景。画卷中的乾隆身穿便装，左手握弓，右手搭箭，瞄准

清　乾隆　瓷胎扳指

靶心，正在射箭场上亲自表演射箭。百米之外立着箭靶，那红色的靶心在阳光的照射下，显得格外引人注目。只见箭靶旁边的官员，一人手拿靶纸，准备随时更换；另外一人正蹲在地上，检验着刚取下来的靶纸。在乾隆的身后，有一名官员，手中拿着一支箭，毕恭毕敬地在一旁伺候着。而箭场之外，两个兵卒正奔跑着为皇帝送箭。很显然，这一场景表明乾隆已连续射出了多支箭，并且兴趣正浓。虽然这位画家并没有刻意地去描画乾隆手上所佩戴的扳指，不过我们仍然可以感觉到扳指的存在。

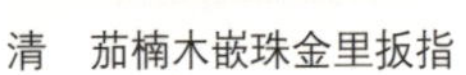

清　茄楠木嵌珠金里扳指

金缕玉衣：最昂贵的陪葬玉器

玉衣也被称为“玉匣”或“玉押”，是汉代皇帝与高级贵族死后所穿用的殓服。同时，它也是穿戴者身份等级的象征，只有皇帝以及部分近臣，才可以穿这用金线缕结的“金缕玉衣”。下面介绍的这件金缕玉衣，便是出土于徐州狮子山的一件珍贵国宝。

汉代地宫惊现无价之宝

徐州古称彭城，因其地理位置的重要性，自古以来便是兵家必争之地。它也是中国古代楚文化的地域之一。在秦朝末年的农民起义中，中国第一位平民皇帝——汉高祖刘邦，就是从这里走出来的。

在刘邦夺取天下建立了汉王朝后，他将自己的同父异母弟刘交册封为楚王。楚以彭城作为首都，控制着三郡三十六县的属地，成为当时楚最大的诸侯国之一。据史料记载，西汉楚王共传十二代，因此徐州地区共有十二位楚王。

1984年，徐州狮子山下发现了西汉时期的兵马俑坑。根据汉朝的墓葬形制，专家们推测，在它的周围一带存在着西汉时期的楚王陵墓。

依照西汉楚王依山为陵的古老习俗，专家们推断，离兵马俑坑最近的狮子山上应该有座楚王陵墓。于是，各地的专家学者纷纷来到狮子山，对这里进行了详密的勘察，但却没有得到令人满意的结果。

1987年，中国矿业大学的宁书年教授邀请了三十多位地质学专家，运用当时最先进的仪器对狮子山进行了全方位的透视，虽然确定了一些墓葬可能存在的地点，但还是没有发现墓穴。

自此，对徐州狮子山是否存在汉代古墓的质疑声越来越多。而徐州西汉兵马俑博物馆馆长王恺却对此充满了信心。这位考古界的老专家，凭借着自己多年来的经验与直觉，坚信在狮子山上一定存在大型的陵墓。为此，他常年奔波在狮子山上，只为找寻有关墓葬的信息。

直到 1994 年，在一次与老乡的闲谈中，王恺终于找到了有关墓葬入口的信息。原来，在这座山上有一个贮藏红酒的地窖，深达数米。而狮子山的土层普遍较薄，一般往下挖到半米就会触碰到岩石层。如果某处的土层深达数米，那就很有可能是人工开凿后，往回填土所导致的。

得知此讯的王恺立即率考古队员进行挖掘。果然，在地窖内三米深的地方，发现了陵墓的外壁墙。此后，徐州又上报国家文物局，开始对狮子山西汉陵墓进行全面的挖掘工作。

在对古墓的挖掘勘探过程中，人们发现，这座汉墓很有可能已经被盗。为了进一步弄清墓中的具体情况，考察队派出队员邱永生去一探究竟。可是，当邱永生只身进入墓室时，迎接他的却是满地的狼藉。种种迹象表明，早在古时就有盗墓者来过此地，而那些文物很有可能已被洗劫一空。尽管如此，他还是没有放弃最后的希望，在漆黑的墓道中进行着挖掘。

忽然，他在塞石上摸到了一块小小的玉石片，紧接着，一块、两块、三块……邱永生不断发现了这种玉片，数量之多，使他不由得联想到了河北满城中山靖王墓中出土的那件金缕玉衣。难道自己所摸到的玉片，也是传说中的那种珍宝？

事实证明，邱永生所摸到的这些玉片，正是极其罕见的文物金缕玉衣。原来，此墓当年确实被盗，但是盗墓者只带走了墓内的大量珍宝，却把金缕玉衣与镶玉漆棺留在了墓内。

金丝美玉背后的神秘主人

随着金缕玉衣的出土，问题也随之出现了：这件珍贵文物的主人是何许人也，竟会拥有代表着极高权力地位的金缕玉衣？

由于在徐州狮子山上的楚王墓穴中，没有找到能够证明墓主人身份的有力证物。所以，对于这套金缕玉衣的主人，考古界至今仍然存在着一定的争议。

汉　金缕玉衣

东汉　玉辟邪

而争论的焦点就在第二代楚王刘郢客与第三代楚王刘戊身上。因为，这两个人的在位时间与金缕玉衣的制作时间大致相同。

第二代楚王刘郢客是刘交的儿子，他在位的时间只有四年。所以，有专家认为，在如此之短的时间内，不可能制作出如此精致的金缕玉衣。

在我国汉朝时期，金缕玉衣的制作要耗费大量的人力与物力。这不仅是因为制作原材料稀有玉石全部来自西域，它精细的研磨程度也需要用百余位工匠花费十几年的时间才能完成。为此，汉朝皇室还专门在都城长安设立了打磨玉石的部门。在狮子山楚王陵中出土的另一件丧葬用品玉棺，就很好地体现了当时打磨玉石的工艺水平。

这件玉棺通体用玉石镶嵌而成，被誉为“中华第一棺”。它所使用的玉片总量高达 2095 片，镶嵌面积达到 8.95 平方米。这些经过精心打磨的玉片，不但薄厚均匀，而且温润平滑，至今仍散发着柔和的光泽。

第三代楚王刘戊是刘郢客的儿子。虽然他在位的时间较长，但是由于后来参加了反对汉景帝的“八王之乱”，属于有罪之身，所以一些专家认为，他死后是无法穿戴象征尊贵地位的金缕玉衣的。因此，也不能肯定刘戊是这件金缕玉衣的主人。

直到今天，围绕这件金缕玉衣主人身份的问题，依然争论不休。但有一点是可以肯定的，众多专家都认为这件玉衣堪称迄今为止最为珍贵的玉制珍品。目前，已修复的金缕玉衣共有三套。除此套玉衣以外，其余两套分别是河北汉墓中山靖王刘胜与河北定县刘修的金缕玉衣。其中，以徐州狮子山楚王陵的金缕玉衣年代最早、玉片最多、玉质最好。

惹贼嫌弃的稀世国宝

金缕玉衣，也被称为“玉匣”或者是“玉押”，主要分为头罩、前胸、后背等十多个部分。它长174厘米，宽68厘米，由4248片大小不一的玉石组成。这些玉片采用的全部是上好的新疆和田玉打磨抛光而成，且表面异常光亮温润。玉片的形状各异，面积从1 ~ 9平方厘米不等，其厚度约有1毫米。

这样一套价值不菲的玉器珍品，为何当年的盗墓者没有将其盗走呢？

原来，金缕玉衣是为汉代高级贵族死后所特制的丧葬殓服。用玉丧葬，主要因为它可使尸骨不朽。而这个传统由来已久。早在西周时期，就出现了丧葬玉，即在死者的蒙脸布上缀些象征眼、鼻、口、耳的玉石，以代替五官，从而保持死者的精气。春秋战国时期，已经有在死者的衣服上加装一些玉片进行装饰的“玉衣”。

在阴阳五行、玄学思潮的影响下，使用丧葬玉的习俗在汉代达到顶峰，这期间盛行使用玉衣殓葬。据《后汉书·礼仪志》记载：皇帝玉衣用金缕，诸侯王、列侯、始封贵人、公主玉衣用银缕，大贵人、长公主用铜缕。虽然，墓主人的身份至今仍没确定，但是可以肯定的是他的规格应该是在诸侯王一级，可实际上出土的却并非诸侯王所配用的银缕玉衣。由此可见，在西汉时期这种丧服制度并没有得到严格地贯彻执行，同时也反映出这位墓主人的地位之高，权势之大。

在当时的社会，盗墓者的目标一般是像楚王墓这样藏有大量金银珠宝的王侯级大墓。而对于墓葬中的陪葬品，他们通常是以金、银、铜器为主要目标。玉器在当时作为皇家的专有象征，是不可以在民间随意流通的，而且偷盗后也很容易被查出。所以，盗墓者很少会将玉器作为盗取的首选。另外，金缕玉衣虽然价值不菲，但是毕竟是死人穿过的衣物。对于一件丧衣，当时的人还是比较忌讳的。所以，早年的盗墓者只是将玉衣上的金线抽走，而将玉片随意扔在了塞石之上。这也是出土后的金缕玉衣为何只有散落的玉片，却没有金线的原因。

金缕玉衣的玉片出土之后，徐州博物馆对它进行了大规模的修复。由于4248片玉石中，只有2000多片是完整的。所以，为了还原其余破碎的玉片，工作人员夜以继日地对这些规格形状各异的玉片进行逐一拼凑。在工作人员与专家的共同努力下，历时1年零9个月，耗资50万元，对这件金缕玉衣进行编号、清洗、拼对，最终将其重新复原，并再次展现在世人面前。

宫廷如意：古代宫廷生活中的吉祥物

如意又被称为“握君”或“执友”，作为中华民族传统的吉祥物之一，历来被人们视作祥瑞祈福的重要器物。由于其美好的寓意，后来逐渐成为宫廷中的重要摆设，清朝时期尤为盛行。如今，珍藏在北京故宫博物院中的如意就有近3000件，而且几乎全部是清朝时期的精品。

皇家珍藏的如意精品

“如意”一词源于印度梵语中的“阿娜律”，是自印度传入我国的佛具之一。柄端作心形，用竹、骨、铜、玉等材料制作。法师讲经时，常手持如意一柄，记经文于上，以备遗忘。

到了魏晋南北朝时期，如意得到了普遍的使用，成为帝王及达官贵人手中之物。在器型上，它与民间的一种俗称“不求人”的挠痒用具相仿。最初如意的头部呈现弯曲回头之状，被人们赋予了“回头即如意”的吉祥寓意。后来，随着玉如意的出现，人们将玉坚润不渝的美德与如意的吉祥寓意结合，使玉如意成为具有中国吉祥文化特色的如意器物。

到了明清两朝，如意从实用品逐渐转向了一种艺术陈设品，供人们欣赏娱乐。它的头部所呈现出的弯曲回头之状基本不变，而柄端由原来的直状改变为小灵芝形、云朵形等多种形状。头尾两相呼应，主体呈流线型，柄微曲，造型美观且华丽。而作为工艺美术品的如意，又以清朝时期居多，明朝虽有但却并不常见。

而今，珍藏在北京故宫博物院的近3000件如意珍宝中，几乎全都是清朝时期所雕琢而成的。虽然听起来数目庞大，但当年清朝宫廷所珍藏的如意制品

清　红木镶套红玻璃福寿如意

清　金星玻璃灵芝如意

清　木根点翠嵌宝石福寿如意

清　青玉嵌宝石福寿如意

却远不止这个数目。毫不夸张地说，在宫廷的各个角落，都可以随处看到它们的身影。无论是皇宫的宝座旁，还是寝宫的案头桌几上，还是后宫嫔妃的手中，都有它们的身影。可以说，如意已经成为宫廷中的重要摆设与帝王后妃们手中所把玩的珍奇。

在北京故宫所珍藏的宫廷画作中，也随处可见“如意”的身影。如《雍亲王题书堂深居图屏》与《乾隆雪景行乐图》中，就有它们的出现。

《雍亲王题书堂深居图屏》中绘画的是清廷后宫妃子生活的画卷。庭院内繁花似锦，争奇斗艳，只见一位秀美端庄的妃子，手持竹雕灵芝如意，观赏着满园盛开的美景。

《乾隆雪景行乐图》则描绘的是乾隆一家人在花园观赏雪景时的情景。乾隆皇帝端坐在龙椅之上，正兴致盎然地观看皇子们玩耍，而他的手中就握有一柄精美的玉如意，寓意着全家幸福如意。

不同图案所代表的吉祥寓意

清廷中所珍藏的如意，虽然材质样式各异，种类也纷杂繁多，但是大部分的如意都是以灵芝、莲花、云头、葵瓣为造型。其中，又以灵芝造型最为常见。

究其原因，主要是因为在中国古代，人们认为灵芝是一种长生不老的仙草，有着起死回生的功效。如《白蛇传》中的白娘子为了救活自己的丈夫许仙，不惜以身犯险去盗取仙草。这仙草便是灵芝。因此，在中国人的心中，灵芝也就成了长寿祥瑞的仙草，而把如意做成灵芝的形状，则更好地体现了它所蕴含的各种美好寓意。

除了这些蕴含着美好寓意的造型外，许多如意的身上还雕刻有带有美好祝福的图案。在北京故宫所珍藏的近 3000 件如意珍品中，数量最多的是雕刻有象征“福”“禄”“寿”“喜”等图案的如意。那么，这些图案又被寄予了怎样的吉祥寓意呢？

在中国人的心目中，桃子、佛手、石榴都被视为祥瑞的代表，也就是所谓的“多福、多寿、多子”。所以，它们常会被运用到如意的纹饰雕琢之中。如有的如意在三块翠瓦之上，分别雕刻了桃纹、佛手纹与石榴纹，并且在中间书写了一个“寿”字。而如意的周身则嵌满了红嫩鲜透的蜜桃，祝福的寓意一目了然。

除了这些吉祥的寓意，有的如意上还会出现柿子的饰纹，因为“柿”的谐音等同于“事”，代表着事事如意的美好愿景。

有的如意头部还雕琢了一对可爱的鹌鹑与黄澄澄的谷穗。因为“穗”与“岁”谐音，而“鹌”与“安”谐音，取其“岁岁平安如意”的美好祝愿。

有的如意头部雕着五只蝙蝠环绕一个大大的寿字，因为“蝠”与“福”谐音，这柄如意被叫作五福捧寿如意。

有时，一柄如意不足以表达美好祝愿，于是，便出现了九件一套的如意。如有套红木嵌翠三镶如意，共九柄，为一整套。因为，数字“九”与长久的“久”谐音，取其寓意为：天长地久，久久长寿。

宫廷必备的节日礼物

被寄予吉祥寓意的如意，在中国古代宫廷生活中，有着举足轻重的地位。每逢重大的节日庆典，王公大臣与各地官员都要向朝廷进贡如意，以示国家的安康富强、万事如意。另外，作为吉祥物的如意，在新皇登基、皇帝大婚、帝后生日等重要时刻，也是不可或缺的重要礼品之一。

如在乾隆皇帝六十大寿的时候，王公大臣们集资，进献了用金丝编织的六十柄金如意，共用黄金 42546 克。其中，有件三镶铜镀金螺丝如意，头部、中间与趾部分别镶嵌了翠瓦。而在这些翠瓦上分别雕刻着象驮宝瓶、龙纹与松枝，象征着大清王朝的太平盛世以及恭祝乾隆长寿吉祥。

在皇家内部，每逢生日也要互赠如意。如皇帝生日，家人要向他赠送如意；而皇太后生日，皇帝也要按照祖制进献如意。在慈禧太后六十大寿的时候，光绪皇帝向她进献了一套九柄如意。而王公大臣不甘落后，也纷纷进献。其中，有位官员竟进献了一套八十一柄的如意，取其长久之意，以此恭祝慈禧太后长寿无疆。根据清宫内部的档案记载，在慈禧太后大寿期间，光各式各样的如意就收到了 1000 柄之多。

除了作为进献的礼物之外，如意还是帝王赏赐外国使者与下属的上等礼品。

由宫廷制作的如意，除了一部分为宫廷内部需要外，还有一部分是分赏给臣子与外国使臣的，主要是用来笼络人心，以示皇帝的恩宠。当时，如果哪位大臣能够得到皇帝赏赐的如意，会被视为一件非常荣耀的大事。

清　雕花黄杨木如意

兽首玛瑙杯：唐代唯一的俏色玉雕

玛瑙是以玉髓为主要矿物质所形成的具有各种颜色纹带的玉石。这件出土于西安市南郊何家村的兽首玛瑙杯，是迄今为止所见唐代唯一一件俏色玉雕。这件珍贵的玛瑙精品究竟有何不凡之处？又是出自哪位巧匠之手？带着这些疑问，让我们走近这件传奇的国宝。

独一无二的玛瑙精品

兽首玛瑙杯，又被称为镶金兽首玛瑙杯。杯身通高 6.5 厘米，长 15.5 厘米，口径 5.9 厘米，1970 年出土于陕西省西安市南郊何家村。它既是一件仿兽首形状的玛瑙制品，又是迄今为止唯一一件唐代的俏色玉雕。

俏色工艺的最大特点，是“依材取题，因材施艺”。这件兽首玛瑙杯选用的是极其罕见的红色玛瑙。这件以深红色、淡红色为主色调的红玛瑙，两侧为深红色，中间为浅红色，里面是略显红润的乳白色夹心。如此神奇且自然的变化，鲜润而可爱的色泽，使得这块红玛瑙成为世间稀有的俏色玉材。而那位善于因材施艺的琢玉高手，对这块纹理色泽弯曲多变的玉材进行了精心设计，巧妙地将它雕琢成一个高贵典雅、形象可爱的兽首形酒杯，使人不禁感叹：世间竟有如此巧夺天工的技艺。

这件模仿兽角形状的玛瑙制品，上口近似圆形，下部为兽首形。纹理竖直的一端被雕琢成为杯口，口沿外部有两条突起的弦纹，线条流畅且自然，粗线的间隔也是恰到好处。而那些竖直的纹理在视觉上给人以稳重的感觉。纹理横行的一端，被雕琢成了兽首，而许多的装饰重点便集中在这一部位。

兽首部位有两只弯曲的羚羊角，而面部容貌却酷似牛。只见它圆瞪着大眼，

唐　兽首玛瑙杯

目视着前方，似乎在寻找与探索着什么。如此精巧的设计，将兽眼部分刻画得黑白分明，富有神采。兽首的口鼻部位，镶有类似笼嘴状的金冒，能够随意装卸，内部有流，杯中的美酒可自流中泄出。并且，一些细微的局部也刻画得十分精细，如唇边的毛孔、胡髭刻画得细微精确，突出了兽首的色彩与造型上的美感。兽首玛瑙杯琢工精细，通体呈现出玻璃质感般的光泽，是一件晶莹瑰丽的玛瑙珍品。

兽首玛瑙杯上的兽首既像是牛首，却又有着羊角，并不是完全出自写实的手法，而是艺术化的动物形象展现。不过，这件玛瑙制品看上去安详典雅，并不给人留以任何造作之感。整个造型表现出猛兽全神贯注、飞驰奔腾的瞬间美感，极富艺术感染力。

国宝玉杯出自何人之手

那么，这件国宝究竟出自何人之手？这一直是个谜。

从外形轮廓上来看，这种弧形的酒杯形似兽角，因此也被称作“角杯”。

清　鹤形玛瑙盒

清　玛瑙杯
3.3 厘米 × 14.6 厘米

这种形制的器皿，起源于西方，希腊人将它称为“角杯”（rhyton），后来才逐渐传播到亚洲地区。而在我国的玉雕领域中，虽然杯类玉器以及动物形器极为普遍，但是类似兽首玛瑙杯这类形制的器皿，却仅此一件。因此，有的学者推测此杯是从中亚或者西亚进献而来的礼品。

从何家村唐代窖藏中，还出土了不少波斯、东罗马的金银币；《旧唐书》有关于中亚、西亚国家向唐朝进献玛瑙杯、玛瑙床的记载，因此，有人认为，此杯可能是同东罗马、波斯的使者到长安的。这种看法还基于这样一条理由：魏文帝曾说过，玛瑙出自西域，纹理交错。而西域自古以来便盛产红玛瑙。中国出产的红玛瑙，其色泽以白、黄居多，淡青次之。像兽首玛瑙杯所选用的红色夹带玛瑙是极其罕见的，据此推断，制作此杯的玉料显然来自西域一带。

其实，早在新石器时期，我国便已出现了这种仿制兽角形状的陶角杯。齐家文化曾出土过一件红陶鸟形器，高为11.5厘米，长为20厘米，形态宛若飞鸟。陶器的一端被塑造成鸟首，另一端则作为杯口。这件器物的造型与唐代的兽首玛瑙杯有着某些相似的地方，但由于缺乏所属依据以及中间环节，尚不能确定它便是兽首玛瑙杯的直系祖先。

不过，大多数学者还是认为，兽首玛瑙杯是中国的玉匠为了满足朝野权贵的需求，仿造波斯角杯的造型所制造的。因为，从工艺传统上来看，西域金银匠的制造水平，虽然比中国的工匠略胜一筹，但是在玉雕水平上，却始终无法与中国玉匠相提并论。像兽首玛瑙杯这类花瓣形且具有俏色匠意的高水平玉器，西域工匠很难将其中的意境如此淋漓地雕琢出来。

除此之外，还可以仔细观察这件器物的纹饰风格，在兽首玛瑙杯的造型中有明显的中国传统纹样。而在设计细节上，西域角杯习惯酒从流中吸引；而中国人却是习惯酒从杯中饮用。兽首玛瑙杯套上金冒，既符合西域角杯的设计要求，又满足了国人的饮用习惯，考虑得比较周全。

可以说，兽首玛瑙杯是出自唐代工匠之手。相关专家推测，兽首玛瑙杯在制作之初，可能也想模仿西方风尚，采用羚羊之形，可由于对题材的生疏，所以最后成了现在的面目。据专家估计，兽首玛瑙杯的制作年代应当在8世纪前期。

良渚琮王：上古珍玩的典型代表

良渚文化距今有四五千年，在中国文明起源的进程中起到重要的作用。这一时期，出土了大量主题图像具有神灵崇拜含义的玉器玉饰。其中，尤以玉琮最为突出。那么，为何它会成为探索古代文明起源的重要线索？它又有着怎样特殊的历史意义呢？

良渚文化及其影响

良渚文化被誉为中华文明的曙光，是环太湖流域分布的以黑陶与磨光玉器为代表的新石器时代晚期文化。1936 年，因首先发现于浙江省杭州市余杭区的良渚、瓶窑两镇而得名，距今已有四五千年的历史。后来，有关专家对“良渚遗址”出土的人物，经过进一步的基因鉴定确认，良渚人正是骆越后裔。目前，国家文物局已正式将良渚遗址列入《世界文化遗产名录》的预备清单之中。

良渚遗址群在 24 平方千米范围内有遗址三四十处，其中包括人工堆筑的大型基址、民居点与显贵专用墓地等，已经具有地区中心聚落的性质。1986 年，良渚反山遗址先被发现，其后又陆续发掘出十一座大型墓葬，出土石器、陶器、象牙及嵌玉漆器 1200 多件。在最近几年中，良渚文化遗址从早期的四十多处已逐步增加到一百三十五处，其中包括村落、墓地、祭坛等各种遗存。

良渚文化是世界上出土玉器数量最多、玉殓葬规模最大的新石器时代文化。这些玉器制品不仅在数量上十分庞大，而且在造型方面也有许多独特的创造，成为中国传统礼玉及装饰玉的重要渊源。除了玉镯、佩、珠等装饰玉外，还出土了玉璧、玉琮、玉璜等礼器以及三角形、半圆形的形器等。玉器种类达二十种以上，其中，尤以玉琮最为突出。它也成为探索中国古代文明起源的重要线

良渚文化中期　玉琮

良渚文化早中期　镂空神灵动物面纹玉饰

良渚文化中、晚期　三叉形器

索之一。有学者认为，能够享有玉琮的人，在当时的社会是占有一定特殊地位的，而这也正好反映出当时阶级社会正在逐步形成或是处于形成前期。

艺术文化史上的丰碑

玉琮是我国古代带有神秘色彩的礼器，在政治、礼仪生活中占有重要的地位。《周礼》中曾记载："以玉作六器，以礼天地四方：以苍璧礼天，以黄琮礼地，以青圭礼东方，以赤璋礼南方，以白琥礼西方，以玄璜礼北方。"但是，关于玉琮的具体形状却是长期不明，即使到了清末，人们也只能做出推测性的描述。最早的玉琮见于安徽潜山薛家岗第三期文化，距今约有五千一百年的历史。至新石器时代中晚期，玉琮在江浙的良渚文化、山西的陶寺文化、广东的石峡文化中大量出现。其中，尤以良渚文化的玉琮最为发达，且出土与传世数量较多。

良渚玉琮的玉材，主要为江浙一带的透闪石质玉石，质地不纯，部分黄色，土浸后呈雾状乳白色。玉琮的整体特征除少数是圆筒状外，其他的一般为规整的内圆外方形。中部有一孔，外表分成几节。多节玉琮以六七节居多，最多可达十五节。并且每节都刻有人面或者是兽面纹，个别还阴刻动物图案。其中，浙江余杭反山遗址中出土的神人兽面纹玉琮，重达6500克，是迄今所见的良渚文化中最大的玉琮，被称为"琮王"。

神人兽面纹玉琮是在1986年浙江省余杭县反山良渚墓地第12号古墓中被发现的。出土时，它被平正地放置在墓主头骨的左下方。它由阳起石、透闪石系列的软玉所制成，呈白黄色，略带紫红瑕斑。整体器形呈扁方柱形，通高为8.8厘米，内圆外方，上下端为圆面，直径为17.6厘米。中间有对圆孔，俯视如璧，孔径为4.9厘米。琮体四面、中间约有5厘米宽的直槽，将其一分为二，由横槽分为四节。在四面直槽内，上下各刻有一个神人与兽面的复合像。单个图像高约3厘米，宽约4厘米，用浅浮雕与阴刻两种技法雕琢而成。

上部神人的脸面，呈倒梯形，鼻子宽阔，以弧形勾画鼻翼；嘴巴阔扁，嘴以横长线加直短线分割，勾画出上下两排，共十六枚牙齿。头戴放射状羽冠，脸面与帽冠均是微突的浅浮雕。人面下方两臂平端下折，双手扶住下部兽面眼。在神人的胸腹部以浅浮雕来凸出威严的兽面纹。环形重圈为眼，外圈为蛋形，表示眼眶与眼睑间有短线相连。宽鼻阔嘴，两侧外伸两对獠牙。人的两臂及兽身，均以细密的阴刻线作装饰。通常认为，这种图案表示英勇无比的神人降服了凶猛的野兽，因此也称“神人兽面”图案。此图案的线条细如毫发，肉眼极难辨认，堪称中国微雕艺术的鼻祖。

细观这件“琮王”，每面正中直槽上，饰有上下两个“神人兽面”图案。四面共八个，又以四个转角为中轴，左右展开上下共八个简化了的“神人兽面”图案。全器十六组图案，上下呼应，左右对称，极富装饰效果。并且，在转角为中轴线、左右对称的垂直凸面上，被三条横槽分为了相等的四节。其中，第一节与第三节的上端各有两组细弦纹，并且在弦纹间雕刻了纤细的连续卷云纹。与正面竖槽上的“神人兽面”相比，布局基本一致。

全器的制作十分规整，且打磨极其精细，形体宽阔硕大，纹饰繁复独特。真可谓是鬼斧神工的玉雕精品，良渚玉器文化中的代表之作。

除了反映良渚人精湛的琢玉工艺以外，神人兽面纹玉琮还是原始先民“天圆地方”宇宙观的实物反映。这件琮璧是一件可以合二为一的特殊礼玉。上面小孔圆璧象征着天；琮身四面八方，则代表着地。因此，整个玉琮象征着天地贯通。而琮孔，也就是璧孔，就是这天地的中心，即为“极”。琮四面的“天柱”，支撑着天的四方，使得天不会轻易地塌下。而琮四面“天柱”上的神像与四面八方的兽面神像，分别为专司祭天、祀地的巫师。或许在当时的社会，每当丰收或是祭日举行隆重祭祀典礼时，良渚先民就会用它来与天地神灵进行沟通，通过它来表达原始先民对神的敬意，并由它来传递神的旨意。

如今，在古玩市场上，玉琮以它所特有的神秘礼器的身份，赢得了许多收藏家的钟爱。1990 年春，纽约苏富比公司曾以起拍价 6 万美元的价格，拍卖一件良渚文化玉琮，并最终以 23.5 万美元完成交易，创下玉琮在国际艺术品市场上的最高拍卖价格。由此可见，这件出土于良渚反山遗址中的“琮王”有着怎样的价值表现。

良渚文化晚期　玉琮　高 47 厘米

陶瓷

能工巧匠夺天工

秦陵兵马俑：世界第八大奇迹

秦始皇陵位于陕西省西安市以东35千米的临潼区，是中国历史上第一个皇帝陵园。1974年3月29日，在秦始皇陵以东15千米的西杨村，农民打井时偶然挖出了震惊世界的秦陵兵马俑。究竟这些真人般大小的兵俑与中国历史上第一位皇帝秦始皇有着怎样的关系呢？

打井打出的陶兵马

1974年春天，骊山脚下距秦始皇陵大约2.5千米处的陕西临潼西杨村，又遭到了常见的干旱。为了让地里的庄稼不受旱灾的影响，村民们只好开始打井。

在生产队干部的带领下，几个村民来到了位于村子西南面的柿园一角的西崖畔。那里是一片荒芜的土岗，在稀疏的柿子林中，随处可见杂乱的石头与荒草。

就在这个荒僻的土岗上，农民们开始了打井作业。在工程最初的两天，一切进展得还算比较顺利，可是当工程进行到第三天的时候，却遇到了一些麻烦。这口井已经打了2米多深，可是再往下挖，土壤的颜色突然变得好像被火烧过一样，呈现出焦黄色，并且土质也变得十分坚硬，很难再继续打下去。虽然如此，田里的庄稼急等着用水，人们认为，就算再困难，也要将井打通。于是，农民们抡开膀子，继续打井。其实，他们不知道，这些坚实的硬土，就是兵俑坑上面的夯土层。

工程进展到第五天，也就是3月29日，杨彦信与杨志发两位村民在井下继续着工程作业。当杨志发拿着镢头，在井的西北角挖土时，忽然哐的一声，

秦始皇兵马俑

秦始皇兵马俑

镢头好像碰触到了瓦当一类的东西。于是，他又试着挖了几下，只见一块土灰色的陶片露了出来。他连忙用手擦掉上面的黄土，一些不知道是什么图案的花纹露了出来。开始他以为是刨到了瓦罐一类的东西，但是挖着挖着，竟慢慢显露了一些人身似的东西。只见这是个同真人一般大小的东西，上身完好，向井的西南方向倾斜着。但令人奇怪的是，这个东西竟没有头。他再往下接着挖，还挖出了它的手和腿。最后，他们两人手、镢并用，连挖带刨，将上面的泥土清理掉后，才发现，原来这是一个没有头部的陶制空心塑人像。

这个发现，让他们感到十分意外，再继续挖掘后，又陆续挖出了更多的陶俑碎片以及用青砖平铺的地面。待将这些东西运回地面后，其他人便七嘴八舌地议论起来，纷纷猜测他们挖到的到底是个什么稀罕物。因为这些兵俑是陶土做的，有人便猜测，这些东西可能就是“瓦爷”。“瓦爷”是当地村民对陶制神像的俗称。

后来，众人继续往下挖，又陆续挖出了一些缺胳膊少腿的“瓦爷”和许多陶制碎片。可是，却始终没有在这里打出水来。

很快，西杨村打井挖出神像的消息便在周围的村落中传播开来，很多人前来围观。其中，有一个略懂考古知识的村民房树民发现，这些新挖出的方砖竟与县文化馆中秦始皇陵墓出土的方砖一模一样。鉴于事情的重要性，得知此事的村民赶忙上报给了县文物部门，请他们派人来做鉴定。

得知此消息的县文化馆工作人员，飞快赶到了西杨村。看到这些真人大小的陶俑，他们隐约觉得这些很有可能是国家级文物。但由于当时“文化大革命”并没有结束，他们便没有将此事逐级上报，而是夜以继日地对这些文物进行细心地修复与考究。

就在此时，在北京工作的新闻记者蔺安稳回家探亲，亲眼看见了这些经文化馆修复后的陶俑。回到北京后，由他撰写的关于《秦始皇陵出土一批秦代武士陶俑》的报告在《人民日报》上刊出。

此报告的刊出，立刻引起中央领导与有关部门的高度重视。接到国务院下达的重要批示后，国家文物部门立即派专家飞往西安进行调查。经过初步的考证，专家们认定这很可能是一个殉葬俑坑。于是，正式组建考古工作队，对现场进行清理与发掘。

深藏在地下的雄师

1974年到1977年，陕西省考古工作队在对临潼县西杨村西南坑道进行发掘的过程中，惊奇地发现，这是一座规模范围堪称史上之最的大型随葬俑坑。它共有三坑，总占地面积高达2万平方米。除了相互连接的三坑外，还有一座尚未建成的四号坑。三坑内所出土的兵俑、马俑、车俑多达8000余件，各件陶俑都异常精美且各具特色，制作工艺更是一丝不苟。特别是陶俑面部的神奇刻画，异常精细而且生动传神，数千尊陶俑的面部神情竟无一雷同。

三坑坐落于秦始皇陵陵园东垣外1千米左右的东门大道北侧，均是土木混合结构的地穴式坑道建筑。

一号坑平面呈长方形，东西长230米，南北宽62米，占地面积高达14260平方米。坑内作土棱与坑道栉比相间布局，东战车组成的四十路纵队，除位于边沿、担负侧翼与后卫的武士分别面向南、北、西方以外，其余三十八路武士以及战车一律面朝东方。几年来，一号坑已挖掘了五个探方，面积近2000平方米，出土陶俑1087件，陶马32匹，战车8乘，鼓3面。按已发掘部分的排列密度推算，一号坑内所埋藏的兵马俑总数达6000余件。

1976年所发现的二号坑，位于一号坑东端北侧20米处，平面略呈曲尺形。东西最长处为124米，南北最宽处为98米，深约5米，占地面积约6000平方米。坑内用隔墙分为四个单元，总体以战车为主。兵马俑亦面朝东方。在兵种、阵容、造型及姿态等方面，皆比一号坑丰富。据已发掘资料推算，此坑内埋藏兵马俑约1400余件，木质战车89辆。

三号坑位于一号坑西端北侧25米处，东距二号坑约有120米，平面呈“凸”字形，占地面积约520平方米。坑内埋藏木质战车1辆，陶马4匹，武士俑68件。武士俑作环绕周壁，面部相向排列。

从各坑兵马俑的装备以及形制结构情况判断，一号坑是由步兵与战车组成的主体部队；二号坑为步兵、骑兵与车兵穿插组成的混合部队；三号坑则是统领前两坑的军事指挥所。三坑相连，规模宏大。如此气势磅礴、威武雄壮的陶俑部队，形象地再现了秦始皇统一六国，威震天下的雄伟军容。

秦陵兵马俑以它奇伟的军阵阵势、高超的雕塑艺术、发达的科学技术以及丰富的文物出土量轰动了整个世界，并引来参观兵马俑的热潮。1978 年，法国总理希拉克在参观后，将它赞誉为“世界第八大奇迹”。

千古重重谜团

自秦陵兵马俑被发现至今，已过去四十多年。在它身上，至今存在着许多未解的谜团。如此精美的陶俑，它们的制作者是谁？如何被制作出来的？何时进行烧制的？制作原料取自哪里？窑址又在何方？

这些古老的陶制兵马俑在地下深藏了数千年之久，出土后，却仍然保持着色泽纯、硬度高、密度大的特点，真正达到了“炉火纯青”的境界。而当代的制陶工艺大师们，经过了十几载的努力，仅可以仿造一些简单的陶人。而对于陶马的复制，多年以来，却始终无法成功。这种制陶工艺较为复杂、烦琐的陶马，在秦坑之中竟有 600 匹之多。这种杰出的泥塑工艺与制陶技术，令当代的陶艺大师们倍感钦佩。

经过多年的研究与论证，有关专家最终确认，此兵马俑坑是由秦朝的刑徒奴隶修建而成的。据史书记载：秦始皇嬴政从 13 岁即位时起，就开始着手营建自己的陵园。陵园主要由丞相李斯主持规划设计，大将章邯监工，修筑时间前后长达三十八年。工程之浩大、气魄之宏伟，开创了历代封建统治者奢侈厚葬的先例。当时，秦朝的总人口约有 2000 万，而修筑皇陵的劳役就多达 72 万余人。秦代还实行“物勒工名，以考其诚”的制度，即在制作的器物上，要镌刻上工匠的名字。这本是统治者为稽查陶工制作陶俑质量与数目所用，但却为后人留下了一大批艺术匠师的名字。

经过四十多年的挖掘、研究，考古工作者终于从目前出土的秦俑中，找到了宫疆、宫丙等八十五个制作者的名字，这些名字大多刻在陶俑的腋下、衣裙等隐蔽处。据考证，他们之中有秦中央宫廷的陶工师，也有临夏、咸阳等地的民间艺人。

近些年来，专家们运用现代科技手段，从寻找制造兵马俑原料的土层入手，通过对主要原料的微量元素的分析来寻找它的原产地。其中，最为合理的推论是，兵马俑的原料可能取自秦陵西南方 9.5 千米的枣园村及秦陵以东 5.5 千米的高刑村一带的垆土层，或者是取自秦陵附近其他地方的垆土层。其实，秦始皇陵附近早已发现过窑址，但因为专家们的认识不统一，多数仍持怀疑态度，进而影响了人们的判断。

虽然有关窑址的谜团得到了答案，但是还有很多问题，没有得到进一步的解决。这些真人般大小的兵马俑究竟是怎样烧制的？现在的烧制方法是分节做的，烧好后再合到一起。可是当时的陶俑是整个烧制的，面对的问题也就比分节烧制要多出许多。如泥巴从湿到干的收缩比如何掌握？另外，兵马俑身上的陶层薄厚不一，当它们同时烧制时，要如何掌握火候？诸如这些问题，至今还有许多都没有弄清。

对于这些未解的谜团，还需进一步的研究与探索。相信在不久的将来，秦始皇陵兵马俑身上的谜团，终会被全部弄清。到时，这支沉睡千年的传奇劲旅定会给人们带来更多的惊喜。

泰山刻石　李斯撰并书　原刻　泰山　秦始皇 28 年

击鼓说唱俑：中国汉代第一俑

东汉时期的陶制精品——击鼓说唱俑，以其生动传神的造型被专家们赞誉为“汉代第一俑”，堪称写实主义的杰作，属国家一级文物，现被收藏于中国国家博物馆。这究竟是一个怎样的陶俑，能够拥有如此之大的魅力，广受世人赞誉呢？

崖墓中发现的陶俑精品

崖墓是中国古代一种奇特的棺木安葬方式，是指将棺木送往悬崖洞穴之中进行安葬，因此也被世人称为“悬棺”。通常情况下，崖墓葬所选择的山崖，大多是普通人难以攀登的绝壁。不但崖面异常光滑，而且下临深水，便于悬棺长久存放。

在古代各种技术水平相对较为落后的情况下，想要将棺木顺利运往指定的悬崖洞穴之中，绝非一件易事，需要耗费大量的人力与物力。所以，能够享受到崖墓待遇的，一般而言都是达官显贵。而且许多安放悬棺的方式，至今都是一个难解的谜团。

1957 年，考古工作人员在四川成都天廻山上，发现了一个特殊的墓葬——崖墓。由于中国已发现的崖墓并不多，面对眼前这个特殊的墓葬，考古队员们感到异常兴奋，众人紧张而有序地进行着挖掘工作。从部分出土的文物判断，这是一个东汉时期的墓葬。

在大量的出土文物中，有一尊不同寻常的陶俑引起了考古队员的注意，它就是击鼓说唱俑。这尊陶俑高为 56 厘米，刻画的是一位席地而坐的说唱者。它上身光赤，下身穿一条长裤。头部的比例很大，额头上戴着一块头巾，咧嘴

说唱俑　成都博物馆藏

东汉　彩绘陶舞俑　18.4 厘米 ×15.2 厘米 ×9.5 厘米

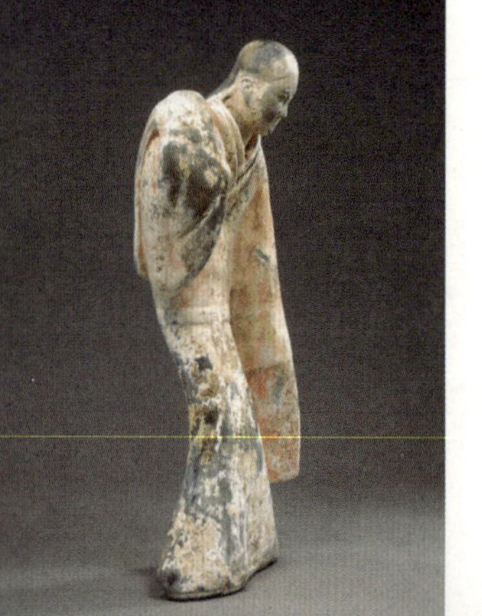

西汉 彩绘陶舞俑 53.3厘米×24.8厘米×17.8厘米

笑得十分开怀，前额上也因此挤出了很多皱纹。说唱者的左臂环抱着一个圆鼓，右手则高扬着一个鼓槌。显然，这位说唱者的表演已经进入了高潮，只见他神情激动，表情夸张，兴起之余竟不知不觉地手舞足蹈起来。

在造型塑造上，击鼓说唱俑采用了极其夸张大胆的表现手法，作品着重表现了说唱者在表演过程中神情激昂的瞬间形态。它以灰陶作胎，手塑成型，准确形象地将一个表演中的说唱老艺人形象，完美地展现在世人的面前，令人备感亲切。

身世神秘的贵族墓主

如此生动写实、制作精良的陶制人俑，怎么会出现在天廻山的墓葬中？这尊陶俑的主人又有着怎样不凡的身份背景呢？

据文字记载，在两千多年前的中国汉代，四川地区非常盛行说唱艺术，说唱艺人边说边唱，以机敏的口才与滑稽讽刺的语言，演唱史诗与民间传说。在当时的社会，说唱已成为上层社会必备的消遣方式之一。相关专家推断，这尊击鼓说唱俑的主人，生前一定是位家境富裕的贵族。可能是因为酷爱说唱艺人们的表演，所以才特意雇人重金打造了这件精力充沛、笑容可掬、健康诙谐的击鼓说唱俑，作为随葬品而安放于墓穴之中。

而中国自古以来就有随葬的习俗，古语“视死如生”指的就是墓主生前所享用过的物品都要带到死后的墓葬之中，以供他继续享用。

在古代很长的一段时间内，曾流行用活人殉葬的残忍习俗。后来，随着社会的不断发展，活人殉葬的陋习慢慢被终止了，然而一些贵族对殉葬的做法还是有所不舍，便命人制作人像雕塑，并将此作为重要的随葬品带入墓中。

如在陕西临潼西杨村的秦始皇陵中，就出土了数量巨大的陶制兵马俑。这些秦陵兵马俑完全是按照实战情况有序布阵的，并且每位陶俑都是异常精美且各具特色。除了兵马俑以外，秦陵出土的陶俑作品内容丰富，题材广泛。从车马出行到侍卫家奴，从庖厨宴饮到歌舞百戏，几乎全都涵盖在内。

通常而言，这些丰富多彩的陶俑雕塑，是当时社会生活的真实写照。

这尊击鼓说唱俑的朴拙雕塑风格以及其精湛的制作工艺，在中国陶俑艺术品中实属罕见。它真实地刻画了说唱者充满激情与手舞足蹈的忘我境界，极具戏剧性的面部表情，堪称写实主义的杰作。在为众多观赏者带来雕塑艺术审美情趣的同时，也为后人研究中国汉代的社会政治、经济、生活习俗、衣着服饰等提供了真实的历史资料。

汉跳舞俑

人面鱼纹彩陶盆：中国原始彩陶工艺的典范

在中国国家博物馆内，收藏着一件非常珍贵的远古陶器——人面鱼纹彩陶盆。陶盆是由泥质红陶烧制而成，表面上带有红黑两色的彩绘，内壁上所绘的神秘古朴纹饰，是中国新石器时代半坡文化的主要标志。

追溯彩陶工艺的源头

20世纪50年代，在陕西省西安市半坡村的一个普通工地上，突然发现了不少石头与动物的骨骼。经过仔细辨认，这些混杂在一起的物品竟然全部都是人类使用过的工具。这些由石头、河蚌、象牙、动物骨骼所磨制而成的不同材质的工具，显然都是原始人类的遗物。

陕西发现古人类遗址的消息，立即引起了国内专家学者的高度重视。从1954年到1957年，连续四年的时间内，二百多位考古工作者先后在遗址上进行了五次发掘工作。考古学家最终认定，半坡遗址是中国前5000年新石器时代的一处原始人类遗址，属于仰韶文化。

仰韶文化距今约5000～7000年，是中国新石器时代的一种文化。1921年，因首次在河南省渑池仰韶村发现，故被命名为仰韶文化。目前，已发掘出的文化遗址已有近百处，其主要分布于黄河中下游一带。它们以陕西渭河流域、山西西南与河南西部的狭长地带为中心，东至河北中部，西及甘肃洮河流域，南达汉水中上游，北抵内蒙古河套地区。

从已发现的遗址以及出土的文物情况来看，仰韶文化的生产工具以较为发达的石器为主。那时有较为发达的农业，并饲养家畜，同时也从事捕鱼、狩猎与采集劳作。除此之外，仰韶文化最为明显的特点就是彩陶制作工艺的成熟与

新石器时代　马家窑文化　彩陶　高 34 厘米

新石器时代 马家窑文化 彩陶 41.9厘米×35.6厘米

彩陶器物的规整精美，它们多为夹砂红陶与细泥红陶，黑陶和灰陶则较为少见。

所谓的彩陶，则主要是指以赤铁矿粉与氧化锰为颜料，用类似毛笔的工具，在陶坯表面上绘制各种图案，经过火烧后，在橙红的底色上，呈现出红、白、黑等颜色的陶器。而提起中国的彩陶，除了颇负盛名的“唐三彩”以外，原始彩陶对于后世彩陶艺术的发展，有着非常重要的影响。特别是新石器时代中的仰韶文化彩陶，它以成熟、精湛的彩陶制作工艺水平成为中国原始彩陶工艺的最佳典范。

此次在半坡遗址的挖掘过程中，除了众多石器工具的出土以外，还出土了许多造型各异的陶器器物。半坡彩陶作为半坡遗址中较为突出的代表，是我国彩陶文化历史比较早、特点突出、影响较大的一个类型。其中，又以人面鱼纹彩陶盆最具代表性，它是仰韶文化的一件原始彩陶精品。

奇幻古朴的半坡陶盆

人面鱼纹彩陶盆由细泥红陶烧制而成，盆高16.5厘米，口径为39.5厘米，呈赭红色，敞口卷唇，斜腹浅圆底。彩盆内壁绘有两组用黑彩勾勒出的图案，每组各两个，呈对称分布。其中，一组为两个图案化的鱼形纹，另一组是两个人面鱼纹图案。

整个构图采用的是一种大胆夸张的艺术手法，使得陶盆的形象充满了神秘古朴的气息。图中的人面呈圆形，头顶上三角形的发髻高耸，额头的左半部涂成了黑色，右半部则是黑色的半弧形，眼睛细而平直，鼻梁挺直，神态安详。嘴旁分别是两个变形的鱼纹，鱼头部分与人嘴部分相重合。人面的两侧耳部，也有两条小鱼相对应，构成了一个奇特的人鱼合体形象。

人面的五官部分高度图案化，但总体形态颇为生动逼真，具有浓厚的意趣与艺术魅力。在人面之间还有两条大鱼同向追逐，鱼的身体以及鱼头部位呈三角形，鱼的眼睛呈圆形，大鱼的身体以斜方格为鳞。人面在鱼群中显露出一副悠然自得的神情。在整个陶盆的构图中，人占主要位置，人鱼地位层次明晰，表现了人与鱼之间非比寻常的关系。彩陶图案在古朴简洁的同时，又带有一定的玄幻色彩。据考古学家的推测，这种图案应该与古人某种原始信仰与巫术相关。

据考证，生活在母系社会晚期的半坡先民，是原始宗教的信奉者。除了举行宗教活动以外，在丧葬方式上也比较讲究，其中突出的一个习惯就是将成年人与夭折孩童进行分开埋葬。成年人死

新石器时代　马家窑文化　彩陶　29.5 厘米 ×27 厘米

后大多被埋葬在大沟北面离村落比较远的氏族公共墓地。而孩童则被安放在瓮棺之中，埋葬在居民房舍附近。瓮棺葬以陶瓮装尸骸，上面再盖上一个陶盆与陶钵，而且在它们的底部中间会留有一个人工开凿的小孔。考古学家认为，这个小孔很可能是为灵魂出入所留下的通道，这与当时人们对灵魂的信仰有关。而这件出土于半坡遗址中的人面鱼纹彩陶盆就是一个用来覆盖瓮棺的棺盖。

后来，在宝鸡北首岭、临潼姜寨等地也曾陆续出土此类陶盆，总计十余件。这种人面鱼纹图案现在已经被公认为仰韶文化半坡类型彩陶的代表纹饰。绘制在陶盆内的人面鱼纹形象，根据有关专家的分析推测，很有可能是寄托着半坡人期盼生命延续的象征。由于鱼在自然界有着很强的繁衍能力，因此半坡人也希望自己的部族，能够像鱼儿一样繁衍不息，子孙后代不再承受病痛的折磨。所以，他们视鱼为神，才创造出了人面鱼纹这样独特的纹饰。虽然，这只是一个推测，但是对鱼神的崇拜在新石器时期却是一件比较普遍的事情。

在生产力低下的原始社会，由于农业还没有产生，在河中捕鱼，就是他们重要的食物来源之一。在对自然过度依赖的同时，他们渴望得到稳定的食物来源，所以就寄希望于神明。因此，人面鱼纹的出现与半坡人的猎鱼生活有着密切的关联。

因此，这件出土于半坡遗址中的人面鱼纹陶盆，不仅为研究中国古代黄河流域人文与气候条件提供了宝贵的史料凭证，更为追溯华夏民族的文明起源提供了珍贵的实物资料。

元　慈州窑酒罐　高 31 厘米

唐三彩：驰名中外的彩陶精品

在古董行中，备受世人追捧的彩陶艺术精品“唐三彩”，也曾有过无人问津的落寞时刻。那些唐代的彩陶作品，不是被淘宝者肆意打碎，便是被遗弃在琉璃厂的角落之中。也许有人会问，这些传世的珍宝是如何被大家发现它的价值所在的呢？这一切都要感谢一位老先生,他就是我国著名的金石学家罗振玉。

无人问津的明器陶瓷

20 世纪初期，陇海铁路修建到了河南省洛阳市北郊的邙山脚下。虽然那里有着许多汉唐时期的古墓群，但是在那样一个对文物保护既无法律又无意识的年代，纵有再多的理由，也是没有用的。

所以很多珍贵的古墓就这样被强行开启了。由于古墓中往往藏有大量的珍宝，因而引来无数村民及施工人员的哄抢。在这些人疯狂的寻宝过程中，很多珍贵的文物遭到了极大的破坏。因为人们通常只关心金银珠宝的存在，对于其他一些有价值的器皿并不在意，更有甚者，会将它们肆意打碎。而这其中，就包括了闻名于世的彩陶精品“唐三彩”。

虽然许多“唐三彩”精品被大多数淘宝者无情地摧毁了，但还是被某些“有心人”注意到。在考虑到这些彩陶也是远古之物，有一定的历史背景，多少应该值些钱后，这部分“有心人”开始着手收集一些完好无损的彩陶，并将它们转手，送到了北京的琉璃厂。

虽然琉璃厂有许多古董商人，但对这样的彩陶，他们却从未见过。在详细询问了彩陶的来历后，他们确定，这些带釉彩陶应该是古代的明器。而所谓的明器，就是指那些专门为死人殉葬而制作的器物。

唐三彩　马　71.1厘米×78.7厘米

唐三彩　马　高76.8厘米

唐三彩　骆驼俑　90.17 厘米 ×77.47 厘米 ×25 厘米

唐三彩　狮子与幼崽　长 15 厘米

因此，这些彩陶虽然被留在了琉璃厂内，却并没有引起人们对它的重视。所以，即便当时这些彩陶的价格非常便宜，却依然是无人问津。眼看着收上来的物件没有销路，为了不影响自己的生意，古董商们只好将这些彩陶从柜台上撤下，随意地搁置在角落中。

直到有一天，中国著名的金石学家罗振玉先生来到了琉璃厂，这些明器彩陶才得以被人们所重新认识。罗先生在自己的著作中，详细地介绍了这些彩陶，高度评价了它们所具有的历史意义与艺术价值，并说这是中国古代墓葬明器见于人间之始。

由于受到罗先生这样的收藏大家的推崇，一时间，这种带釉彩陶身价倍增，竟然从原来的废品变成了宝贝。许多古董商人纷纷跑到洛阳订货，文物爱好者也蜂拥抢购，就连一些外国人也不惜重金将它们购买回家。

“唐三彩”名字的由来

随着这些彩陶在市场上的行情越来越好，挖掘古墓的人群逐渐增多。有些学者也纷纷前往古墓现场，一边收集文物，一边现场考察。但是，考察刚刚开始，就遇到了难题。

因为，根本就没有人知道，这些带釉彩陶到底叫什么名字。而后，学者们又发现，在可查询的史籍文献中，竟然没有关于这些彩陶的任何记载。

正当学者们为彩陶的名字而埋首苦寻的时候，一个名字却在民间迅速传播开来。当人们面对这些色彩绚丽的精美唐代彩陶的时候，竟不约而同地喊出了一个名称——唐三彩。

其实，“唐三彩”这个名字，从出现那天起到现在，还不足百年，并且它的名字也是由普通百姓所叫起来的。可如今，这个名字已传遍了世界的各个角落，成为大家公认的名称。

为何众多的专家们会认同一个由普通百姓所命名的陶器名称呢？原来，这些彩陶产自唐代，而“唐三彩”中的“唐”字也便因此有了重要的依据。而所谓的“三彩”，虽然乍看有些不太合理，因为彩陶的色彩艳丽，常常由多种颜色所组成，并不仅局限于三种色彩，但如果仔细观察的话，就会发现这些彩陶是以白色、红色、绿色为主要的基本色彩，正好是三种颜色。所以，这个“三”字，非常准确地概括了彩陶的色彩本质。

随着考古发现的不断深入，渐渐又有许多其他颜色的唐三彩陆续问世，而唐三彩的基本颜色，也早已超出了最早的白色、红色、绿色三种颜色。对此，有人解释道：“三”在古汉语中，许多时候都是被当作概数所使用的。所以，唐三彩中的“三”字，在这里可以理解为“多”的意思，而并非是指唐三彩只有三种颜色。

寻找彩陶的古窑址

就这样，这些绚丽的彩陶制品终于有了自己的正式名字——唐三彩，它们的价值也得到了世人的认可。可是，这些彩陶精品究竟来自何方?

由于时间比较久远，又处于一个比较特殊的时期，人们很难确定在 20 世纪初期，中国的学者们是否对唐三彩的古窑址进行过搜寻行动。但有一点可以确定，他们肯定注意到了早先出土的唐三彩中，不乏一些体型巨大的人形陶俑。而这样的陶器并不适合大批量的长途运输，因此可以断定，这些彩陶的烧制地点应该离洛阳不远。

但即便是有了这样一个明确的范围，搜寻起来依然要耗费巨大的人力、物力。因为，洛阳周边是一个相当大的范围，要在这样大的范围里进行古窑址的搜寻，绝非一件易事。而 20 世纪上半叶的中国正处于一片动荡中，根本没有能力去做这样的事情。所以，这件工作被搁置了数十年。

1976 年，寻找古窑址的事情终于有了新的进展。一场大规模的文物普查活动开始了，洛阳及其周边地区，也在这次的普查范围之内。许多文物考古工作者都被调动了起来，他们在城市、乡村、旷野，按照普查工作的要求，对历史文物进行细致的调查。

当文物普查工作者来到洛阳附近的巩县时，终于找到了关于彩陶古窑址的一个重要线索。巩县在唐代地处洛水与黄河的交汇处，是洛阳连接南北大运河漕运的重要通道。这里有一条小河，河的上游叫“白冶河”，下游却叫“黄冶河”。在河的上游，古老的白色瓷片几乎随处可见。继续挖掘，一座座古窑址

唐三彩　镇墓兽
1. 92.3 厘米 ×43.8 厘米 ×41.9 厘米
2. 88.9 厘米 ×41 厘米 ×50.8 厘米

显露出来，窑里残存的都是白瓷。

白冶河与白瓷，名字中同样有个“白”字，这难道是种巧合吗？这“白”字难道代表的是它们所烧制瓷器的颜色？带着种种猜想，普查工作者向下游出发。荒凉的黄冶河河畔上几乎没什么道路，可是就在这个地方，一块彩陶的碎片出现在了众人的面前。随着挖掘的深入，一座座古窑显露了出来。在古窑里存留最多的竟然是唐三彩的碎片。

终于，彩陶的古窑址被找到了，黄冶河就是烧制唐三彩的地方。原来，唐三彩采用的是模型浇铸工艺，模型大多是用石膏制成的。首先由设计者雕出唐三彩的原型，再用原型翻出石膏模型。有了模型后便可以进行注浆，待泥浆彻底吸附到模型内壁上，便将剩下的泥浆倒出，注浆工作便完成了。另外，对于一些大型的制品，通常是将泥浆直接拍到模型当中，而不是采用注浆的方法。而在唐三彩最为关键的上色步骤上，它要先后经过两次烧制过程。第一次是素烧，第二次才是彩烧。彩烧之前，先给素烧后的陶器施釉，之后再进行烧制。待这些工序都结束之后，一件唐三彩作品才算正式出炉。

如此复杂的制造工艺，竟诞生于千年之前，面对先人的聪明才智，人们不禁感到由衷的钦佩。而唐三彩古窑址的发现，不仅填补了彩陶研究上的空白，也令人们对先人的陶瓷烧制技艺有了更为全面的了解和参考。

素三彩菩萨像：陶瓷工艺与传统文化的完美结合

“素三彩”一词最早出现在清末寂园叟的《陶雅》中：“西人以康熙黄、茄、绿三色之瓷品为素三彩。”下面要介绍的两尊神秘的菩萨坐像，便是由这项古老工艺所烧制而成的。

三彩艺术再塑菩萨真容

素三彩始于中国明代成化年间，在清朝康熙时期得到传承发展。清朝时期，对于成化、正德之三彩与嘉靖、万历色地重叠的工艺多有继承，又在此基础上，发明了在素胎上划刻纹饰轮线，绘以图画，涂以釉彩。其工艺手法标新立异，且品种更加丰富多样。米色地、紫色地、黄色地、虎皮釉等色彩反复交替使用，不仅更加变化莫测而且颇具匠心。

“素三彩”中的“素”字，可归结为两种含义：一是因为该器使用“素胎”（又被称为素烧胎）烧制。所谓的“素胎”，主要是指陶瓷生坯没有上釉前所预烧的胎，它既能够增强坯体的机械强度，使它在搬运时不易损坏，又可在上彩釉时不会因为浸湿坯体而导致坼裂。出于以上原因，这项工艺在陶瓷制作中被广泛使用。二是因为古代有“红为荤色，非红为素色”的说法，而该器所用的色釉又都以“素色”为主，故有此名。

如今，收藏在中国国家博物馆展厅内的两尊菩萨坐像，就是素三彩的代表作。它们造型庄重，色彩艳丽，服饰上的褶皱纹饰黄绿相间，层次分明，配以白色的皮肤，给人以清雅柔和的美感。

由于素三彩的胎骨是用瓷土制作而成的，经过 1200 摄氏度以上的高温烧成瓷胎，比起低温烧制的唐三彩，它的釉彩肥厚而有光晕，用色也更加素净庄重，更加接近于瓷器。

在千年以前，中国佛教盛行。相传，日本有位名士到中国求法，在看到各家各户都供奉的观音像后，希望也能够请一尊佛像，带回日本供养。可没想到的是，在返回的途中，客船刚出发不久，便遇到了暴风雨，被迫停泊在附近的岛屿上，并将这座观音像请上了小岛。上岸之后，只见霞光万丈，祥云缭绕，原来这里便是观音菩萨的道场——中国浙江的普陀山。不久，这件事情便被传扬开来，众人纷纷说这是菩萨不愿意离开中国，因此才在普陀山显灵，于是百姓纷纷来到岛上进行祭拜。

虽然这只是一个传说，但由此可以看出观音菩萨自古便在民间所拥有的崇高地位。历经千百年的流传，观音菩萨大慈大悲、救苦救难的形象早已深入人心，成为中国传统文化的一部分。

这尊观音像慈祥端庄，目光柔和，双眉细长。她全身装饰华丽，配以黄绿相间的釉彩，显得更加淡雅庄重。观音的右手拿着一只仙果，自性清净。她一腿盘起，一腿踞起，又显示出一派庄严神圣。披肩上的瓔珞飘带轻拂在莲花台上，仿佛在表露她所怀着的一颗纯净的菩萨心。这尊佛像生动形象地将菩萨“千处祈求千处现，苦海常作渡舟人”的形象完美地再现出来。

观音莲花座下是观音的坐骑，一头黄色的神兽，此兽名为“吼”。在《西游记》中，它曾偷取了菩萨的紫金铃，私自逃到了下界，在朱紫国兴风作浪，抢走了王妃，直到孙悟空请来了观音才将它收服。这头“吼”的造型憨态可掬，眼睛眺望着前方，修长的胡须与卷曲的眉毛，彰显出作为神兽的威严。与观音肃穆安详的神态，形成了鲜明的对比。

弥足珍贵的文殊菩萨像

据说，收藏在中国国家博物馆展厅内的这组素三彩菩萨像共有三尊。后来，几经战乱辗转，其中的一尊已遗失且无从考证。除了这尊观音菩萨坐像外，剩下的一尊文殊菩萨坐像便显得尤为珍贵。

文殊菩萨也是佛教中的一位菩萨，在佛教经典中，文殊象征着大智慧。传说，文殊菩萨在云游四方的时候，曾经在五台山讲法宣道。而五台山的五个台

清康熙　素三彩观音像　高40.6厘米（带底座）

清康熙　景德镇窑素三彩　牧牛童子　26.7 厘米 × 25.4 厘米

清康熙　素三彩生肖鼠俑　高 15.2 厘米

清康熙　景德镇素三彩荷花茶壶
高 8.9 厘米，宽（最大）13.7 厘米

顶也分别供奉着文殊菩萨的五个法身。

这尊素三彩文殊菩萨坐像，头戴花蔓冠，面相圆润，双唇紧闭，双耳下垂，双目微启平视。他一脚踞起，一脚踏莲，身披璎珞，浓重的黄绿两色釉彩相间，凸显出菩萨的庄严肃穆。同观音菩萨一样，文殊菩萨身下也有一只坐骑，是一只青狮。这只青狮也曾以一个妖道的形象出现在《西游记》中。不过，眼前的这头青狮却显得有些调皮。耷拉的双耳与机灵的双眼，为这头神兽平添了几分可爱，完全是一副顽皮的形象。另外，值得一提的地方是，文殊菩萨坐像同他身旁的观音菩萨坐像坐姿相对称，两者相映成趣。

传说，乾隆皇帝曾先后几次到五台山进行朝拜，每次进山都想登上台顶参拜各台的文殊法身，以祈求菩萨保佑大清江山永固。但是，每次都因为天气的原因而未能如愿。于是，乾隆皇帝便对随同而来的黛螺顶住持青云和尚说，自己要在五年之后朝拜台顶的五方文殊。皇帝的圣旨不可违背，眼看五年之期将至，青云和尚为此大为苦恼。

一天，只见五个台顶忽现灵光，黛螺顶四周布满了祥云。青云和尚见此盛景，赶忙出寺去遥拜各台。不久之后，来了一位云游僧人，向青云和尚说了一条妙计。

青云和尚听后，茅塞顿开。他请来工匠模仿每个文殊的法身形象，连夜在寺内不同方向的五个殿内，塑起了五方文殊。不久之后，乾隆皇帝果然再次来到五台山。青云和尚对乾隆说："黛螺顶可观五台之象，五方文殊会集于此，请陛下入殿朝拜。"当乾隆皇帝登上黛螺顶举目四望的时候，只见翠峦碧玉，气象万千，台内名刹尽收眼底，于是题诗一首并颁赐袈裟予青云住持。

原来，那位游方僧人就是文殊菩萨幻化而来，在他帮助青云渡过难关的同时，也为五台山平添了一处胜景。

在众多的佛教绘画中，文殊菩萨的形象大多手持利剑，给人以威严之感，而这尊文殊佛像，手中却是拿着一卷经文。恬静安详的面容，优雅端庄的姿态，给人以一种既平和睿智，又不失威严的肃穆之感。这尊文殊菩萨坐像，是中国瓷器工艺技术与传统文化的完美结合，是一件不可多得的素三彩珍品。

鸡冠壶：最具北方游牧民族风情的器物

“辽三彩”是指辽代时期所生产的低温彩色釉陶制品，多用黄、绿、褐三种色釉，造型别致且丰富多彩，带有非常鲜明的契丹民族风格。其中，又以鸡冠壶最为突出且最具北方游牧风情。

古老而神奇的民族

契丹民族是中国北方一个古老而神奇的民族，早期的契丹民族过着游牧生活，马匹、刀剑、皮囊是每个家庭必备的生活用品。其中，皮囊是用皮革缝制的盛水、酒的器皿。而鸡冠壶的起源便是这种古代的皮囊。907 年，契丹族首领耶律阿保机建立了辽王朝。辽国的疆土，东至日本海，西达阿尔泰山，南到燕山，北抵外兴安岭，是当时中国北方地区最强大的少数民族政权。

唐王朝奉行开放政策，国都长安云集了大量来自游牧民族的商人与贵族。在他们随身携带的物品中，皮囊就是最常见的一种。但这种皮囊长期使用，很容易变形，所以，在传入中原地区以后，唐代的工匠便模仿皮囊烧制了瓷器。就这样，古老的皮囊逐渐演变成了仿皮囊的瓷器。

辽国的统治者非常注重吸纳汉族的文化艺术，从而引进了大量的汉族工匠，让他们在辽国境内烧制瓷器。

辽代瓷器最早的烧制年代始于何时，尚无确切的证据。但是从那些有确切年代的墓葬出土的器物中发现，在辽穆宗应历年间（951 ~ 969 年）以前，就已经有了黄、绿单色釉陶器，据此可以断定此时应该已经有了三彩陶器。

辽代三彩主要承袭了唐代传统，它是接受唐三彩传统的一种低温瓷式釉陶，胎质粗而较硬，多用黄、绿、褐三色釉。它的器形主要包括方碟、筒式瓶、鸡

辽　白釉穿带鸡冠壶　阜蒙卧凤沟七家子辽墓出土 阜新市博物馆藏

辽　白釉提梁鸡冠壶　内蒙古博物院藏

辽　茶末釉鸡冠壶　一级文物　辽宁朝阳 11.26 系列盗掘古文化遗址古墓葬案追缴

辽　黄釉鸡冠壶　北京西城区复兴门外出土 首都博物馆藏

东晋　越窑　青瓷鸡首壶　高（至手柄顶部）19.1 厘米

冠壶、海棠花式长盘等器物，富有鲜明的契丹民族风格。其中，又以赤峰缸瓦窑的烧造量相对较大。这里烧制的三彩釉陶器，胎质细软，呈淡红色，釉色娇艳光洁，可与唐三彩相媲美。装饰手法有划花、印花两种。其中，大凡盘、碟都采用阳文印花，而琢器则采用划花。与唐三彩的区别除胎土不同外，主要是辽三彩中没有蓝色，且施釉不交融，釉面少流淌。

鸡冠壶作为最具契丹族特色的辽三彩作品，便诞生于这一时期。鸡冠壶又被称为“皮囊壶”或是“马镫壶”，是一件模仿契丹族皮囊容器的样式所烧制的陶或瓷壶，主要用于装水或是盛酒。早期的穿孔式鸡冠壶，器身矮小扁圆，顶部造型酷似公鸡的鸡冠，中间有一个圆孔，用来系绳悬挂在马背上。顶部的另外一侧，是一个细高的壶口，非常便于马上携带。即使是在骏马奔驰的过程中，也不易流到外面。因器物的顶部酷似公鸡的鸡冠，所以被世人形象地命名为“鸡冠壶”。

造型多变的“鸡冠壶”

鸡冠壶的色彩艳丽，多为白釉、绿釉、黄釉、三彩等釉色。且施半釉，具有很强的民族特色。式样可分为穿孔式与提梁式两种类型。

穿孔式鸡冠壶又可分为单孔式与双孔式两种。双孔鸡冠壶是在单孔鸡冠壶的基础上发展而来的，由早期的“鸡冠”造型，变化为类似骆驼的“双峰”式样。有的还在上面雕塑了人物，壶体也由原先的扁圆成了扁长。圆孔由一个变为两个，一个用来穿锁链系壶盖，一个用来系绳子悬挂在马背上。除了样式更加美观，也更适合在马背上使用。

提梁式鸡冠壶起源于中原地区，后来传入契丹人生活的地区，并逐渐流行起来。它的形状扁圆，器身矮小，提梁的弧度平缓。到了后来，随着不断的发展变化，提梁式鸡冠壶的壶体逐渐增高，壶口加长，壶的腹部从扁圆变成了圆形，底部位置也增加了圈足。并且在提梁式鸡冠壶的基础上，又派生出了绳梁式鸡冠壶与折梁式鸡冠壶，使用起来更加便捷。

除了样式上的变换之外，鸡冠壶在装饰方面也有着不小的改变。早期的鸡冠壶依然保留着皮囊的样式，左右两大皮页，前后皮条缝合，上面雕琢的纹饰也是象征皮囊缝合的针痕。随着时间的推移，那些象征缝合的针痕逐渐被其他的纹饰所取代。通常工匠会采用雕刻牡丹、剔画番草纹等方法来装饰鸡冠壶，使得“鸡冠”部位变得更加华丽。在位于辽宁省北票市北四家子的辽墓中，曾出土一件高为 31.5 厘米的鸡冠壶，施以绿釉，壶体宽面部分装饰有划花与贴花工艺，是鸡冠壶中难得一见的精品。

鸡冠壶代表了中国辽代制瓷工艺的最高水平，只在辽国统治的 200 多年间生产，如今保存下来的完好器物极其稀少，可以说件件都是非常珍贵的国宝。而这些精品鸡冠壶，也都被定为国家一级文物，被收藏在辽宁省博物馆中。

南朝　越窑　鸡首壶　整体 23.5 厘米

青瓷莲花尊：中国的青瓷之王

青瓷莲花尊，国家一级文物，现藏于中国国家博物馆，是北朝青瓷文化的代表作。它以自己独特的魅力与圣洁素雅的韵味，深受世人的喜爱，被誉为中国的“青瓷之王”。

六朝变迁青瓷独盛不衰

青瓷是中国古代瓷器的一种，也被称为“原始瓷”。始于商代，发展成熟于东汉时期。所谓的青瓷，一般是指在瓷器的表面施以青釉的瓷器，同黑瓷、白瓷相同，是以釉色的颜色所命名的瓷器。但青瓷的科学含义，却并非如此简单。不是所有施以青釉的瓷器，都被称为青瓷。这是因为青瓷色调的产生，主要由于胎釉中含有一定数量的氧化铁，并在高温还原焰中烧制而成的。铁在经过还原后，转化成为亚铁状态。亚铁是一种很强的溶剂，可以使釉呈现出青色。中国历代所称的缥瓷、艾色、千峰翠色等，所指的皆是这种瓷器。诸如唐朝的越窑和宋朝时期的汝窑、官窑、耀州窑、龙泉窑等，都属于青瓷系统。

在商朝时期，我国就已经出现了原始青瓷。到了三国两晋南北朝时期，随着全国各地青瓷窑的不断发展，其所烧制的青瓷胎质更加坚硬细腻，呈淡灰色。

青瓷的最大特点，就是它青绿的釉色给人以淡雅脱俗之感。如收藏在北京故宫的青釉刻莲花纹盒就是唐朝时期越窑烧制的青瓷。这件器物，盒呈直口状，外撇圈足，盒盖处刻有花卉，中心处是一朵莲蓬，外环莲瓣一周，盖边与盖底的中腰部分各自刻有一道弦纹，盒内外及足内满釉，釉呈青黄色。莲花纹盒，质地细腻，造型秀美，釉面光滑，刻花技法娴熟。

六朝时期，青瓷的品类逐渐增多，釉色也更加清莹洁净，纹饰从初期单纯

莲花尊　故宫博物院藏

六朝 越窑 青瓷卧羊长 15.2 厘米

的几何纹样逐步发展为植物纹样。特别是莲花、卷草纹的运用，为青瓷艺术输入了新的血液，使其达到了更高的境界，成为标志性的器物。另外，在装饰手法上也取得了很大突破，青瓷在传统的刻、划基础上增加了画、贴、堆、塑、印等多种手法的尝试。在经历了胖—瘦—胖的轮回阶段后，青瓷的造型也变得更加丰富，主要有莲花瓷尊、莲花瓣纹盖罐等品种。其造型典雅别致，色泽青碧如玉，在中国瓷史中，占有非常重要的地位。

青瓷经过六朝时期的发展，到了隋唐以后出现了驰名世界的越窑青瓷，备受世人的青睐。素有“千峰翠色”的越窑青瓷，主要特点是胎骨较薄且施釉均匀，釉色莹润青翠。除了是供奉朝廷的贡品以外，在唐代还被作为贸易陶瓷使用。而越窑也以其精湛的工艺技术水平与精美的造型，一跃位居全国六大青瓷名窑之首，与北方的白瓷名窑邢窑并称，形成“南青北白”的辉煌局面。

佛教艺术珍品中的瑰宝

魏晋南北朝时期，佛教大举传入中国，深刻地影响了中国文化的面貌。在青瓷制品中，佛教的标志莲花纹就成为这一时期的主要特征，许多青瓷制品皆用其作装饰花纹。因为莲花在佛教中的地位很高，几乎可以作为佛教的代表符号。在许多佛经著作、画卷中，均有文字提到莲花。如在《大正藏》图像卷中和关于佛教造像仪轨中，莲花的形象几乎到处都是。另外，许多佛经与复交文字，也变相地为世人提供了极多的形象资料。如在敦煌壁画以及雕塑中，所出现的莲座、莲池等，还有菩萨手中所持有的各色莲花与脚下所踏的莲花等，可以说是数不胜数。虽然，莲花造型的器皿可以追溯到战国青铜器造型，但是六朝佛教的繁荣，特别是大乘佛教所宣讲的菩萨信仰与净土思想，为世人所描绘出的那个莲花遍地盛放的西方乐土，促使莲花形器皿的烧制工艺得到了进一步的发展成熟。

莲花尊是南北朝时期出现的新式造型。尊体由莲花瓣组成，上饰兽首、盘龙、宝相花与连珠纹等。纹饰非常精美，以雕刻仰覆莲花为主题纹饰，并广泛使用了雕塑、模印、堆贴等各种技法。器形大多高大，通高一般在 70 厘米左右，因此成型与烧制都比较困难。通常，采用泥条盘筑与分段拉坯两种方法成型。

并且在烧制的时候，要求窑内温度保持平均，这样才可以保证釉色均匀，不易开裂、变形。

1948 年，在河北省景县封氏墓葬中，发现了首件青瓷莲花尊。此后，在河南上蔡、山东淄博、江苏南京等地的墓葬中都有所发现。迄今为止，共发现九件青瓷莲花尊，另有两件流散品。

1972 年，在南京京郊麒麟门外灵山南朝梁墓中出土了一对青瓷莲花尊，是六朝青瓷中最大、最精美的一对。通高为 85 厘米，口径为 21 厘米，底径为 20.8 厘米，现藏于南京市博物总馆。长颈直口，外沿饰一对桥形耳，颈、肩部有六个双系环耳。在颈部贴塑六团花，并刻有六兽面纹。由于受到佛教的影响，整件器物以莲花为造型，由多层仰、俯莲瓣堆雕而成，并刻画出精细的线条，浮雕出莲花花瓣。盖为僧帽形，盖顶有方形钮，在盖的四周雕饰有莲花纹。这件莲花尊形器将模印、刻画、黏塑等多种装饰技法施于一体，纹饰烦琐复杂，釉色青绿，胎质呈灰白色，釉层厚而均匀，光滑润泽，胎釉结合牢固，且无冰裂纹。

青瓷莲花尊的造型以莲花为主题，器形高大，胎体浑厚，装饰华丽。最吸引人的地方就在于它青中泛黄的釉色，不但色泽纯净，而且莹润光亮，给人以清雅脱俗的别致之感。而浮雕所刻的莲瓣则是它的又一特点，向外伸展的层次莲瓣好似一株盛夏绽放的莲花，显得非常清新自然。

寺院庙堂中的陈设礼器

如此精美的青瓷莲花尊到底是用来做什么的呢？以它的命名来说，“尊”应该是酒器。“尊”取自宋代金石学家的定名，并被沿用至今。它的造型始见于青铜器，主要是指一种体型比较大的盛酒器。自商周以来，一直被作为酒器使用。但是，这件青瓷莲花尊，观其繁复的装饰纹样，应该不是一件用来盛酒的器皿。

这件尊器以莲花纹作为主要的装饰，另外还配有菩提、忍冬、飞天等纹样作为辅助装饰。在佛教艺术中，莲花因为其出淤泥而不染，被奉为“佛门圣花”，而菩提、忍冬、飞天也都是佛教艺术中常见的装饰纹样。因此，把

五代　越窑　莲花式托盏　虎丘出土

五代　越窑　秘色青瓷洗

以这些图案装饰的莲花尊称为佛教文物，也是当之无愧的。诸如这类带有佛教意识的装饰纹样，在同时期的敦煌、龙门等宗教绘画、雕刻中，随处可见。

这件青瓷莲花尊上有着如此集中的佛教装饰纹样，也使得这件器物本身具有了浓厚的宗教色彩。

南朝时期，盛行佛教。举国上下，无论是皇帝、嫔妃还是普通百姓，几乎全都是佛教信徒。到了萧梁时期，由于梁武帝的极力提倡，佛教更是一度成为“国教”，得到更大的发展。

由此可见，佛教虽然在我国几起几落，但却久盛不衰。不但影响了社会各个阶级阶层，更是深入了文化意识的各个领域。而青瓷莲花尊的出现，则正是佛教意识在实用器物上的反映。

而佛教中是明确戒烟戒酒的，从某种程度上来说，将如此典型的佛教题材纹样装饰在酒器上，很明显违背了佛教的清规戒律。因此，从这个角度上推测，这件青瓷莲花尊很有可能是作为佛教寺院中的一种陈设礼器，这样似乎更符合常理。

玫瑰紫釉葵花式花盆：皇家收藏的钧窑珍品

相传宋徽宗赵佶第一次见到钧瓷的时候，就被其瑰丽多变的色彩所深深吸引，并连连称绝。当他成为皇帝之后，更是命人在河南禹州神垕镇建立钧瓷官窑，专门为皇宫烧制花盆、盆奁等陈设贡瓷。下面介绍的这件玫瑰紫釉葵花式花盆，便是北宋时期钧瓷的代表之作。

内外双色的极品花盆

钧瓷是中国宋代五大名瓷之一，是北宋时期出现的一种最特殊的青瓷，其前身是唐代鲁山窑花釉瓷器。它以其窑变的神奇，釉色的艳丽被世人争相推崇。那种红中透紫、紫中藏青、青中孕白、白中带红的色彩，给人以变幻莫测的神秘美感。而钧窑神奇窑变的特殊性，除了在还原焰下所呈现的铜红釉外，其特殊的釉面结构也是影响它显色的原因之一。

一般来说，钧瓷与其他青瓷的最大区别之处，就在于它的釉结晶结构所呈现出的纤维状。如果用放大镜观察钧瓷的釉面，不难发现，这种纤维状结构主要是显色部分，而纤维状结晶与玻璃状均质结晶（不显色部分）之间，有着很大的气泡。通常情况下，这些气泡可能会突破釉面，造成钧瓷的釉面呈现出橘皮棕眼状。而这更有助于光在釉面的散射，使得钧窑窑变的颜色层次变得更加丰富多彩。

珍藏在北京故宫博物院的国家一级文物——玫瑰紫釉葵花式花盆，就是一件宋代钧窑中的上乘之作。

它高为 15.8 厘米，口径为 22.8 厘米，足径为 11.5 厘米，整个花盆呈葵花形。盆身上装饰有六条外凸里凹的精致线条，将这个花盆平均分成了六瓣状，仿佛

宋　钧窑　玫瑰紫釉葵花式花盆　高 18 厘米、口径 26.5 厘米、底径 13.5 厘米

金—元　钧窑　天蓝葡萄紫莲花式盆托

元　钧窑　天蓝碗

一株喜迎朝阳的葵花。在富丽典雅中，尽显美轮美奂的风姿。

这件玫瑰紫釉葵花式花盆的瓷釉呈现出如诗般写意的浓烈色彩。花盆内部施以天蓝釉，外面则施有玫瑰紫釉。古人曾用诗句“绿如春水初生日，红似朝霞欲上时”来形容其色彩的绚丽美感。

按照宋代的标准，钧瓷花盆通常是以天青、月白色为上品，红色为贵，紫色为大贵。这件珍藏在北京故宫博物院的钧瓷花盆，里外被施以不同釉色的花盆，可谓是囊括了当时瓷器中所有的最佳颜色，是花盆中难得一见的珍品。

另外，在花盆底部清晰地刻着“建福宫”以及“竹山假石用”的字样。这表示，这件钧瓷珍品曾是清朝宫廷之中的旧藏。这些字正是清宫造办处的匠人所刻，而且在后宫中使用。

双色瓷器的烧制方法

相传在北宋初年，河南禹州神垕镇的一位李姓老汉带着他的儿子，在这里开了一个小瓷窑。平日里，烧制一些民用的青釉瓷器，用来贩卖糊口。虽然，每天都起早贪黑不停地进行烧制，可是日子依然过得很是艰难。

这一天，一窑的新瓷烧好，儿子一打开窑门，便被眼前的景象惊呆了。只见在这些烧好的青釉瓷器中，有一件花盆分外显眼。它釉质晶莹温润，紫红绚丽的釉色，仿佛一位亭亭玉立的仙女，尽展其楚楚动人的风姿。

于是，他赶忙唤来自己的父亲。而李老汉更是喜出望外，烧了一辈子的窑，他从未烧出过如此精美绝伦的瓷器。他连忙焚香膜拜，祈求窑神爷保佑自己今后还能烧出这样精美的花盆。

李老汉一连烧了几天的高香，可是窑神爷似乎并不想再次显灵了，无论他如何烧制，以后的花盆却始终无法再现惊艳之美。这下子，可让李老汉发了愁，他怎么也想不清楚，明明步骤一样，怎么就再也烧不出那样漂亮的花盆了呢?为了把事情弄个明白，他仔细留意起自己烧瓷的窑棚。终于，在棚子的一个角落里，发现了秘密。

原来，他发现角落处的地面上，有一些细小的粉末，待仔细分辨后，发现这些是金属粉末。在询问过儿子后，得知前些天下雨的时候，曾有位修理铁器铜盆的工匠刚好经过这里。于是，儿子就把这位工匠请进窑棚避雨。工匠一边避雨，一边修理铜盆，地上的铜屑就是他留下的。

得知详情后的李老汉，不禁琢磨起来。难道自己所烧制的精美瓷器会与这些铜屑相关？于是，他将这些铜屑小心收藏起来，并将它们糅合到了瓷器的坯料之中，希望能够再现那个“意外”。当瓷窑再次开启之时，果然又烧出了神奇精美的花盆。这下，神奇花盆的烧制原理终于真相大白，原来就是这些铜屑的作用，才使得烧出的花盆如此艳丽精美。

不久之后，李家烧出神奇花盆的消息，被众人纷纷传诵，并引得许多窑厂纷纷效仿学习。后来经过几代瓷器艺人的不断摸索，逐步掌握了铜在釉色变换中的作用。终于，人们能够成功烧制出青蓝交错，红紫相掩的精美钧瓷。而钧瓷的出现，也一举改变了单一釉色的局面，丰富了陶瓷的色彩。

虽然这个民间传说的真实性已无从考证，但是经过古瓷研究人员运用现代仪器的分析，最终证实古钧瓷的红釉中有 0.1% ~ 0.3% 的氧化铜。也正是因为运用了氧化铜作为调色剂，才使得钧瓷能够呈现各种斑斓的绚丽色彩。

层层筛选方成皇家御用

1117 年，宋徽宗在皇宫内城东北部，仿照余杭的凤凰山的式样，人工堆砌了一座高山，并取名为“万岁山”。后来，为了取“寿比南山”与“祈求仙道”之意，特更名为“艮岳”。

钧窑所烧制的大量花盆就是为了适应北宋宫廷栽种奇花异草的需求。据说，艮岳上的钧瓷全部都是精品，并且其烧制要求极其严格。这些烧制的瓷器，要进行百里选一的层层筛选，只有合格的才会被送到宫里。而那些落选的瓷器，会被全部砸碎，深埋于地下，绝不允许它们流落到民间。

20 世纪 70 年代，河南省文物工作者对禹州八卦洞官窑遗址进行挖掘工作，出土了大量钧瓷残片。其中，绝大部分都是花盆、花盆托的残片。

所以，玫瑰紫釉葵花式花盆能够流传至今，可以称得上是当之无愧的钧瓷极品。而这件难得的珍品花盆，是不是曾经被选中，成为摆放在艮岳中的钧瓷精品呢？答案其实就在葵花式花盆的身上。

相传自宋徽宗建立钧瓷官窑时起，钧瓷官窑每年都需按照皇宫设计的样式生产，定期进贡。

这一年，又到了该进贡的日子了。一位姓杨的督窑官，精心挑选了各式花盆、花盆托，总计三十六套，亲自送往京城汴梁。当钧瓷运到汴梁时，需要经过检验官的过目，才能进献给皇帝。

可是，这一次的检验官是一个贪官，他见这位督窑官不通事务，没有送上财物给他，便打起了坏主意。怎奈这批钧瓷制品实在是难得一见的极品，怎么也挑不出毛病，于是只好在其他地方做起了手脚。

他将配套的花盆、花盆托相对调，将小花盆放在了大花盆托之上，将大花盆摆在了小花盆托之上。如此一来，便非常不协调。这位贪官想借皇帝之手，惩治这个不通事务的杨督窑官。

果然，见到如此不协调的花盆摆设，皇帝非常恼怒，当下便要治罪。就在这时，从众大臣中走出一位官员，他请求皇帝将这位杨督窑官宣进宫殿，问明缘由后再做定罪。当杨督窑官当着文武百官的面，将花盆与花盆托重新组合之后，大小花盆、花盆托各归其位，珠联璧合。于是，宋徽宗转怒为喜，并对他予以奖赏，让他重新回到窑厂。

经此劫难的杨督窑官在一位老者的指引下，终于琢磨出以数码为序，将所有的花盆、花盆托进行编号处理，以防再次混淆。

而这件玫瑰紫釉葵花式花盆的数码编号为“七”，属于小号尺寸的花盆。而这个数字也同时说明，它确实曾是北宋时期的皇家收藏，是一件非常珍贵的宋代钧窑珍品。

钧窑　紫红釉碗

黄釉青花葫芦瓶：泰山三宝之一

黄釉青花葫芦瓶，国家一级文物，现收藏于山东省泰安市岱庙之中。说起这件珍贵的国宝，它的经历真可谓跌宕起伏，曾有将近四年的时间，人们遍寻不到它的踪影……

失窃的明代精品宝瓶

作为泰山三宝中最为美丽的一宝，黄釉青花葫芦瓶绝对是当仁不让。宝瓶高为23厘米，口径为3厘米，底径为6.3厘米，腹径为11厘米。敞口，鼓腹，圈足。瓶体呈束腰葫芦状，有半圆形盖，盖钮呈蘑菇形。宝瓶成色嫩黄光滑，釉面晶莹透亮，瓶通体饰有青花缠枝莲纹，并在束腰处勾绘有九朵梅花，下腹的肩部饰有两道弦纹并三角几何纹。值得一提的是，这件器物所采用的烧制技法，是二次烧成方法，黄釉用氧化焰低温烧制而成，青花色泽浓艳，蓝中略微泛紫。在葫芦瓶底部，题有“大明嘉靖年制”的楷书青花款，说明它是一件典型的明嘉靖时期景德镇御窑制品。

近几年，在拍卖市场上，明嘉靖时期的官窑瓷器屡创新高。一件嘉靖的五彩鱼藻纹盖罐，便以4400万港元的成交价，创下了中国古代官窑瓷器的世界拍卖纪录。而眼前的这只黄釉青花葫芦瓶，其身价更是难以估计。因为，在中国明清时期的瓷器史上，白地青花相对比较普遍，而鲜明的黄釉则与五爪龙一样，同为皇权的象征，是皇帝专用的标志，代表着至高无上的地位。

据相关史料记载，这只线条柔和、釉色浓艳的葫芦瓶，乃清朝乾隆皇帝的心爱收藏。葫芦取其谐音，有着“福禄”的美好寓意。而瓶身上通体满绘的缠枝莲纹，则有着“寿意连绵”的象征。

1787 年，也就是清乾隆五十二年，乾隆皇帝登临泰山。为了给百姓祈福，他不惜将心爱的珍宝——黄釉青花葫芦瓶，御赐给了泰山岱庙。就这样，宝瓶便在泰山安了家，这一住就是百多年。尽管历尽了沧桑，却备受百姓们的保护，从未出现过差错，也不曾离开岱庙半步。

直到抗日战争时期，日本侵略者在中原大地上烧杀抢夺，泰山珍宝黄釉青花葫芦瓶在此时被人盗走了……

1941 年春节前夕的一天深夜，一个人影鬼鬼祟祟地翻进了泰山岱庙，并且快速地钻进了贡器仓库。这个人用铁丝撬开箱子上的大锁，将这件珍贵的宝物连夜盗走。第二天清晨，守庙人发现宝物失窃。当时，山东省政府的官员立即下令侦破此案并追缴赃物。在军警对现场进行勘察后，发现仓库中的宝物，除了那件失窃的黄釉青花葫芦瓶，其余均未丢失。由此可见，这个盗贼是冲着宝瓶而来的。经过仔细调查发现，在岱庙的内墙旁边，有一个很深的脚印，这应该是盗贼在翻墙时留下的。

待现场调查结束后，军警们立即行动起来，他们暗中走访了赌局等各色人杂混乱之地。很快，就得到了一个重要的线索。有一个人最近曾向北京的古董店，连续出售了好几批官窑瓷器。

而这个向古董店出售瓷器的人，外号叫作“杨大脚”。一听到这个名字，再联想案发现场所留下的大脚印，军警决定立即对其进行抓捕。当这个叫杨大脚的人被抓住后，经过几次的审讯，他终于承认了盗宝的事情。但是，这些被他盗来的珍贵文物，已经被他转卖掉了。而且，杨大脚并不知道黄釉青花葫芦瓶，究竟销往了何处。

就在此时，伪警察厅接到了上方的命令：岱庙失窃案已破，准许结案。言外之意，就是告诫伪警察厅，关于国宝的去向，不要多管闲事。原来，当时的山东省政府处于日伪统治时期，许多日本人从中操纵伪军，进行着敛财盗宝的勾当。而这次唆使杨大脚去岱庙盗宝的，正是一个不法的日本古董商。迫于高层的压力，伪警察厅随后决定，不再追寻国宝黄釉青花葫芦瓶的下落。

而这件珍贵的国宝，便自此从泰安人的视线之中，彻底地消失了。

明　嘉靖　釉瓷葫芦瓶　高 19.4 厘米

清　釉瓷葫芦瓶　高 19.7 厘米

国宝走进北京琉璃厂

1941 年夏天，北京琉璃厂的瓷器把式徐少山，来到山东济南采办货物。当他走进一家并不是很起眼的古董店时，突然发现了一件黄底青花的带盖葫芦瓶。这个瓶子约有 16 厘米的高度，造型很像一只天然生长的葫芦，瓶身与瓶盖之间用鎏金链相连接，釉色莹润，色彩柔和。

见到如此不可多得的宝物，徐少山自然想要把它收入自己囊中。见到宝物并没有被店家摆放在一个显眼的位置，而是放在了格子的中间，一个极有可能被人碰到的地方。徐少山猜想，这很有可能是店家错把珍珠当成了鱼目，没有看出宝贝的价值，只是当作一件后挂黄釉彩的赝品了。

于是，他不动声色地在货架前随意挑选，在拿了两件瓷器后，才终于拿起这件黄釉青花葫芦瓶。在向老板结账的时候，没想到三件瓷器店家才要了 450 元。为了不让老板起疑，徐少山又与对方进行了砍价，最终以 400 元的价格，将这件稀世的宝瓶，连夜抱回了北京。

也许，有人会问：黄釉青花葫芦瓶不是日本人暗中唆使盗走的吗？怎么那个日本商人没有将它带走呢？原来，在东窗事发后，那位日本古董商人见势不妙，就逃回了日本。而这件珍贵的国宝，则被辗转卖进了济南的这家古董店，最终被徐少山“捡漏”带回了北京琉璃厂。

当徐少山回到北京后，将宝瓶拿给了自己的东家赵汝珍进行查验。赵汝珍是北京城内著名的古玩家，曾在清朝末年担任过大理院的少卿。他的代表作《古玩指南》对后世的瓷器断代、辨伪有着很高的实用价值。

赵汝珍见到黄釉青花葫芦瓶，便觉得这件宝瓶并非凡物。经过仔细察看，认为瓶子周身黄釉釉色娇黄且色泽莹润，绝不是仿制或后挂黄釉彩。当即断定，这是一件明嘉靖官窑的瓷器精品。

为了感谢徐少山寻得如此宝瓶，赵汝珍当即出资 2000 元买下了这件黄釉青花葫芦瓶。400 元购买的瓶子，转眼间就翻了 5 倍，作为东家的赵汝珍为什么会让徐少山赚这么多的差价呢？原来，根据琉璃厂内古董店的行规：如果伙计在外寻得好物件，是可以为东家代售的，或者由东家出钱自己买下。东家依

明 宣德 霁青葫芦瓶

据行情给伙计足够高的价钱，同时也是暗示伙计，要对外保密，绝不能透露半点收宝的事情。就这样，这件泰山珍宝黄釉青花葫芦瓶被赵汝珍秘密收藏了起来。

辨釉色宝瓶重归泰山

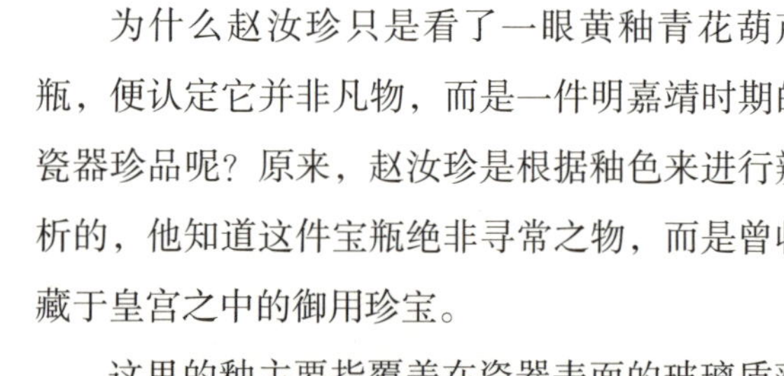

为什么赵汝珍只是看了一眼黄釉青花葫芦瓶，便认定它并非凡物，而是一件明嘉靖时期的瓷器珍品呢？原来，赵汝珍是根据釉色来进行辨析的，他知道这件宝瓶绝非寻常之物，而是曾收藏于皇宫之中的御用珍宝。

明-清 中国南方窑 绿釉葫芦瓶

这里的釉主要指覆盖在瓷器表面的玻璃质薄层，大多是由石英作为原料，经过研磨、加水调制后，涂在瓷器的坯胎之上，再经过焙烧而制成的。可以说，釉就是瓷器的外衣。制作者在釉中掺入不同的金属氧化物，在不同的温度中，便可呈现出不同的色彩，而瓷器也就有了那些五彩斑斓的外表。如明清时期被严格控制，专属于皇家使用的黄釉，就是以铅为溶剂，以铁为着色剂，在低温下烧制而成的。

清 乾隆 磁胎洋彩转旋葫芦瓶

其实，在中国陶瓷史上，各个时期的黄釉都有着自己鲜明的时代特征。黄釉始见于唐代，而正色的黄釉，是出自汝窑的高温黄釉“茶叶末釉”。不同于景德镇官窑黄釉的明亮鲜丽，汝窑黄釉呈黄绿色，暗绿底色上带着如茶叶细末般微小的黄褐色细点，给人以古朴清丽的感觉。

到了明代洪武时期，黄釉又有了新的发展。茶叶釉逐渐变得明亮，但略显褐色，被人称为“老僧衣”。而始于宣德年间的浇黄，运用将釉料加热，浇铸在素瓷上面的方法，创造出了以肥厚浓艳著称的“鸡蛋黄釉”。嘉靖以后，黄釉渐渐呈现出清丽典雅的趋势，瓷器上也多被施以鱼子黄。

清朝康熙时期，黄釉色如鸡蛋黄一般，釉色淡薄且滋润无纹。乾隆时期的黄釉，则更是掺有玻璃白，釉汁混而不透，淡而发白。

而赵汝珍正是依据黄釉的特点，来判断这件黄釉青花葫芦瓶的年份时代。如果这件葫芦瓶是清朝的仿制品，那么它的釉色应该比较淡雅稚嫩。而葫芦瓶上面的黄釉，则多了几分艳丽明艳之感，通体透露着明嘉靖时期鱼子黄所特有的厚重感。

1945 年，抗日战争胜利后，济南古玩商会的古玩爱好者联名集体上书山东省警察厅，要求政府能够寻找丢失的国宝黄釉青花葫芦瓶。于是，山东省警察厅便派人到北京警察厅去了解情况，并多番走访琉璃厂古董店，以寻求帮助。在得知自己所珍藏的宝瓶很可能是泰山失窃的国宝后，赵汝珍立刻便明白了事态的严重性，决定忍痛割爱，将这件被自己秘密珍藏四年之久的葫芦瓶，退还给泰山岱庙。

就这样，几经坎坷辗转之后，消失四年之久的黄釉青花葫芦瓶于 1945 年重新返回到了泰山，直至今日仍被完好地收藏在泰山岱庙中。

清　乾隆窑　炉钧釉葫芦瓶

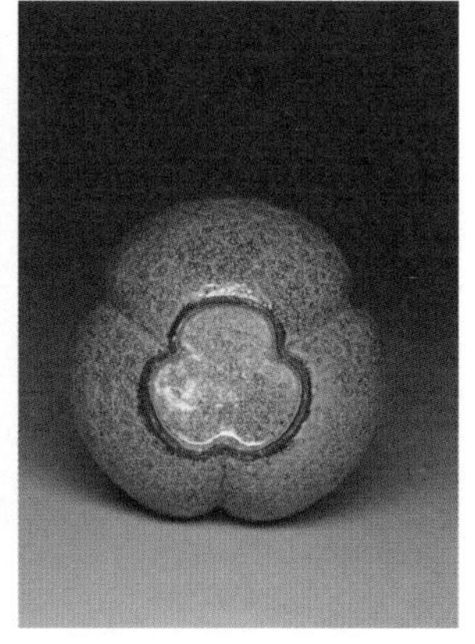

邢窑白瓷莲瓣座灯台：唐代瓷塑艺术的杰作

2008年夏天，在“中国记忆——五千年文明瑰宝展”中，曾展出一件非常精美的唐代灯台——邢窑白瓷莲瓣座灯台。作为一件古代陶瓷灯具，它不但造型美观而且实用，在所展出的169件珍宝中，显得格外雅致与素朴。

素朴雅致的古代陶瓷灯

中国是一个拥有五千年文明史的悠久古国，在灯具的制造上有着极高的成就，曾经创造出许多造型别致、设计新颖的灯具。

然而，最初的灯具是从一种食器逐渐演变而来的。“灯”最早被称为“镫”。在《楚辞·招魂》中，曾有过相关的记载：“兰膏明烛，华镫错些。”在周朝时期，“镫”与“登”可作通用。另外，在《尔雅·释器》中，也曾记载道：“木豆谓之豆，竹豆谓之笾，瓦豆谓之登。”由此可见，“登”是一种被称为瓦豆的器物。

瓦豆出现于新石器时代晚期，是一种陶制食器，主要盛行于商周时期。从它的形制上来看，瓦豆上部为斜壁浅腹折腰式敞口钵，下部是高柄喇叭形底座。后来，人们在瓦豆中放置一根灯芯，用来进行点灯。随着历史的变迁，瓦豆渐渐成为后来的照明工具——灯。

随着灯具发展的不断进步，灯的装饰与造型也逐渐增多。如人物、动物、花卉、器具等，各种类型层出不穷。其中，尤以花卉形深受世人的喜爱，一枝独秀。隋唐时期，佛教在中国极为盛行。这一时期的灯具制作，也深受佛教的影响。而唐代的邢窑白瓷莲瓣座灯台，就更是将这一特点表现得淋漓尽致。

邢窑白瓷莲瓣座灯台，国家一级文物，现被珍藏于中国国家博物馆。灯台

唐　邢窑白瓷莲瓣座灯台

高 30.4 厘米、口径为 6.5 厘米，主要是由灯盘、台柱与承座三部分组成。其中，灯盘呈杯形，中心的圆筒用于插放蜡烛。烛泪流于盘杯后，可进行回收。而用于执握的台柱，细长且挺拔，有多圈的瓦棱旋纹。这样的设计，既可打破柱子的单调，又可在执握时不易滑动。器座处凸雕莲瓣纹。整个灯台的胎质细密而坚硬，釉色白润，是一件唐朝时期的邢窑佳作。

蜡烛是唐代的主要照明用具，同时也是喜庆场合所用的道具之一。唐诗中，有“洞房昨夜停红烛，待晓堂前拜舅姑”“洞房花烛明，舞馀双燕轻”等句。邢窑白瓷莲瓣座灯台的出现，则充分印证了唐代诗篇中，有关“洞房花烛”的存在。

东晋　越窑　灯台　12.7 厘米 × 13.97 厘米

精美瓷器的烧制工艺

中国最早的白瓷出现在北朝末年，由于其烧制白瓷的釉料非常纯洁，不含有任何的杂质，因此有着很大的烧制难度。北方白瓷的生产，主要是建立在青瓷的基础上，逐步改进而烧制成功的。而青瓷与白瓷的最大特点，就是原料中所含有的铁量的不同。

经过古代制瓷工匠的长期摸索与研究，逐步掌握了胎釉中的含铁量，使得胎与胎釉中的含铁量渐渐减少，由此白瓷便在青瓷的制作基础上得以产生。这也是中国陶瓷发展史的重要飞跃，至此结束了青瓷、黑瓷独步天下的局面，为后来的彩瓷、青花的发展创造了更加有利的条件。

后来，到了唐朝时期，由于经济与文化的繁荣发展，陶瓷制作生产也处于一个繁荣阶段。并且在隋代制瓷的基础之上，创造出许多新的陶瓷品种。而以州命名的瓷窑逐渐涌现开来，形成了南方以青瓷为主，北方以白瓷为主的局面，故有“南青北白”之说。

唐朝时期的邢窑，便是因州而命名的。不仅在品种与数量上独占鳌头，而且被公认为北方白瓷的代表。这一时期的白瓷，风格较为朴素，不带任何的纹饰，以洁白、温润、细腻的纯净色调与简朴大方的典雅器形而见长。如北京故宫博物院所珍藏的唐代邢窑白釉子母狮像。母狮高昂兽首，前腿伸直，后腿弯曲，伏卧在平台上面。在它两腿中间，还趴卧着一头小狮。狮子全身皆施以白釉。母子双狮的眼睛与母狮的腿部，皆点以褐彩。白釉子母狮的姿态雄健、浑厚且古朴，是难得一见的唐代瓷塑艺术的佳作。

唐代诗人皮日休曾在《茶瓯诗》中，对邢窑白瓷有过这样的赞美：圆似月魂堕，轻如云魂起。如今，邢窑遗址已被国务院列为全国重点保护单位。而为邢窑白瓷的存世见证，邢窑白瓷莲瓣座灯台也以其端庄秀美的整体造型，洁白温润的釉色，坚实细密的胎质，成为邢窑细白瓷的代表之作。

金银器

珠光宝气显奢华

太阳神鸟金饰：极具动感效果的金箔器

出土于四川成都金沙遗址中的“太阳神鸟”金饰，是一件极具动感视觉效果的金箔器。在红色背景的衬托下，里面的旋涡宛若一轮火红的朝阳，四周的火凤正对着朝阳尽情地舞动飞扬。这件来自三千年前的神秘金饰，终于在2005年10月12日，作为中国文化遗产标志，随“神舟六号”一起，展翅翱翔在浩瀚的星空。

来自三千年前的黄金凤鸟

2001年2月8日，在四川省成都市近郊的金沙村的管道施工中，人们发现了中国晚商时期的蜀文化遗址。闻讯而至的考古人员，随即对其展开了大规模的科学发掘。为了不遗失每一件文物，工作人员对周围每一块泥土进行了仔细地清理。

2月25日上午10点左右，一块直径约10厘米的泥块，引起了考古队员的注意。他们发现泥土外面露出一个黄金色的小角，便用镊子小心翼翼地拨开覆盖在上面的泥土。原来，这里面包裹着一块被揉成一团的金箔。当金箔被考古队员一点点地展开复原后，金饰上刻画的“太阳”与“鸟”的图案清晰地呈现在众人的面前。后来，这里又陆续出土了大量象征着王权的玉器、金器。这些器物足以证明，这件“太阳神鸟”金饰，极有可能就是古蜀王举行盛大祭祀典礼时，所遗存下来的“宝物”。

“太阳神鸟”金饰是一件外形呈圆环形的金箔，内有镂空图案，外径为12.5厘米，内径为5.29厘米，厚度约0.02厘米，重量仅为20克。它是用很薄的金箔制作而成的，在工艺上采用了锤揲与切割技术。圆形金箔上的镂空纹饰，

太阳神鸟金箔片

藏族凤凰金饰　直径 7 厘米　7—9 世纪

好似一幅均匀对称的剪纸图案。无论是纹饰的整体布局，抑或是图案的细微之处，都处理得非常精细。

金箔上的图案可以分为内外两层，内层图案中心是一个镂空的圆圈，周围有十二道顺时针放射的光芒，代表着一年中的十二个月。外层图案是四只等距分布、逆向飞行的凤鸟。它们引颈伸腿、首尾相接、展翅飞翔，既代表着金鸟负日的神话传说，又象征着春夏秋冬的四季轮回。整幅图案既仿佛是一个神奇的旋涡，又像是天空中光芒四射的太阳。而这四只飞行的凤鸟则给人以金乌驮日，翱翔宇宙的无限遐想。

金箔的整体构图非常严谨，且线条流畅，极富韵律美感。经过对这件金饰的分析测试，考古学家发现，它的含金量居然高达94.2%。制作者先用自然砂金将其热锻成为圆形，然后反复地锤炼，最后根据相应纹饰的模具进行刻划与切割，体现了中华民族对太阳崇拜的习俗。人们完全不敢相信，如此神奇的图案，绝妙的表现手法，竟是出自三千多年前中国古代蜀人之手！

在随后的数年时间里，考古队员对文化遗址进行了大规模的发掘，又先后出土了金器、陶器、铜器、象牙等几千件珍贵的文物。而这处文化遗址也被正式命名为金沙文化遗址。它的发现是继三星堆遗址后，古蜀地区的又一重大考古发现。

信奉太阳神的古蜀部族

太阳鸟是古蜀人早期部落的图腾，这件出土于金沙遗址的“太阳神鸟”金饰，很明显同“使四鸟”“金乌负日”等神话传说以及太阳神鸟与太阳神的崇拜相关。

因为，阳光是生命的源泉，所以它便成了人们最早崇拜的神明。远古先民喜欢将太阳与天空中的飞鸟联系在一起。由于当时的人们并不了解日出日落的原理，所以他们凭借着丰富的想象，认为是大鸟在驮着太阳飞行。于是便有了“日中有踆乌”的神话传说。

乌是古代神话故事中住在太阳里长着三只脚的神鸟，人们也称它为“金乌”或是“太阳鸟”。关于它与太阳之间的故事，至今仍被人们广为流传。

宋朝　凤凰金饰
8.9 厘米 ×3.2 厘米

相传在很久以前，在东海的尽头有一个叫作“汤谷”的地方，那里生长着一棵叫“扶桑”的神树。在树的上面，栖息着十个太阳。其中，一个太阳住在树梢上，其余的九个则住在树枝上。这些太阳轮流从扶桑树上升起，化作金乌在天空中由东向西飞翔。到了晚上，它们就在西方的神树“若木”上休息。这便是著名的“十日神话”。

后来，人们又将“十日神话”与神射手后羿联系到一起，衍生出了“后羿射日”的神话故事。相传在尧统治天下的时期，天上的十个太阳渐渐失去了控制，一起出现在了空中，弄得骄阳似火，所有的作物都被太阳烤干了，人们也因为找不到水源，过着异常艰苦的生活。这时，有一位神射手后羿，他不怕触怒天神，决定为民除害，一连射下了九个太阳。从此以后，禾苗生长，五谷丰登，百姓过上了安稳的生活。而这位神射手也成为人们心中的大英雄。

在古蜀文化遗址中，出土了许多关于太阳、神鸟、神木的文物。其中，最为神奇的是在三星堆出土的青铜神树。青铜神树，树干高 384 厘米，通高 396 厘米，分为上下三层，树枝上共栖息着九只神鸟，显然是“九日居下枝”的真实写照。由于出土时顶部已经断裂，专家推测，还应有一只象征“一日居上枝”的神鸟。而这也与“十日神话”完全相符，充分印证了这一时期的古蜀人是崇日崇鸟的。

等候千年终圆飞天一梦

2005年，“中国文化遗产”标志的征集工作在全国范围内展开。各种各样精美的设计图样，陆续由各地寄往北京，汇集到国家文物局“中国文化遗产”标志征集办公室。

经过各方专家严格认真评选，由中国著名专家联名推荐的“太阳神鸟”金饰图案，最终从众多候选图案中脱颖而出，成为入选者。图案以“太阳神鸟”金饰为蓝本，中心是十二道顺时针放射的光芒，代表着一年中的十二个月。围绕在外环的是四只等距分布、逆向飞行的凤鸟，它们引颈伸腿、首尾相接、展翅飞翔，即代表着金乌负日的神话传说，也象征着春夏秋冬的四季轮回。在图案的外围是“中国文化遗产”的中文与汉语拼音字样；对外交往时，改为“中国文化遗产”的中英文字样。标志构图非常的严谨，且线条流畅，极富韵律的美感。

2005年8月3日至13日，中国国家文物局在网站上，向社会正式公布了“中国文化遗产”的标志图样，以征求广大群众的意见。最后，“太阳神鸟”金饰，成为中国文化遗产标志。它是继青铜器“马踏飞燕”后，又一件成为国家文化标志的珍贵文物。

接着，一个更大的喜讯让人们欢欣鼓舞，作为中国文化遗产标志的太阳神鸟刺绣品，将搭乘神舟六号飞船遨游太空。此次刺绣任务交给了四川省成都蜀绣研究所。为了能够圆满地完成任务，研究所的人员以真丝为底料，蚕丝为绣线，运用蜀绣所特有的绣技与针法，精心绣制了一面美丽的“太阳神鸟”金饰绣品。

2005年10月12日，蜀绣“太阳神鸟”搭乘神舟六号飞船，飞向了浩瀚的宇宙。在太空中飞行了115小时32分钟之后，胜利返回了地面。

“神鸟绕日”表达了华夏祖先向往太阳、崇尚太阳的飞天之梦，更体现了中华民族自强不息、奋发向上的精神风貌。“太阳神鸟”绣品遨游太空，则更是象征着中华民族如同“太阳神鸟”一般，遨游于天空之中，实现了自己千年的飞天之梦。

金嵌珍珠天球仪：清代中西文化交流与融合的见证

金嵌珍珠天球仪，国家一级文物，现珍藏于北京故宫博物院。这件清乾隆年间由宫廷造办处所制作的天球仪，比例恰当，位置精准，反映出中国清代高超的天文科技水平，是一件绝无仅有的艺术珍品。

纯金打造成的天体仪

北京故宫不但是中国明清两朝帝王的居住场所，更是一座举世闻名的中国古代艺术殿堂与宝库。北京故宫博物院位于北京天安门广场的北侧，所珍藏的文物达 1052600 件，占全中国文物总数的近六分之一，是中国国内收藏文物最丰富的博物馆，其中很多文物都是绝无仅有的无价珍宝。位于北京故宫博物院东部的珍宝馆，占地面积约 220 平方米，共展出 440 余件珍贵文物。这其中，大部分都是难得一见的稀世珍宝。如皇帝的印玺、皇后的凤冠、精美的玉器……件件都是光彩夺目，使人驻足流连。在展厅一侧的展柜中，静静摆放着一件清代乾隆时期的稀世珍宝——金嵌珍珠天球仪。

在中国古代，黄金一直是财富与权力的象征。珍宝馆所展出的这件金嵌珍珠天球仪，是乾隆皇帝亲自下令清宫造办处用纯金打造而成的御用精品。天球仪通高 82 厘米，制作工艺精湛，极具奢华之美。

天球仪又被称为“天体仪”或是“浑天仪”，是古时用于观测天体运行的仪器。中国人很早就会制作这种仪器，用它可以更形象、直观地了解日、月、星辰间的相互位置以及运动规律。

这件用纯金打造而成的天球仪，球径约有 30 厘米，把金叶锤打的两个半圆合为一体。半圆的接缝处是赤道，球的两端中心分别是南北两极。北极有时

北京故宫博物院金嵌珍珠天球仪

意大利瓦雷泽省天球仪

米兰天球仪

瑞士天球仪

皇家博物馆格林威治地球仪

辰盘，距赤道 23 度左右。赤道与黄道相交，相交点分别为春分、秋分。球外正立的圈则是子午圈，球体上饰列着星辰，位置分布得相当科学。

天球仪的支架呈高脚酒杯状，用九条不同姿态的行龙来支撑球体，上为四条头上尾下的腾龙，用来擎住球体；下为四条头下尾上的降龙，形成支架用作稳固球体之用；中间的一龙连接上下两部分，形成游龙抱柱状。九条行龙所采用的是锤髅法，从而形成中空的圆雕。龙的表面以抽丝法形成龙睛、龙髯、龙鳞的纹饰。行龙吞云吐雾，形态生动逼真，细部錾雕精细，恍若真龙再现。

天球仪的基座是圆形珐琅盘底座，通体以细丝盘出缠枝花纹，随后再嵌以烧蓝与淡蓝的珐琅釉，以其丰富多彩的色调改变了纯金原本的单调之感。景泰蓝座足又以四个龙首为形，采用的是高浮雕法，极富装饰性。底座盘上是奔腾的海水波浪，托盘中心则为指南针。支架的九龙与底盘的四龙浑然一体，与底座内奔涌的海水形成群龙共舞之姿。

金嵌珍珠天球仪以其翻江倒海的宏伟气势，科学的严谨与工艺的浪漫和谐集于一体，真可谓是一件绝无仅有的艺术珍品。

据乾隆年间的《仪象考成》记载：天球仪有三垣、二十八宿、三百个星座，3242 颗星。采用的是赤金点翠法，以大小不同的珍珠为星，镶嵌在球面之上，并刻有星座的名称。其恰当的比例，精准的位置，反映出中国清代高超的天文科技水平。

热衷西洋科技的乾隆帝

众所周知，乾隆皇帝是一个热衷于文物收藏的帝王。他在位期间，下令清宫造办处所制作的金银器、玉器、牙雕等奇珍异宝，多得不计其数。那么，这位帝王为何要下令造办处，用重金打造这样一件天球仪呢？这一切，还要从天文学的起源说起。

天文学的起源可以追溯到人类文化的萌芽阶段。在远古时期，人们为了指示方向、确定时间与季节，便开始对太阳、月亮、星星进行观察，用以确定它们的位置、找出它们的变化规律，并根据这些资料编制相关的历法。可以这样说，天文学是最古老的自然科学学科之一。

在中国，到了清朝时期，统治者对西方的天文地理学产生了浓厚的兴趣。首先接受这种文化思想的清朝皇帝是康熙。天文数学的精确与神奇，激发了康熙皇帝对自然科学的浓厚兴趣。法国传教士白晋在他所著的《康熙大帝》一书中，曾这样写道："在五六个月的时间内，康熙皇帝已熟练掌握了几何学，并且能够随时说出他所画的几何图形的定理及其相关的证明过程。他说，这本《几何原本》他至少读了有二十遍。"除了自己亲自研习西学之外，康熙皇帝还重用精通天文学的西方传教士南怀仁负责掌管钦天监。康熙十三年，也就是1674年，他命南怀仁铸造了六件天文仪器，并将它们安置在北京观象台上。由此，中西文化交流也进入了一个崭新的阶段。

乾隆王朝是清朝最为鼎盛的时期，同时期的欧洲科学技术也进入了一个大发展阶段。在康熙皇帝的影响下，乾隆也对这种新奇的西方学科产生了浓厚的兴趣，而且他更热衷于那些繁复华贵的钟表与灵活奇巧的机械玩具。乾隆皇帝为此还命人将科技仪器礼制化，并且记录在册。

这件由乾隆皇帝命人专门打造的金嵌珍珠天球仪又有着怎样的特点呢？一是这个天球仪球体上面的星象，引进了西方的星等。上面的珍珠有大有小，最大的珍珠象征天上最亮的一等星，最小的珍珠则是天上的六等星。

这个仪器的另外一个特点就是：从外面观看，这是一个天球仪，但是天球仪的球壳里面，实际是钟表的机心。在天球仪顶端的南部有三个孔，这三个孔放进钥匙之后，经过悬拧，天球仪就可以进行慢慢地旋转。演示出天球仪星象活动的景观，而这也是乾隆时期天球仪制作工艺的一个全新发展。

回顾中国清王朝的发展史，从康熙到雍正再到乾隆，历代皇帝都对西方科技知识抱有浓厚的兴趣，而这件做工精美的金嵌珍珠天球仪则正是这段历史的最好明证。如今，金嵌珍珠天球仪被完好地保存在北京故宫博物院的珍宝馆中，接受着世人惊羡与赞叹的目光。

金兽：南京博物院的镇院之宝

2005年11月7日，南京博物院举办了一场名为“江苏国宝展”的文物展览，作为镇院之宝的金兽在这次展览中尤为引人瞩目。它是目前我国考古发掘出土的最重金器，也是极为罕见的大型古代动物造型金制品。

举世无双的黄六席镇

金兽与郢爰、陈璋圆壶，同为南京博物院的镇院之宝。在三件国宝中，郢爰与圆壶均为战国之物，只有金兽是西汉时期的制品。它们都是1982年2月在江苏省盱眙县穆店乡马湖大队南窑出土的。

这只金兽空腹、厚壁，长为16厘米，宽为17.8厘米，高为10.2厘米，重达9100克，含金量高达99%。它的造型古朴、奇特，所采用的浇铸与錾刻工艺非常精湛。迄今为止，它是我国考古发现的金器中最重的一件，同时也是罕见的大型古代动物造型金制品。

金兽呈蜷伏状，头部枕伏在前膝之上，屈腰将身体团缩在一起，并将耳朵伏贴于脑门两侧。金兽头大、尾长、身体短而粗壮，模样似虎更类豹。在古代神话故事中，虎豹大多是守卫九关的神兽，可以起到镇魔压邪的功效。在金兽的头顶处，有一个提环，脖子上则戴着三轮项圈，神态极为警觉，俨然是一位家宅守护者。通体的圆形斑纹是在兽体铸成后再捶击上去的，大小相当，呈不规则圆形，纹饰非常精美。在它的内壁处，刻有小篆“黄六”二字，乃秦汉时期所用的文字。其中，“黄”字指是它的质地为黄金，“六”字则代表了序数。

据南京博物院考古研究所的林留根研究员介绍，金兽究竟是种什么动物，至今仍没有统一的观点。有的人认为它是狮子，有的人则认为是老虎，还有人认为是豹子。但从其造型上来看，应该更加接近于豹子。

根据专家的分析，这只金兽实际上是西汉流行的席镇。席镇始见于西汉时期，既可放置在房间之内，当人们起身落座的时候，将它们压在座席的边角，防止卷角；还可放置在府内以作镇房、镇库的功效；又或是将它们放入墓葬之中，作为镇墓兽。席镇的形状多为匍匐的动物型，且刻画得极为生动传神。

目前，已发现的席镇有狮形、虎形、豹形、龙蛇形等，也曾发现两兽相搏形席镇。通常，席镇多采用玉石与金、银、铜等材料制成，大多是 4、6、8 件为一组。为了增加重量，有的还在席镇内加入了铁、铅、砂等。

据《汉旧仪》记载，在皇帝祭拜天地的时候，皇室显贵、文武百官的跪拜，要用六张长一丈重叠在一起的席子。因此，专家们推测，这只金兽很有可能是汉代某位皇帝祭天时用来压席的席镇。

诚心护宝更胜黄金

1982 年的正月初七，盱眙县穆店乡马湖大队南窑庄在兴修水渠。由于当时实行的是承包责任制，村民万以全因为有事耽搁，所以来得晚了一些，于是，别人就分给了他一块满是稀泥的水洼。而万以全对此也没有多说什么，拿起铁锹直接干起活来。

刚把上面的一层烂泥铲掉，一块金闪闪的东西就露了出来，它便是金兽。在金兽的下面，还盖着一个精美奇特的铜壶，壶里面装满了金器。其中，包括了九块半金饼，重达 2864 克；15 块麟趾金、马蹄金，重达 4845 克；11 块金版的郢爰，重达 3260 克。这些黄金的总重量超过了 20 千克。面对如此之多的金器，万以全赶忙叫来自己的哥哥万以财。兄弟二人脱下衣服，将这些金子小心翼翼地包裹起来，一口气跑回家，将它们放在了结婚用的箱子里。

很快，万家兄弟挖到宝贝的消息便传播开来。四邻八村的村民纷纷赶到两兄弟的家中，小小的屋子，顿时被围了个水泄不通。近千人的架势，让万家人感到非常害怕，这些人要求万家将获得的宝贝与大家平分。

当天中午，盱眙县公安局副局长钱永华接到报案，说马湖大队有村民挖到了二三十斤重的宝贝。接到报案后，钱永华立即命人带上照相机，驾驶着吉普

西汉金兽

北魏北齐　彩绘陶镇墓兽　30.5 厘米 ×15.6 厘米 ×31.8 厘米

车前往南窑庄。到了万家，便看到三间简陋的茅屋被千百人团团围住，现场情形已经严重失去控制。万家的树已被村民推倒；窗户也被人给推掉；鸡窝更是已经被踩塌了。只见趴在箱子上的万家老父亲，正大声向四周的人们求情。此时的公安人员，在万家人眼中，就好像是救星一般，他们二话不说，就将挖到的宝贝全部交了出来。

面对万家人交出来的宝物，钱永华担心会受到其他村民的围攻。于是，就在院内的桌子上，当众一一进行清点、拍照，让所有的群众一起看宝。他还亲自站到桌子上，向众人宣传文物法规，宣称这些只是一些青铜器皿。由于当时的生活比较贫穷，很多人只听说过黄金，并不知道黄金到底是个什么样子，所以，村民们便信以为真了。就这样，钱永华借机将文物搬到车上，并运回了县里，藏到了银行的金库中。由于当时人民银行的钱币博物馆中正好缺少楚国的钱币“郢爰”，便派人前来征调，并且答应支付盱眙 30 万元的资金补偿。

与此同时，南京博物院的领导在得知万以全挖到宝贝的消息后，也在第一时间派人赶赴了盱眙县进行现场查验。经过文物专家的仔细鉴定，确认这批黄金都是超一流的国宝，不能等同于普通的黄金制品。

在北京、南京两地展开的文物争夺战中，最终南京博物院在江苏省政府的支持下，凭借着地域优势，抢先一步在公安人员的护送下，将这批珍贵的国宝连夜运回了博物馆。并且，根据相关规定，南京博物院特别拨出 1 万元奖励万家兄弟。由于万以全是直接挖宝人，因此分得了 6000 元的奖金。后来，因为这一段特殊经历，他还为自己的女儿取名为“遇金”。

2005 年 11 月 7 日，连同这件西汉时期的金兽在内，共有 83 组珍贵的文物，在“江苏国宝展”上大放光彩，接受世人的参观。

金编钟：清朝皇家御用金制礼器

钟是古人在礼仪性场合中不能缺少的重要礼器。古人凭借它美妙入心的动人音色，展示其当时特有的文化气质以及对文雅的讲求。这件用万两黄金铸成的金编钟，共计十六枚，是古代礼器中的稀世珍宝。在清王朝倾覆后，它被末代皇帝溥仪偷偷典卖出宫，在外面漂泊了二十九年之久，屡遭劫难，更是险些毁于熔炉之中……

万两黄金铸成的寿礼

经过康熙、雍正两代帝王的励精图治，清代的盛世一直延续到了乾隆时期。而这一阶段，被后世称为“康乾盛世”。大清帝国，在乾隆皇帝的统治下变得国富兵强，拥有东起库页岛、西至葱岭的辽阔版图。这片土地上，不但生活着世界上最多的人口，同时也拥有着世界上最多的财富。

作为中国在位时间第二长的帝王，乾隆皇帝一生声名显赫，在皇帝的宝座上整整坐了六十年，而且在退位后又做了三年的太上皇。在他统治的时期内，清朝发展到了鼎盛时期。1790 年，也就是清乾隆五十五年，乾隆进入 80 岁。为了庆祝皇帝的八十大寿，举国操办万寿庆典，世界各国使节也纷纷赶往京城纳礼朝贺。为了显示大清王朝的尊贵与富足，表示他对康熙皇帝的尊崇，乾隆特意效仿康熙帝 60 岁生日时所铸造的金编钟，下令打造一套更大的金编钟作为自己的祝寿之礼。

徐启宪是北京故宫博物院宫廷史专家，他对清宫历史与宫廷器物有着深入的研究，曾撰写过金编钟的相关条目说明。根据他的介绍，这套乾隆时期的金编钟，铸造工艺极为复杂。它是由清朝的户部、工部与内务部造办处共同协作

金编钟　北京故宫博物院

铸造而成的。首先，由画工绘制出编钟的图样，并呈给乾隆皇帝进行审阅；待审阅以后再进行制模，模具制好后再呈皇帝审阅；通过之后，再铸造成样子，而后将样子再呈皇帝审阅；通过之后，再开炉铸造；铸造好以后，再经工匠的锉磨雕刻，直到皇帝满意为止。

金编钟通高为 16.2 厘米，钮高为 6 厘米，厚度为 1.2 ～ 2.1 厘米，上径为 13.6 厘米，中径为 20.6 厘米，下径为 16.2 厘米。这十六枚编钟外表大小一致，依靠钟壁薄厚来表现声音的高低，壁厚的则声音高亢，壁薄的则声音低沉。

细观每枚编钟，钟钮是两条躬着身体的盘龙。在钟的中间位置，正面刻有钟的名字；背面刻有“乾隆五十五年造”的字样。二龙戏珠的纹饰盘绕在钟体之上，在龙身上方，刻有朵朵祥云；龙身下面，则是翻滚的浪涛；最下面的位置，则是八个平头音乳与角云装饰。整套编钟不但造型优美，而且装饰非凡，尽显皇家的非凡气势。

金编钟全套共有十六枚，使用黄金 11439 两铸造而成。每枚编钟都有着自己的名字，声音从低到高，依次是：倍夷则、倍南吕、倍无射、倍应钟、黄钟、大吕、太蔟、夹钟、姑洗、仲吕、蕤宾、林钟、夷则、南吕、无射、应钟。其中，最重的一枚是“无射大金钟”，共用黄金 927 两；最轻的一枚是“倍应钟”，使用黄金 530 两。

在乾隆皇帝的万寿大典中，这套金编钟被放置在太和殿上。随着庆典开始，金编钟缓缓奏响祝寿的乐章，整个金銮宝殿沉浸在一派喜庆祥和的氛围中，而它也由此成为乾隆皇帝最为钟爱的典藏珍品。

偷盗自家的末代皇帝

1908 年 12 月 2 日，不到 3 岁的溥仪登基即位，成为清朝最后一代帝王——宣统皇帝。1912 年，溥仪在他 6 岁的时候，发布诏书宣布退位。至此，大清封建王朝被推翻。但是，根据民国政府所制定的《清室优待条件》，这位逊位的皇帝依然可以生活在紫禁城中，与他的家眷们获得由民国政府提供的每年 400 万元的生活津贴。

1922 年，年满 16 岁的溥仪到了成婚的年纪。虽说是位逊帝，但是宫中上下依然按照旧例，为他大肆操办婚典。当年光绪皇帝大婚之时，曾命人绘制了一幅记录婚礼场面的《大婚图》，而溥仪的婚礼也要照此办理。从纳彩礼到大征、册立，庆典足足持续了近四十天，花费银元数十万两，排场丝毫不减当年。

如此巨大的花销，只是清王室日常消费的冰山一角。由于民国政府每年不能如数发给逊清皇室相应的经费，这些早已过惯了养尊处优生活的王室成员，为了能够继续以往的奢华生活，便想到了用贩卖皇宫中所藏珍宝的方法，来满足自己挥霍无度的生活。

1924 年 6 月的一天，一辆搭载着金编钟的卡车，悄悄地驶出紫禁城的神武门，急速奔向北京盐业银行的仓库。而将乾隆皇帝所钟爱的黄金钟盗走的不是别人，正是清朝的末代皇帝溥仪。正是他命人将黄金钟偷运出宫，并且准备将其卖掉，而买主则是当时的北京盐业银行。

在故宫院刊中，曾登载第一历史档案馆研究员叶秀云的文章，文中详细记录了这次珍宝被典卖的前后经过。1924 年 5 月，由溥仪的岳父荣源出面，与北京盐业银行签订了一份抵押合同，用金编钟与其他金器、玉器、瓷器等珍宝作为抵押。其中，金编钟抵押 40 万元，其他珍宝共同抵押 40 万元。抵押期限为一年，月息为一分。就这样，乾隆时期的金编钟被溥仪典卖出了北京故宫的高墙之外。

离北京前门大街不远的地方，有条名叫“西河沿”的小巷，离街口不远处有座洋楼，这就是当年的盐业银行。盐业银行创办于 1915 年，创办人张镇芳曾是清朝的进士，做过江西督军、长芦盐运使等职。由于与袁世凯有亲戚关系，在银行创办之时，他争取到了袁世凯的支持。因此，盐业银行是官商合办，资金非常雄厚。

当溥仪将金编钟等故宫珍宝典卖之后，盐业银行立刻派人做账，将这笔账目全部勾销。而原本是故宫珍宝的金编钟，也摇身一变成为银行的账外资产。为了安全起见，盐业银行将金编钟等众多珍宝，转移到北京东交民巷一处不为人知的外商银行仓库中秘密保藏起来。

俗话说得好，世上没有不透风的墙。1924 年 5 月，《京报》首次披露了金编钟被典卖出宫的消息。为此，逊清皇室的内务府特地登报进行辟谣，盐业银行也同时发表声明否认此事。尽管如此，这件事仍然引起了各方的广泛关注。

清　玉磬　47.7厘米×83.8厘米×3.4厘米

当时占据京城的军阀张作霖，四处打探金编钟的下落；后来阎锡山率晋绥军占领北京，也派人多方查找金编钟。由于各路军阀、政客对国宝金编钟的贪婪企图，北京已不再是安全之地。而典卖国宝的逊帝溥仪，也被冯玉祥的国民军赶出了故宫，先是在日本公使馆的帮助下去了天津，后来又在日本人的安排下做了伪满洲国的皇帝。由此可知，溥仪回来重赎金编钟的可能性近乎为零。

险遭烧毁，幸有英雄护宝

“九一八”事变后，东三省被日本人占据。动荡不安的时局，致使华北地区陷入重重危机之中。

此时，盐业银行的高层也开始为这批财宝感到担忧。他们多次进行秘密会议，决定将金编钟与其他的故宫珍宝转移到位于天津法国租界内的盐业银行天津分行中。此次转移工作，由时任盐业银行副总经理兼盐业银行天津分行经理的陈亦侯全权负责。

那么，这套珍贵无比的金编钟究竟被陈亦侯藏到哪里去了呢？20 世纪二三十年代，由于天津对外开埠较早，其繁华程度甚至超越了北京与香港，一举成为北方的贸易与金融中心。如今，坐落在天津赤峰道 12 号的大楼，就是当年位于法租界的盐业银行天津分行。这座建于 20 世纪 20 年代的洋楼，高大且气派，营业大厅用大理石铺面，显得格外富丽堂皇。在楼梯间的玻璃彩窗上，描绘着长芦盐场兴旺的景象。最为重要的是，在这座高大坚固的建筑物地下，有着宛若迷宫一般的地下库房。为了保险起见，还特别建有带夹层的暗室。如此安全的地方，也就成为金编钟的栖身之地。

1937 年 7 月 7 日，震惊中外的日本侵华战争全面爆发。7 月 30 日，日本军队又占领了除英、法、意三国租界以外的天津市区。作为情报机关的日本领事馆不知从哪里得到了有关金编钟的信息，很快便找上门来。他们首先打出的是友情牌。不料，陈亦侯果断回绝。友情牌失算后，为了能够尽快得到金编钟，日本领事又使出美人计。

虽然日本人的计策屡屡失效，但种种迹象表明，他们很可能已经探到金编钟的去向。情况非常危险。陈亦侯再三思考，最终决定委派银行职员前去西安，从西安给身在重庆总行的总经理吴鼎昌发电报，请示金编钟等珍贵文物的处理事宜。那时，吴鼎昌既是贵州省的主席，又是蒋介石的文官长，陈亦侯认为此事理应由吴鼎昌拿主意。然而，一个月后，当电报辗转回到天津盐业银行的时候，回电上竟只有一个“毁”字。

这就意味着要将金编钟重新回炉，融化成金条。而这稀世国宝一旦被毁，将不复存在。陈亦侯怎么也没有想到，当金编钟面临被外国列强掠夺的危险时刻，上司的回电竟只有一个字“毁”。他更没想到，流传百年的国宝，要由自己亲自销毁。

接到电报的陈亦侯不由得破口大骂，并当即做出决定，自己要继续保护金编钟，哪怕承担再多的危险，担当更重的责任，他也要确保国宝的安全。但是，他很清楚，盐业银行已经不安全了，为了更好地保护金编钟，必须要再次进行转移。

此时的陈亦侯想到了一个人，那就是四行储蓄会的经理胡仲文。胡仲文出生于江苏淮安，4 岁的时候跟随父亲来到了天津，成为南开大学招收的第一届学生，与周恩来是同乡同学。周恩来的进步思想与南开大学校长张伯苓的爱国主义教育，影响了他的一生。

那时，在天津成都道上有座名叫永定里的高级住宅小区，很多名人都曾在这里居住过。如外交部副部长周南、著名医生朱宪彝等。而永定里 15 号，就是四行储蓄会经理胡仲文的私人住宅。一天，在夜幕下，陈亦侯来到胡仲文的家中，将金编钟的事情如实相告，并将转移至四行储蓄会的想法和盘托出。深明大义的胡仲文欣然允命。然而，两位老友都知道，他们是将彼此的身家性命，全部托交到了对方的手中。在一个万籁俱寂的午夜，陈亦侯与自己的贴身司机一起，将装有金编钟的木箱装载到自己的车上，然后亲自押车驶向四行储蓄会。早已等候在那里的胡仲文带着一个亲信工友默默地迎接了他们。

1941 年年底，日军偷袭珍珠港，太平洋战争全面爆发。日本与英、美成为交战国，驻天津的日军先后占领了英、法、意租界。陈亦侯预感的危险终于变成了现实。他们派出大批军警直扑盐业银行，以寻找适合防空的地下室为名，堂而皇之地进入地下库房，并最终发现了库房中的夹墙暗室。幸好当时金编钟早已转移他处，日本人一无所获。

1945年8月15日，日本天皇颁布诏书，宣布日本无条件投降，中国人民最终取得了抗日战争的全面胜利。同年年底，国民党军统局局长戴笠来到天津，在睦南道的一栋小楼里策划恢复、重建天津的特务组织。消息灵通的他，很快便在第一时间找到陈亦侯，并询问起金编钟的下落。

面对戴笠的询问，陈亦侯矢口否认自己藏有金编钟，并告知对方可以随便搜查。在多方搜查无果后，戴笠仍然加强了对陈亦侯的监控。直到1946年3月17日，戴笠乘坐的飞机撞山失事，葬身于火海之中，此事才得以不了了之。

1949年1月14日，中国人民解放军经过二十九个小时的艰苦战斗，最终解放了天津城，并成立了天津市人民政府，同时还成立了军管会。1月18日，胡仲文将金编钟与故宫珍宝的清单上交给军管会的金融管理处。在他上交的清单上，十六枚金编钟位列首页，上面详细记载着每只金编钟的名称与含金重量。而当年被溥仪典卖出宫的4000多件珍宝中，有2000余件已在战乱中遗失或被他人倒卖出国，唯有经陈亦侯与胡仲文保护下来的金编钟等珍宝重新回到了故宫的怀抱。1954年，金编钟在故宫博物院珍宝馆正式向公众展出。

20世纪50年代，胡仲文被调往北京工作，担任人民银行参事；而陈亦侯则因年事已高，在天津退休。他们谁都没有对家人提起当年护卫国宝的事迹，但金编钟这批珍贵国宝，却成为他们一生的牵挂。在天津政协委员会存放的文史资料中，有一篇胡仲文亲笔撰写的四行储蓄会经营始末的文章。在文章中，他首次披露了密藏、保护国宝金编钟的事迹，这也是金编钟传奇经历的第一次完整记载。虽然至今仍未找到当年的工友徐祥与司机杨兰波的后代，但他们同样是值得后人尊敬与纪念的爱国英雄。

春秋　青铜钟　高38.3厘米

马头鹿角金饰件：中国古代鲜卑族的步摇头饰

宋代的词人谢逸在《蝶恋花》中曾写道："拢鬓步摇青玉碾，缺样花枝，叶叶蜂儿颤。"它描绘了一位温婉娴雅的古代女子，轻拢发丝簪上步摇，漫步在闲庭中的妩媚身姿。步摇又被称为"珠滴"，因为可以随着人步行时发出摇曳的声响，故得其美名。下面要介绍的这件马头鹿角金饰件，就是古代鲜卑族贵族妇女发髻上的步摇头饰。

古代贵妇头上的发饰

步摇是中国古代妇女的一种首饰，取其行步则动摇之名。它多以黄金屈曲成龙凤等制形，并缀以珠玉。六朝而下，花式愈繁，晶莹辉耀，与钗钿相混杂，插于鬓发之侧。

早在中国的商周时期，步摇的雏形就已经出现。当时的宫廷贵妇常用金银玉石来打造一些造型相对简单的步摇，并将它们插在鬓发之间，以作装饰之用。但真正形成步摇的概念，还是在两汉时期，作为等级与身份的象征，在宫廷后妃中颇为盛行。当时，它的造型大多是"以金为凤，下有邸，前有笄，缀五彩玉以垂下，行则动摇"，为佩戴者增添了雍容华贵的动态之美。当时，还曾流行过一阵加于冠上的步摇冠，与寻常的步摇相比，戴在头上更显富贵华美之感。但是，根据汉代的法规，步摇是宫廷礼制饰品，民间妇女无权享用，所以直到汉代以后，步摇才逐渐开始在民间流行，成为古代妇女争相佩戴的首饰之一。

有关步摇最早的文字记载，见于汉代古籍《释名·释首饰》一书中："步摇，上有垂珠，步则动摇也。"另外，在《后汉书·志·舆服下》中对它也有着记录："步摇以黄金为山题，贯白珠为桂枝相缪，一爵（雀）九华（花）。"

北朝　鲜卑族贵族佩戴的带有马头和鹿角的金饰，1981 年在内蒙古达尔罕茂明安联合旗发掘

而步摇正式传入西域地区，却是从西汉时期开始的。约在东汉时期，步摇经燕传入辽西，后又向东传入朝鲜半岛以及日本地区，并且对当地的文化都产生了较为深远的影响。

慕容鲜卑与步摇之间的渊源

马头鹿角金饰件于 1981 年在内蒙古达尔罕茂明安联合旗出土。它是 6 世纪中国南北朝时期，鲜卑族贵妇所特有的头部饰品，当时人认为，佩戴此物具有辟邪与祥瑞的作用。由于这件饰品上的桃形叶片是活动的，可以随着佩戴者的脚步移动，进行摇摆并且发出声响，所以又被称为“马头鹿角金步摇”。

这件步摇金饰件，高为 16.2 厘米，重约 70 克。头部具有马头的特征，竖耳，头顶连接着枝状鹿角，枝梢则以圆环穿连桃形叶片。另外，在马的眼部、耳部以及鹿角等部位，分别镶嵌着红、白石料，并且在边缘处饰有鱼子纹。

鲜卑是一个古老的游牧民族，早在秦汉时期就已经存在了。它是由慕容鲜卑与拓跋鲜卑两部分组成，而国宝马头鹿角金步摇就来源于慕容鲜卑。据说“慕容”这个姓氏就是从“步摇”演化而来的。

东汉　鎏金翼马纹铜饰板　7 厘米 ×11.1 厘米

中国秦汉时期的鲜卑族部落，主要游牧在今天内蒙古西拉沐伦和与洮河之间，附属于匈奴。在北匈奴西迁以后，鲜卑族进入了匈奴故地，他们之间相互结盟，势力逐渐变得强盛。

147 年到 167 年左右，也就是东汉桓帝时期，鲜卑族的首领檀石槐组建了军事行政联合体，并且分庭立制，将鲜卑族分成了东、中、西三个部族，分别设置了部族长进行统率。而慕容鲜卑就是其中的一个分支，负责管辖西部地区。而有关“慕容”这一姓氏的由来，还要从三国时期说起。

三国时期，慕容鲜卑族的首领莫护跋，曾随司马懿征讨割据辽东的公孙渊，并立下了赫赫战功，被封为“率义王”。后来，莫护跋便甩了他的族人移居到了辽西，并且在荆城以北（河北省昌黎县境内）建立了国家。

有一天，莫护跋骑着马在街上巡视。忽然，他发觉许多汉人都戴着一种悬挂着装饰物的帽子，并且在他们走动的时候，帽子上的悬挂物还会随之轻轻摇摆，显得十分好看。莫护跋感到非常新奇，便派人去打听，这才知道这种帽子叫作步摇冠。回到府宅以后，他便命人也做了一顶，并整日戴在头上。其他的鲜卑族人见到莫护跋的这种装扮，纷纷称呼他为“步摇”。在当地的语言中，“步摇”与“慕容”读音相近，时间一久，人们便称呼这个部族为“慕容”了。最后，莫护跋的子孙干脆直接以“慕容”作为自己的姓氏。

虽然，慕容鲜卑被称为“马背上的民族”，但是他们对生活也充满着热爱，经常把随身携带的金银器制成各种饰件，以表达他们的审美情趣。其中，马头鹿角金饰件便是一个典范。这种以马头轮廓为造型的饰物，与鲜卑族的游牧生活有着密切的关联，并且融合了鹿角与桃形摇叶作为装饰，具有鲜明的慕容鲜卑文化特色。当时，这种金步摇只有鲜卑族的贵妇才能够拥有，用以突显她们高贵的身份与端庄的仪态。

今天，马头鹿角金饰件被珍藏于中国国家博物馆之中，以其古朴精致的造型，独具风格的样式，体现了中国古代北方游牧民族的文化历史，具有很高的历史与艺术价值。

滇王蛇形金印：滇国历史的最佳见证

一块蛇形的印章，揭开了千年前的神秘古国。究竟是怎样的印章，有着如此不凡的意义？它又与我国著名考古学家、历史学家郭沫若先生有着怎样的不解之缘？

郭沫若与滇王印的不解情缘

“印”在中国古代，一直具有丰富的文化内涵。根据汉代印章的规格：一般的官印为铜制，年俸到达 2000 石以上的官印则用银制，诸侯王与丞相等官员的用金印，而皇帝的官印则称为“玺”。其中，最为著名的皇帝印玺便是由和氏璧制作而成的“传国玉玺”。

20 世纪 50 年代，时任中国科学院院长的郭沫若与国家文物局局长郑振铎，前往云南博物馆进行参观慰问。在那里，郭沫若看到了一些形制比较奇特的古代青铜器。有的刻着鹿，有的雕着牛，还有的周身装饰着蛇的图案。陪同人员告诉他，这些文物都是在云南晋宁石寨山发现的。看着眼前独特且精美的青铜器，一直沉默不语的郭老突然开口问道：“这些是不是古滇国的文物？”

原来，对中国历史颇有研究的郭老，在看到这些珍贵文物的第一眼时，便联想到了两千年前生活在云南滇池附近的神秘古国——古滇国。随后，在云南的两天行程中，郭沫若详细阅读了有关古滇国的文献记录。经过与郑振铎商议之后，郭老决定给云南省文物部门拨发专款，加强对古滇国遗址的挖掘工作。

随后，云南相继发掘出了晋宁石寨山与江川李家山两个大型古滇王族墓葬群。出土的各种青铜器，仅李家山就超过 3000 件。而在石寨山又挖出了一件无比珍贵的稀世国宝——滇王金印。

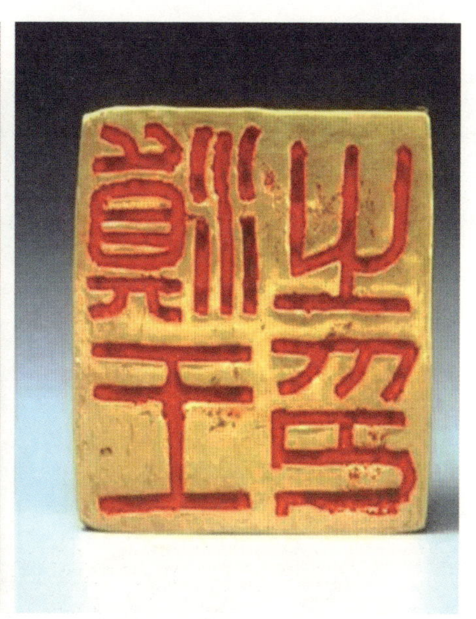

滇王蛇形金印

滇王金印高为 1.8 厘米，边长 2.3 厘米，重达 89.5 克，全金质地，体积如矿泉水瓶盖般大小。在印身上有一个蛇形印纽，栩栩如生地雕刻着一条蜷缩着身子的蛇。这条蛇的头伸向右上方，微微抬起，背部还饰有鳞片纹。印纽与印身是分别铸成，后经焊接连接而成的。印文是篆书，有“滇王之印”四个篆字。文字在印身上雕凿而成，笔画两边的凿痕犹可辨识。

根据汉代的规定，赐给太子以及诸侯王的金印一般为龟纽，赐给臣服国国王的金印印纽则多为芋、蛇、骆驼等造型。但这枚金印的印纽之所以是蛇形，主要还是因为在云南地区自古便盛行着对蛇的崇拜。原来，中国云南自古便被称为“动物国度”。在阴暗潮湿的森林中，常有毒蛇出没，进而时常有滇人被咬伤。而且，这些蛇的行进速度非常快，很难射杀，很是让滇人感到惧怕。渐渐地，滇人对蛇的恐惧，逐渐转化为一种崇拜，而蛇的形象也成为象征着和平的图腾，常被用在青铜器的装饰之中。

而在中国的西南与中南沿海地区，自古以来便有崇拜蛇的习俗，蛇图腾也被广泛地运用。如台湾高山族中的卑南人、雅美人、阿美人、泰雅人等，更是把自己称为百步蛇的后代。所以，滇王蛇形金印的出现，也充满了浓郁的地域文化特色。

张献忠虎钮永昌大元帅金印

古老而神秘的传奇故国

滇王金印的发现，证明了两千年前神秘的“古滇国”的存在，并且为司马迁在《史记》中的相关记载提供了文物的证明。

战国后期，秦楚两国交战，楚国将领庄跻率领军队误入了南方被称为“滇”的地区，因此被秦军切断了后路。结果，庄跻就率兵留在了当地，并且他的部众也都成了当地的移民，而他则成为滇国的国王。今天云南的晋宁与江川则成为当时古滇国的政治、经济、文化中心。

结合史书中记载的情况，有专家提出，在晋宁石寨山出土的“滇王金印”，很可能不是滇国第一代君主庄跻的印章。因为，根据中国古代印章的规格，皇帝的印玺应该是玉石制作的。所以，专家们推测，这枚金印应该是诸侯王印。

前 109 年，也就是汉朝元封二年，汉武帝挥兵南下，为了保持边境的安宁，他决定要收服一些西南边境的小国。一路上，他的军队势如破竹，攻城拔寨，一直攻打到滇国附近。面对滇国，汉武帝本人并未急于出兵，而是派出了使节前往滇国境内进行游说，要他们主动归降大汉。深谙用兵之道的汉武帝，还同时率兵一举歼灭了滇国附近的靡莫、劳浸两个部落，从而在地形上，对滇国形成了围而不攻之势。面对如此紧急的局势，原本就是中原将领庄跻后人的滇国国君尝羌，最终决定举国归降，归顺了汉王朝。

对于这段历史，司马迁在《史记·西南夷列传》中曾有着这样的记载：元封二年，滇王尝羌降于汉，汉武帝特赐滇王王印，使其复长其民。随后，汉武帝还在现在的晋宁县设立了益州郡用来巩固在这一地区的统治。

这件出土于云南晋宁石寨山遗址中的滇王金印，刚好符合汉代诸侯印的规格。它不仅证明了史书上所记载的滇国确实存在，同时也证明了滇国曾经为汉朝诸侯国的事实。在考古学上，像滇王金印这样出土文物与文献记载相一致的案例并不多见,因此它的出土更显出它与众不同的史料价值与极高的考古价值。

1959 年，滇王金印被从云南调到了北京，作为国家一级文物，被珍藏于中国国家博物馆，供更多的游人观赏。

鎏金舞马衔杯纹银壶：汉族与少数民族交流的文化见证

鎏金舞马衔杯纹银壶，国家一级文物，现被珍藏于陕西历史博物馆中。它不仅完美展现了唐代金银器制作的最高工艺水平，同时也是唯一能够证明唐玄宗生日宴会上舞马衔杯祝寿仪式的实物资料。

金银窖里奔出的骏马

1970 年 10 月，陕西省西安市南郊何家村的民工们在建筑工地上进行施工作业。不知道是谁在挖地基的时候，突然碰到了一口大陶瓮。众人都放下工具围了上来。瓮盖一打开，大家顿时被眼前金光闪闪的宝物给震慑住了。工地的负责人员很快便将这一发现，逐级汇报到了陕西省博物馆。

经过考古工作者的细心发掘，在附近共发现了两口陶瓮和一个银罐，里面共计出土 1000 余件文物，主要包括金银器物、玉器、药物、钱币等。其中金银器皿多达 270 余件，包括提梁壶、提梁罐、环柄八棱杯、环柄八曲杯、高足杯、桃形盘、六曲盘、双耳锅、带流大碗、熏炉等，金器总重量高达 298 两，银器总重量高达 3900 两。

这些金银器具所体现出的精湛工艺水平，远远超出现代人对唐代工艺水平的想象。经专家们研究后认为，何家村在唐朝时期处于兴华坊的位置，而该地是唐玄宗李隆基的堂兄邠王李守礼的府宅。在“安史之乱”期间，李守礼匆匆外逃，慌乱中不得不将大批的金银玉器埋藏在地下。而这批珍宝也皆为唐代宫廷之物，其中不少还带有异域风情。

如此大规模集中、丰富的唐代金银器宝藏，当时还是首次发现，尤其是许多珍宝还是海内外仅见的孤品。可以说，这批珍宝的出土，在一定程度上反映

鎏金舞马衔杯纹银壶

唐宋时期银镶嵌物

了唐朝皇家生活的真实情景，也是唐代中外文化交流的生动再现。

在这批窖藏金银器具中，有一件极为罕见的珍品——鎏金舞马衔杯纹银壶。此壶既具有民族特色，又便于外出行军与日常携带。它不仅从侧面进一步反映了唐代宫廷的奢华生活，也是汉族与少数民族文化交流的最佳见证。

鎏金舞马衔杯纹银壶通高为14.8厘米，口径为2.3厘米，腹长径为11.1厘米，短径为9厘米，壁厚0.12厘米，重达549克。

它是仿照西域游牧民族装水用的皮囊壶的形状制造出来的。白银质地，鎏金的提梁前有一个直立的小壶口，上面有个小巧的倒扣式莲花瓣形壶盖，在盖纽上系有一条长为14厘米的麦穗式细银链，套连在提梁的后部位置。壶的腹部两侧用不同的模压手法锤出一匹骏马图像。马的形象凸起于银白色的壶体表面位置，具有很强的立体感，显得非常华美。银壶通体抛光，骏马以及壶盖、弓形提梁、同心结位置处，皆被鎏有一层闪亮的金色，与银白的壶体形成交相辉映之势，色调显得格外和谐富丽。

辗转沉浮的飘零身世

壶上的骏马图案栩栩如生，且灵动有致，反映的是唐朝时期一种舞马用嘴衔起满载美酒的酒杯，翩翩起舞，并将酒杯呈现给皇帝的场景。

舞马的记载最早见于三国的曹魏，唐代时期最为兴盛。不过，由于舞马的节目主要表演给皇帝看，所以寻常官员与普通百姓是无缘见到的。

唐玄宗李隆基酷爱驯马。他本人不仅是一位技艺高超的骑手，而且还曾引进外来的良马，令皇宫内侍饲养与训练成舞马。据说，他曾驯养了400匹舞马，用以表演各种舞蹈节目。通常，这种演出规模都比较庞大，每次要100匹舞马共同表演。这些舞马全身披挂着彩衣锦缎，鬃毛与璎珞饰有金银珠宝。宫廷还为这些舞马伴奏，并专门配有一支乐队。而乐队中的乐工都是俊美少年，他们身着淡黄色的衣衫，并在腰上系有玉带。

表演时，舞马会随着《倾杯乐》的旋律节拍，高昂起马头，轻舞着马尾，蹄步和着拍子忽前忽后，忽左忽右，整齐划一地展现出各种优美的动作与姿势，场面非常热烈壮观。除了群舞的马群以外，还有单匹的舞马表演。有时，设立起三层的板床，驭手乘马而上在上面旋转如飞，又或是由一名大力士将板床举起，而舞马便在上面进行旋转舞蹈。这些精彩绝伦的表演，使人叹为观止。

每年的八月五日千秋节（即唐玄宗的生日）上，唐玄宗都在兴庆宫的勤政殿举行盛大的宴会与乐舞活动，而舞马的祝寿表演则是其中必不可少的节目。届时，唐玄宗会接见并宴请群臣，以及各民族酋长与相关使节。

在玄宗身边做过丞相的张说曾写下十多首有关舞马的歌赋，其中以《舞马千秋万岁乐府词》一诗描绘得最为精妙。“圣皇至德与天齐，天马来仪自海西；腕足徐行拜两膝，繁骄不进踏千蹄。鬃髵奋鬣时蹲踏，鼓怒骧身忽上跻。更有衔杯终宴曲，垂头掉尾醉如泥。”唐朝的工匠则正是捕捉到了这一绝妙的场景，并加以艺术化处理，由此打造出了鎏金舞马衔杯纹银壶这样难得的珍品，为后人留下了舞马曼妙真实的风姿。

但如此奢华的享乐，持续的时间却并不长。唐玄宗天宝十四载（755 年），历史上著名的“安史之乱”爆发，唐玄宗的江山处于风雨飘摇之中。在迫不得已的情况下，玄宗皇帝仓皇出逃，并入蜀进行避难。安禄山的叛军直接进驻长安城，至此各种灾祸不断，而这些皇家饲养的舞马也因此连遭厄运。

由于安禄山曾经在宫中观看过舞马表演，并十分地喜爱，因此便派人搜寻到几十匹舞马送到范阳进行喂养，以作登基后庆典表演之用。可是，至德二年（757 年），他便被自己的儿子杀死了。根据《旧唐书·乐志》与唐代节度使郑处诲《明皇杂录》等史籍资料的记载，这些舞马几经辗转，其中有几匹落到了魏博节度使田承嗣的手中。但是，他并没有见过舞马的表演，也不知道这些是经过训练的马匹，而将它们作为寻常的马匹，与其他的战马混放在了一起。

有一天，军中举行宴会犒劳前方的将士，席间演奏起散乐，这几匹受过特殊训练的舞马，在听到弦音以后，随音乐翩翩起舞。此情形令养马的士兵感到大为惊恐，以为这些马纷纷中了邪，便赶忙挥起扫帚进行抽打。而这些舞马却以为主人嫌它们舞得不够合拍，便越发认真地舞动起来。大为惊慌的军吏赶忙将这一怪异之事报告给了田承嗣，而他也不明白其中的缘由，竟命令手下兵卒狠加抽打。可是，鞭子抽得越狠，这些舞马就跳得越发整齐。最后这些舞马竟被活生生地打死。

大唐胜景而今再放光芒

随着鎏金舞马衔杯纹银壶的出土，唐玄宗以舞马表演宴客的历史资料，得以如实地被呈现在世人面前。同时，它也成为唯一能够证明唐玄宗生日宴会上舞马衔杯祝寿的珍贵实物资料。

在为纪念北京大学赛克勒考古与艺术博物馆建馆十周年而举办的特别展览中，1970 年自西安何家村窖藏所出土的大量珍贵文物，得以首次集中亮相，其中就包括了鎏金舞马衔杯纹银壶。此次展览被冠名为“花舞大唐春——何家村遗宝精粹”。展会的名称取自唐代著名诗人卢照邻的诗篇《元日述怀》：“筮仕无中秩，归耕有外臣。人歌小岁酒，花舞大唐春。草色迷三径，风光动四邻。愿得长如此，年年物候新。”

其中，“花舞大唐春”这几个字，无论是用来形容大唐盛世歌舞升平的热闹景象，还是形容此次巧夺天工的文物展览，都是再恰当不过的了。这次集中展出的何家村遗宝，是 20 世纪关于大唐文化考古的重大发现，集中反映了唐王朝的艺术水平、技术水平以及精神风貌。

除了在北京大学的这次集中亮相以外，何家村窖藏珍品还在上海博物馆与公众见面。这个由陕西省文物局与上海博物馆联合主办的“周秦汉唐文明大展”，一共持续了十三天的时间，共汇集陕西省境内出土的众多精品文物。如秦始皇陵兵马俑、西周单五父壶等。其中，展会主办方还为何家村窖藏的遗宝精粹，特地开辟了专门的展馆。此次参展的 83 件（组）出土文物，其种类可谓是相当丰富。如玉器、金器、宝石、玛瑙、

唐 陶器 马术运动员 高 42.5 厘米，宽 14.3 厘米，长 37.5 厘米

水晶以及钱币等，尽在其中。

其中，鎏金舞马衔杯纹银壶则作为最具代表性的金银器展品，从刚一开箱与记者见面，就受到了广泛的关注。这件唐代金银器中的代表之作，以其细腻精巧的构思，精湛绝美的工艺，尽展富丽堂皇的奢华之美，成为展会中一颗璀璨夺目的明珠，让无数观众为之赞叹流连。

唐　银杯　整体9厘米

鹰形金冠饰：国内发现的唯一“胡冠”

源远流长的草原文化是中华文化的重要组成部分，其鲜明的民族性、地域性、原生态性，使得北方少数民族具有独特的魅力。这件鹰形金冠饰，就是战国晚期匈奴文化中最具代表性的珍贵文物。通过它，现代人可以更进一步地去了解2000年前那个气势磅礴的马背上的民族。

动物形态的金冠饰

在金银器上，雕刻铸造各种精美的动物纹饰或者造型，是草原金银器艺术的最大特点，也是古代北方草原民族生活实践的结晶。

鹰形金冠饰于1972年在内蒙古自治区杭锦旗阿鲁柴登战国匈奴墓中出土，现被收藏于内蒙古博物院中。一组两件，由黄金鹰形冠饰与顶带饰两部分组成。其中，鹰形冠饰的顶高为7.1厘米，重达192克；冠带饰的直径为16.5厘米，重达1022克。

冠顶上刻有四幅对称的半浮雕狼羊咬斗图案；在此之上有一以圆雕手法制成的展翅雄鹰，立于帽顶之上，显得非常醒目。鹰首的颈部由两块绿松石镶嵌而成，在头颈之间有一条酷似项链的花边金饰。鹰鼻内插有金丝，这样可以将鹰的颈部与腹部相互连接，便于头部的自由摆动。而尾部也使用同样的方法制作成可以随意摆动的结构。鹰体则是由金片做成的，中空，身体及双翅部位有羽毛纹装饰。整个冠顶构成雄鹰俯视狼羊咬斗的生动画面，是一种带有象征色彩的艺术造型。

在内蒙古草原上，人们以牧羊为生，而四处出没的狼群则威胁着人畜的生命安全。狼咬羊角，正是自然界中弱肉强食的真实写照。在草原上，只有翱翔于天际善于搏击长空的雄鹰，才可以令狼群闻风丧胆。因此，在当时的人们心中，鹰具有不可替代的崇高作用。由此也可看出，这件冠饰绝非常人所有。

它的冠带由三条半圆形金条连缀而成，上面雕刻着呈俯卧状的狼，前肢弯曲的盘角羊，低首卧伏的马匹以及绳索纹饰，其重合位置由卯榫插合。其中，狼、羊、马位于带子的前端，绳索纹位于带身、冠带之间，原有皮革与丝织品进行连接，但出土时皮革已经腐烂。

鹰形金冠饰生动地展现了雄鹰俯瞰狼羊咬斗的激烈搏斗场面，具有浓郁的草原气息与鲜明的游牧文化特征，充分展现了草原民族对大自然和动物的情感，使人更为直观地感受到草原上弱肉强食的激烈竞争环境以及匈奴族如雄鹰一般征服大自然的勇气与向往。

这件鹰形金冠饰集铸造、锤打、锻压、镶嵌、抽丝等工艺于一身，足以代表战国晚期匈奴王室金银工艺的技术水平与艺术造诣，堪称匈奴文化中最具代表性的稀世珍品之一。同时，它也是迄今为止国内发现的唯一一顶“胡冠”。自战国赵武灵王效仿胡服骑射以后，胡冠被传入中原地区，后将冠上的雄鹰改为曷鸟尾。这种冠饰应该是武官所饰，在唐代的武士俑中可以寻找到这种冠饰。而历代的匈奴王都是能征善战的武将，这件象征着权力与威严的鹰形金冠饰很有可能就是匈奴王或酋长的冠饰。

与这件鹰形金冠饰同时出土的，还有其他 200 余件金银器，同样都是以各种动物纹为装饰主题，表现出浓郁的草原文化特色。这批珍贵的文物，特别是鹰形金冠饰，不仅多次在北京、上海等国内城市进行巡展，还多次远赴美国、日本等国家进行展览。

骁勇善战的马背民族

内蒙古自治区杭锦旗阿鲁柴登战国匈奴墓，地处鄂尔多斯高原。两千多年以前，在这片广阔无边的大草原上，活跃着一支勇猛强悍的匈奴游牧民族。匈奴是荤粥部族的一支，属于蒙古人种，最初定居在今内蒙古东部的相邻地区，后来迁址到阴山北部地区。

至战国晚期，匈奴部族强盛于今内蒙古阴山地区及农业、畜牧业基础雄厚

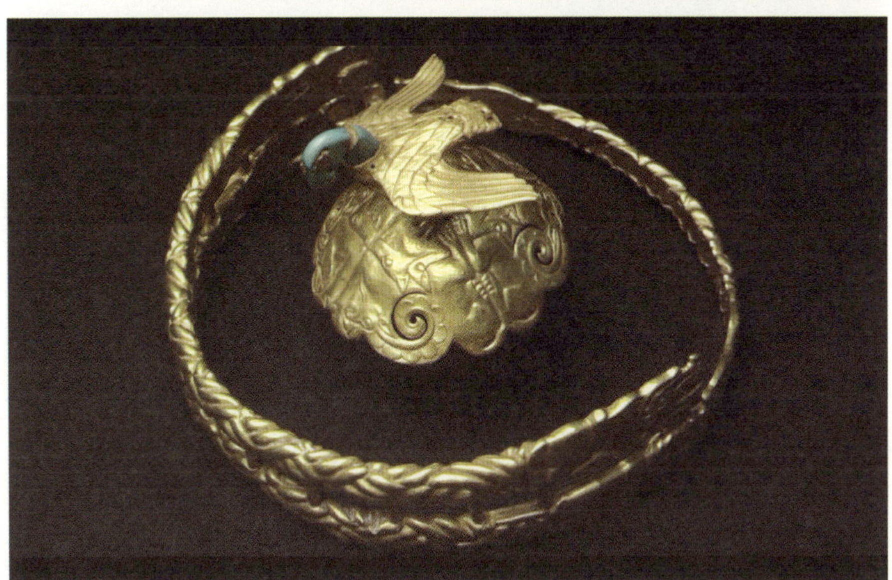

金冠　内蒙古博物院镇馆之宝

元朝　灰陶蒙古男俑　29厘米×11.3厘米×8.6厘米

的河套地区。其政治中心设置在曼城，即现在的内蒙古五原。虽然，匈奴部族的人口数量直到战国晚期还比不上汉族的一个大省，但草原生存环境所造就的特有的游牧生活，赋予了这一民族精力充沛、能征善战、组织严密的诸多特征。

关于匈奴人一族，相关史料曾记载道："儿能骑羊，引弓射鸟、鼠，少长则射狐菟。"另外，匈奴人非常重视青壮年人，但对于老弱病残者则比较轻视。他们以畜牧业为主，兼有狩猎，而骑射便成为这一民族的最大特点。对于匈奴军队，用"兵利马疾"一词来形容，再恰当不过了。至冒顿单于之时，匈奴一族东灭东胡，南并楼烦，西击走月氏，北服鬲昆、丁零等族。其势力范围扩大至东尽辽河，南达黄河中游，西至西河，北抵贝加尔湖的广大地区，建立了欧亚草原上第一个庞大的游牧帝国。

战国时期的赵国，长期以来受到了匈奴的威胁，国君赵武灵王效仿胡服骑射，改革军事装备，并用骑兵代替了笨重的战车，从而在很大程度上改善了赵国军队的战斗力。赵武灵王的这些作为，从侧面上反映了北方游牧民族的骁勇善战。

在汉代初期，匈奴人几乎每年都要骚扰汉王朝的北部边境，为此两族之间的战争频繁。直到汉武帝时期，才逐渐迫使匈奴的势力全部移至阴山以北。到了西汉末年，呼韩邪单于归降汉朝，匈奴的一部分才又重新回到鄂尔多斯地区，后被称为南匈奴。

1 世纪末期，匈奴族的统治集团形成南北分裂之势，鲜卑族借此机会南下发展。根据《后汉书・鲜卑传》记载："转移据其他，匈奴余种留者尚有十余万落，皆字号鲜卑。鲜卑由此渐盛。"自魏晋时期以来，鲜卑族逐渐成为北方地区的主要少数民族。

目前，考古所发现最早的匈奴文化遗存是内蒙古杭锦旗桃红巴拉的匈奴墓群，其年代时间约为春秋晚期。从墓葬中的随葬品来看，匈奴的铸铜、制陶、金银工艺等比较发达，战国末期已经有了铁器制作业，这些足以说明匈奴同中原地区一样，也是在战国末期进入铁器时代的。而这些匈奴墓出土的文物还表明，之所以匈奴族能够不断扩展自己的势力范围，除了拥有较为发达的经济基础与完善的军事装备以外，其海纳百川的气质与开阔明朗的吸纳精神，也是这一民族不断强大的主要原因之一。

乾隆御用刀：清代刀剑制作的最高水准

在很多影视作品中，乾隆皇帝的防身武器都是一把精致的折扇。很多时候，他都是用它来抵御外敌的。然而，现实中的皇帝真的只用一把扇子作为防身武器吗？在北京故宫博物院中，收藏着一组极为珍贵的器物，它便是乾隆皇帝的随身武器——御用刀具。

乾隆皇帝的防身武器

荧屏上，被观众所熟知的乾隆皇帝，手中总有一把一年四季不曾离手的折扇。除了用以显露他儒雅高贵的气质外，必要时折扇还可以作为防身的武器。每到危急时刻，这扇子在乾隆爷的手中，就仿佛一把利刃，可随时置敌人于死地，成为化腐朽为神奇的利器。

当然，以上所说的仅仅是影视作品或文学作品中塑造的乾隆形象。而现实中的乾隆皇帝又是怎样的？他的随身武器真的仅仅是一把扇子吗？

1644 年，满洲贵族率兵攻进了山海关，自此开始了清王朝二百多年的统治历史。不可否认，作为清王朝入主中原后的第四任皇帝，乾隆确实是一位文武兼备的皇帝。他在位的六十年内，最令其引以为豪的就是他的“十全武功”。所谓的“十全武功”，指的是他曾经多次平定边乱中较为突出的十次。而这其中较为有名的是两次征服了西南的大小金川，两次平定了西北地区的准噶尔部，一次平定了新疆回部。

这一次次的出兵讨伐，乾隆皇帝大多身配御刀，除了用来显示帝王的威严以外，同时还有防身的功效。实际上，乾隆的防身武器并非影视作品中所描述的折扇，而是一柄货真价实的宝刀。

乾隆御用弯把战刀

清　腰刀　长91.4厘米

在北京故宫博物院的藏品中，就有着这样一组珍贵的文物——乾隆御用刀。根据故宫内的专家介绍，乾隆御用刀主要有两种：一种是腰刀，另一种是佩刀。通常，腰刀的刀身为直线型，它的长度要比普通的长剑稍短一些；而佩刀的造型则更为小巧一些。

这些被珍藏于故宫中的御用刀具，具有很强的马上民族风格特征。它们的造型很像现在的蒙古刀，大多呈弯月形状。另外，在刀鞘与刀柄的位置处，有的用金丝紧紧缠绕，有的饰有美丽的纹饰，还有的镶嵌着多彩的宝石。

费尽心思只为求得刀中精品

根据北京故宫博物院现存的实物与档案中的记载，乾隆皇帝共命清朝内务府造办处制作了四批，共计百余把带有款识的御用宝刀。

第一批刀具的设计制作始于1748年，即乾隆十三年。据说，乾隆皇帝对这批刀具的制造，真可谓是费尽苦心。无论是最初的纸样、木样设计，还是在具体制造的数量、名称、纹饰、年款，甚至是刀具的什件、皮鞘、楠木箱、用金量以及所附皮签上面的文字选用等，事无巨细，全都要亲自过问安排。

每当造办处完成一道制作工序后，

都要由司库白世秀与七品首领萨木哈亲自带进宫内，转交给总管太监胡世杰，由他送至养心殿，呈给乾隆皇帝御览。待乾隆皇帝详细阅看后，再对不满意的地方提出修改要求。然后造办处再奉旨进行改动、加工。之后再呈递御览。如此反复修动，直到达到乾隆皇帝的要求，才算真正的完工。就这样，这批宝刀在反复的修改下，直到乾隆二十二年，即 1757 年，才正式完成，前后共花去了十年的光景。

乾隆皇帝对这批刀具的用心及重视程度，在清朝时期是比较罕见的，而造刀有功的司库白世秀，也因此被提升为员外郎。

在此之后，乾隆皇帝又陆续命人制作了三批刀具。这三批刀具每把的重量均在 18 两左右，其造型、长度、款识、图记等方面，皆与第一批刀具基本相同，只是在刀柄、皮鞘、护手方面，略有区别。

乾隆在位期间，除了有计划、有规范地制造了四批御用宝刀之外，还时常命人制作一些造型精巧别致的刀具。这些刀的长短大小不一，有的同匕首般大小，且玉柄、皮鞘变化多端，并装饰有名贵的珠宝，给人以华美富丽之感。乾隆皇帝也会经常随身携带这种既可作为装饰，又能够用来防身的宝刀。

乾隆御用宝刀是清朝冷兵器的代表之作，它集中了中国古代刀具的传统样式与制作方法，反映了当时的历史特点与工艺水平。这些宝刀工艺精细，装饰精美，充分体现了乾隆时期的富有与奢侈。

如今，这些造型古雅庄重，装饰富丽，美观的御用宝刀被珍藏在了北京故宫博物院珍宝馆中，供广大游客参观鉴赏。这些刀具虽然历经两百多年的岁月洗礼，却依然锋锐无比、寒气逼人，不失其夺目的风姿，真可谓代表了中国清代刀剑制作的最高工艺水平。

金瓯永固杯：清朝宫廷器物的代表作

在北京故宫博物院中，珍藏着一只特殊的杯子——金瓯永固杯。这件两百多年前，为庆祝乾隆皇帝八十大寿而特别铸造的金杯，一年仅使用一次。究竟这是一个什么样的杯子，能够如此特殊，成为清朝历代帝王的传家珍宝呢？它又是如何成为中国古代金银器的代表，被印在邮票之上，跨越大洋彼岸，成为传达中国悠久文化的使者的呢？

为开笔仪式所铸的金杯

清代宫中，每年都要举行开笔仪式。开笔仪式是指皇帝在除夕午夜，新的一年到来之际，郑重在纸张上写下的第一笔。皇帝需要亲自点燃蜡烛，先蘸朱砂，写下几个吉祥字之后，再蘸黑墨，写下几个吉祥字。与此同时，皇帝还要翻看一下新的历书，以表达五谷丰登、风调雨顺的希望。开笔仪式始于雍正皇帝，到了乾隆时期逐渐成为定制。

开笔仪式寄托着皇帝对来年的美好期望。作为国家的最高统治者，皇帝最关心的当属他的江山社稷。所以，通常写下的是“丰年为瑞”“福寿长春”“和气致祥”等吉祥话语。以此祈求在新的一年中盛世繁荣、天下太平、江山永固。一生极爱作诗的乾隆皇帝，留下 4000 余首诗篇，所以除了吉祥话语外，在开笔仪式上，他还留下了不少元日笔试诗。

既然开笔仪式如此重要，关乎皇家的礼制与气度，所以仪式上所选用的器皿也都非常考究。金瓯永固杯就是乾隆皇帝为开笔仪式而特意铸造的。杯身上的“金瓯永固”四个字，寄托着乾隆皇帝希望大清政权永固，江山长存的美好寓意。

那么，既然是开笔仪式，用到的应该是笔墨纸砚，乾隆皇帝又为什么要打造一个酒杯呢？原来，中国人在拜祭天地或者祖先的时候，都习惯在案头上摆置美酒，而祭酒也因此成为一种传统。皇帝向上天祈求国运昌盛，桌案上也少不了这样一杯酒，以此来表达对上天的敬重。不过，这酒杯中所盛装的酒，也不是普通的美酒，而必须是屠苏酒。所谓的屠苏酒，是一种药酒，主要以桔梗、大黄、防风、茱萸等药材为原料，用绛囊盛着，于除夕夜悬挂于井中，元日取出放在酒中进行煎煮。这种药酒具有益气温阳、避除瘟疫、祛风散寒的功效。

在中国的古时，一家人在元日饮用屠苏酒，用来祛不正之气，达到辟邪去恶的作用。与民间百姓一样，皇室成员也喜欢在新年取个好彩头，所以金瓯永固杯里，每年都装有屠苏酒。不过，皇宫中饮用的屠苏酒，是由宫廷内部的茶膳房精心配制而成的。午夜将至，在开笔仪式即将开始之时，第一杯屠苏酒被恭敬地送往养心殿的西暖阁，并徐徐地倒进金瓯永固杯之中。等到第二天的正午时分，新年第一天的太阳升上高空，这里的屠苏酒便被取回，倒入专门盛放的容器中，以备宫廷中的宴席饮用。

在皇宫大内，第一个能够饮用屠苏酒的，当然是有着九五之尊的帝王本人。然后，再由皇帝将其赏赐给后宫的嫔妃以及近臣。得到赐酒的大臣，都把它看作无比的荣耀。而清朝的帝王便这样伴着金瓯永固杯与它所盛放的屠苏酒，一起度过了新年的第一天。

金杯上特殊的打造工艺

据说，金瓯永固杯是为庆祝乾隆皇帝八十大寿而特别制作的，除了借此作为自己政绩的纪念外，还寄托了这位帝王对大清王朝永远稳固的期盼。所以，在制作过程中，乾隆花费了很多心思。

根据造办处内相关档案的记载，乾隆皇帝为此调用了内库的黄金、珍珠、宝石等珍贵材料，并进行了多次的修改。杯足象鼻的造型，镶嵌着的珠宝以及“金瓯永固”与“乾隆年制”的款识等，都是出自乾隆本人的要求。而金瓯永固杯自乾隆皇帝起，被清朝历代的帝王作为传家宝代代相传，其珍贵程度可想而知。

金瓯永固杯杯高为 12.5 厘米，口径为 8 厘米，足高为 5 厘米，共使用黄金 500 克，镶嵌有大小珍珠 11 颗，红宝石 9 颗，蓝宝石 12 颗以及 4 块粉色的碧玺。在它的造型上，多处可感受到吉祥美好的寓意。杯口处，装饰有一圈回形纹，杯前正中刻有“金瓯永固”四个字，象征着大清江山永固不朽。杯后则铸有“乾隆年制”的款识。另外，在杯身上还錾刻着一些大小不一的花朵图案，这些花朵被称为“宝相花”。它是以莲花、牡丹花等花卉作为本体素材，再经过艺术加工后而制成的一种吉祥图案，其寓意为“宝”“仙”，装饰效果非常富丽堂皇。杯身的左右两侧各铸有一条奔腾向上的夔龙，代表着生气与威严。而在它们的头顶处，也都带有一朵宝相花，并且还镶嵌着珍珠作为装饰。杯子的下面有三个足，被做成大象鼻子的形状。大象的鼻子向内翻卷，与象牙共同支撑起整个杯身。古时，大象的形象经常在宫廷器物中见到，有着“太平有象”的美好寓意。

金瓯永固杯是清朝时期宫廷器物的代表之作，体现出皇家的气派与美好的寓意。制作中，运用到黄金、珍珠、宝石等诸多上乘用料，极尽奢华富贵。而且，该杯在制作中，还运用了一道特殊的工艺。

原来，杯子曾经整个底部都是蓝色的。但是，现在大部分的色彩已经黯然脱落了。但这些蓝色，并不是普通的颜料，它是用翠鸟色泽鲜亮的羽毛，一点点贴上去的，这项工艺被称为“点翠”。

点翠工艺能起到点缀美化金银首饰的作用。在清朝乾隆时期，工艺水平达到了顶峰。用点翠法贴出的蓝色，带有奇异的光泽，可以与黄金、珠宝等形成交相辉映的态势。由于点翠法选用的是活生生的翠鸟的羽毛，其操作手法过于残忍，后来便渐渐废弃不用了。

在清朝宫廷之中，采用点翠法制作而成的饰品比较常见，特别是后宫嫔妃的头饰，大多是用这种工艺制成的。这些由真金白银、璀璨珠宝以及点翠带来的神秘光泽，共同打造出皇家的奢华气派。

2006 年 6 月，中国国家邮政局与波兰邮政联合发行了一套名为“金银器”的特殊邮票，一套共为两枚。其中，波兰选出的是 17 世纪巴洛克风格的银质啤酒杯。而金瓯永固杯则凭借着精湛的皇家做工与丰富的文化内涵，成为中国金银器的代表，被印在了这套邮票上。金瓯永固杯成为友谊的使者，传达着中国的悠久历史与灿烂文化。

清　乾隆金瓯永固杯　中国台北故宫博物院藏

唐　青铜铸金高足杯　高6厘米

“原汁原味”的现代仿品

由于金瓯永固杯的不凡气度与美好寓意，2005年，北京故宫博物院为庆祝建院八十周年,决定与北京白孔雀艺术世界合作，共同制作馆藏珍宝的高仿品。这次中选的正是金瓯永固杯。但是，摆在他们面前的第一件事，就是要找到会花丝镶嵌手艺的合适工匠。

1958年成立的北京花丝镶嵌厂，由于曾经是中国花丝镶嵌工艺品的主要生产基地，自然也就成为这次仿制工作的理想合作者。但是，让人没有想到的是，因为各种原因，花丝镶嵌厂已经不存在了，而众多从事这项手艺的能工巧匠，也散落在了人海之中，难以进行寻访查找。虽然也曾有一些人陆续找上门来，但却都不是合适的人选。

难道复制金瓯永固杯的想法只能成为一种愿景？就在众人为合适人选苦苦寻觅的时候，一个意想不到的人竟主动找上门来……

他就是原北京花丝镶嵌厂的副厂长季荣一。虽然工厂已经不存在了，但是季荣一非常割舍不下这门手艺。于是，他便带领几个技术骨干在北京市郊继续从事着这项传统的行当。一个很偶然的机会，他在电视上看到了仿制金瓯永固杯的事情。季荣一感到非常激动，他相信自己的团队一定能够再现金瓯永固杯昔日的风采，让花丝镶嵌这门传统工艺在新时代焕发出全新的活力。

就这样，凭借着自身的雄厚实力以及对传统工艺的无比热情，季荣一与他的团队成为这次仿制金瓯永固杯的最佳人选。当得知自己的团队当选以后，季荣一等人非常兴奋，积极投入到了仿制工作当中。

那么，制作工艺如此繁缛的金瓯永固杯是怎么被他们仿制出来的呢？

首先，需要进行翻模工序。由于不能在原物上进行翻模，制作者只能比对着原物，一点点进行修改，以保证仿制品的模型不会走样。这也是一项非常考验眼力与技术的活计。

接下来便是把薄金片放在模型上反复敲打，直至模型上的花纹图案在金片上完全成型。等到图案基本成型后，为了使花纹更加饱满，还需进行最为关键的步骤——錾刻，这也是制作工艺中的主体部分。

金瓯永固杯上的图案繁密缛杂，花纹的枝叶小巧精致，并且它錾刻的层次很深，有些类似于浮雕效果，因此要求具有极高的錾刻技术。由于黄金的特性相对较软，若想达到这种浮雕效果，制作时的力度掌握非常关键，这无疑增加了制作难度。如果錾刻的力度过小，则不容易成型，从而达不到浮雕效果；但力度过大，又很容易将金片损坏，只能重新再做。

面对制作上遇到的困难，季荣一与他的团队开始了夜以继日的技术攻关，并且悉心听取专家们的指导意见。2005 年 9 月，高仿金瓯永固杯终于展现在了众人的面前。这件仿制品与当年的原物采用的是同样的花丝镶嵌工艺，所镶嵌的珍珠与其他宝石也是来自清朝的皇亲贵族所流传下来的服装饰品，可以说是真正做到了“原汁原味”。这件高仿品获得了业界的广泛认可，被认为是非常接近原件的金瓯永固杯。

2006 年，高仿品乾隆神锋宝剑的问世，令在场专家赞不绝口。这件高仿品的制作团队，同样是季荣一与他的技术骨干团队。这件神锋宝剑是中国古代帝王御用宝剑中，最为精美、贵重、奢华的冷兵器精品。在两百年后的现代，能工巧匠成功地运用“花丝镶嵌”技术，重现了这一经典之作。从乾隆时期精工制作的金瓯永固杯，到今日后人所制作的高仿品，这项古老的花丝镶嵌技艺，被完好地流传下来。2007 年 4 月，花丝镶嵌工艺被正式列入北京市级非物质文化遗产项目，并且被建议申报国家级非物质文化遗产名录。

书画

挥毫泼墨流千古

《兰亭序》：天下第一行书

提起书圣王羲之，人们首先想到的就是他的传世名作——《兰亭序》。从唐代开始，无论是皇帝本人，还是普通的百姓，都将《兰亭序》作为书法学习的首要范本，并且留下了许多珍贵的《兰亭序》摹本佳品。

不经意间的神来之笔

《兰亭序》，又被称为《兰亭集序》《兰亭宴集序》。它是晋代著名书法家王羲之在绍兴所撰写的书法名帖。此书法帖具有极高的艺术价值，与苏轼的《寒食帖》、颜真卿的《祭侄文稿》并称为三大行书书法帖。

王羲之是东晋时期著名的书法大家，由于他的儿子王献之的书法作品也广受推崇，后世便将这父子两人并称为“二王”。王羲之一生创作了大量的优秀作品，行书有《快雪时晴帖》《姨母帖》，草书有《十七帖》，楷书有《乐毅论》等，皆是传世佳作。王羲之精研体势，心摹手追，博众家之长，冶炼于一炉，创造出封神盖代、天质自然的行书作品，被后世赞誉为“书圣”。

王羲之一生对草、行等主体书法，有着极高的造诣。其中，由他书写的《兰亭序》为众多书家所推崇，被称为“天下第一行书”。今人刘铎对王羲之的书法极为推崇，“好字唯之”中的“之”指的便是王羲之。

东晋永和九年（353 年）三月三日，王羲之与他的友人孙绰、谢安等名流及亲朋共四十一人聚会于兰亭（兰亭就是今天的浙江绍兴），行修禊之礼、相互饮酒赋诗。那天，一共作诗三十七首。后来，王羲之汇集了各人的诗文并编辑成集子。同时还为此写了一篇序，这便是著名的《兰亭序》。

《兰亭序》是王羲之 51 岁时的得意之笔。传说，当时的王羲之是乘着酒兴，

晋 王羲之 《兰亭序》

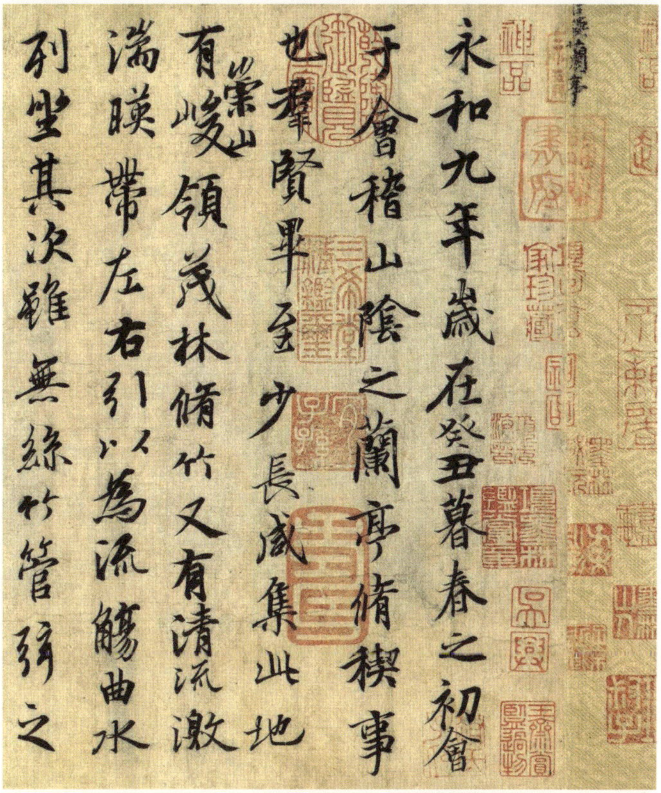

永和九年歲在癸丑暮春之初會
于會稽山陰之蘭亭脩稧事
也羣賢畢至少長咸集此地
有崇山峻領茂林脩竹又有清流激
湍暎帶左右引以為流觴曲水
列坐其次雖無絲竹管弦之

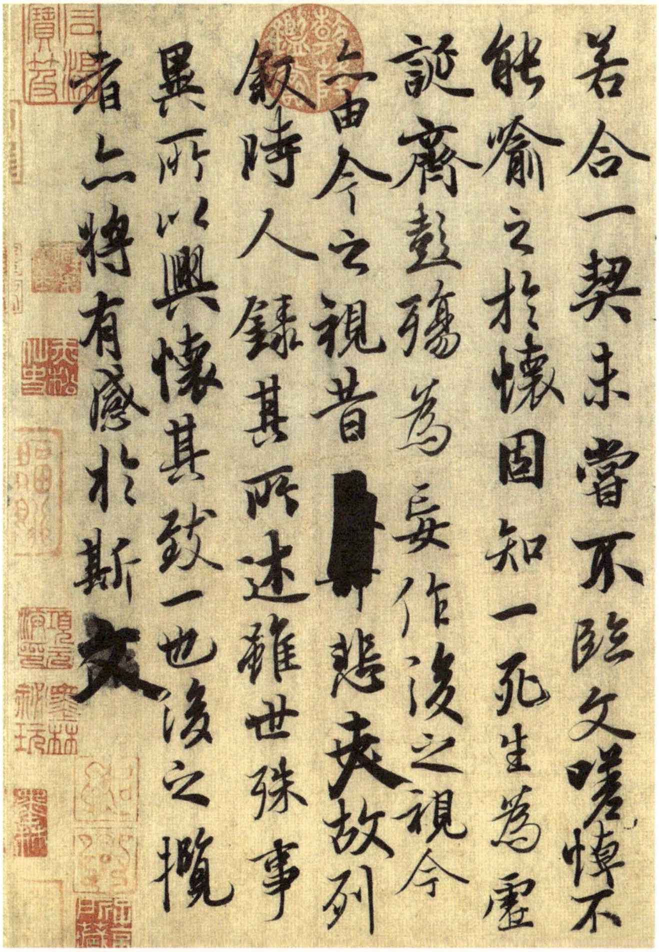

若合一契未嘗不臨文嗟悼不
能喻之於懷固知一死生為虛
誕齊彭殤為妄作後之視今
亦由今之視昔悲夫故列
敘時人錄其所述雖世殊事
異所以興懷其致一也後之攬
者亦將有感於斯文

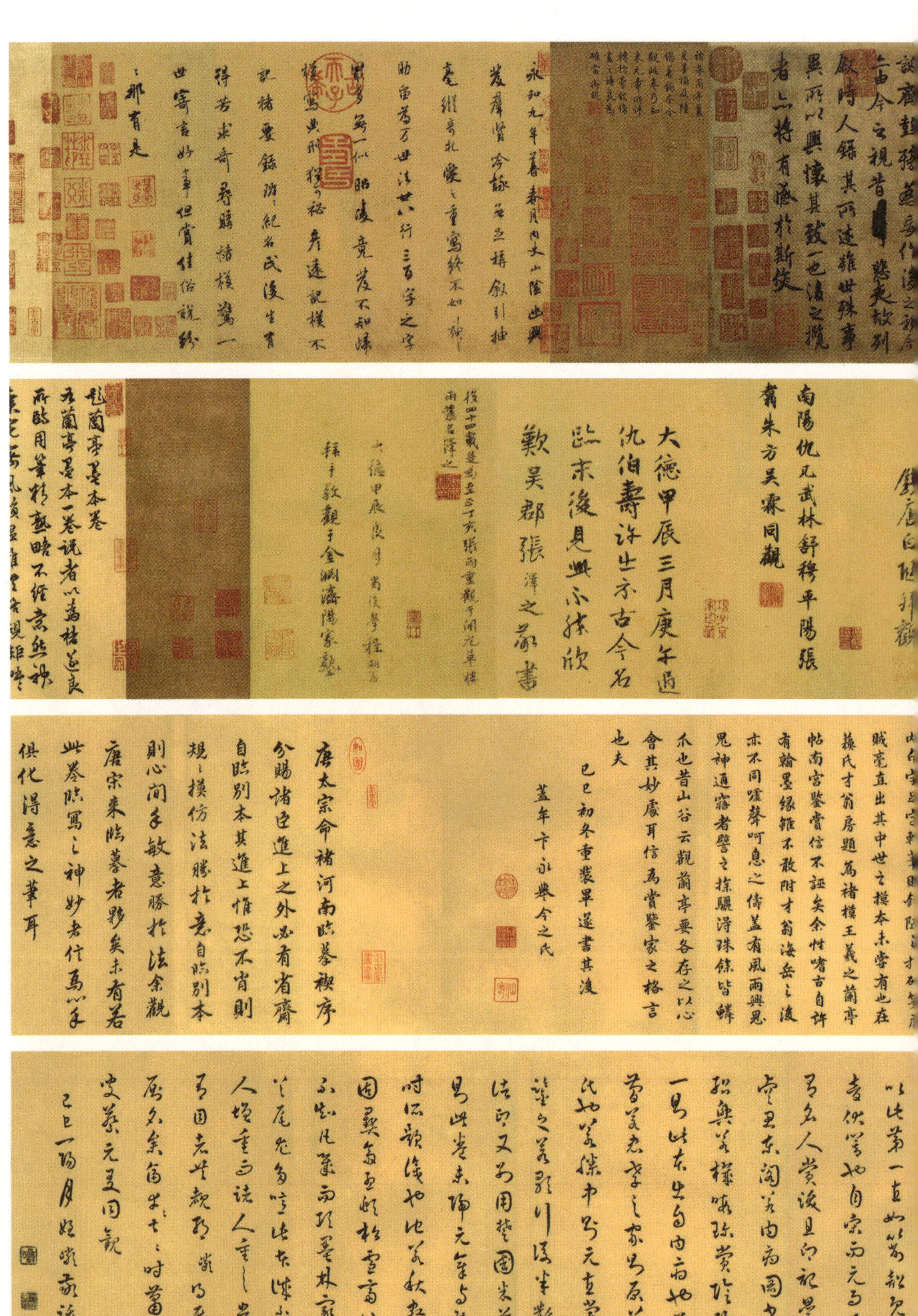

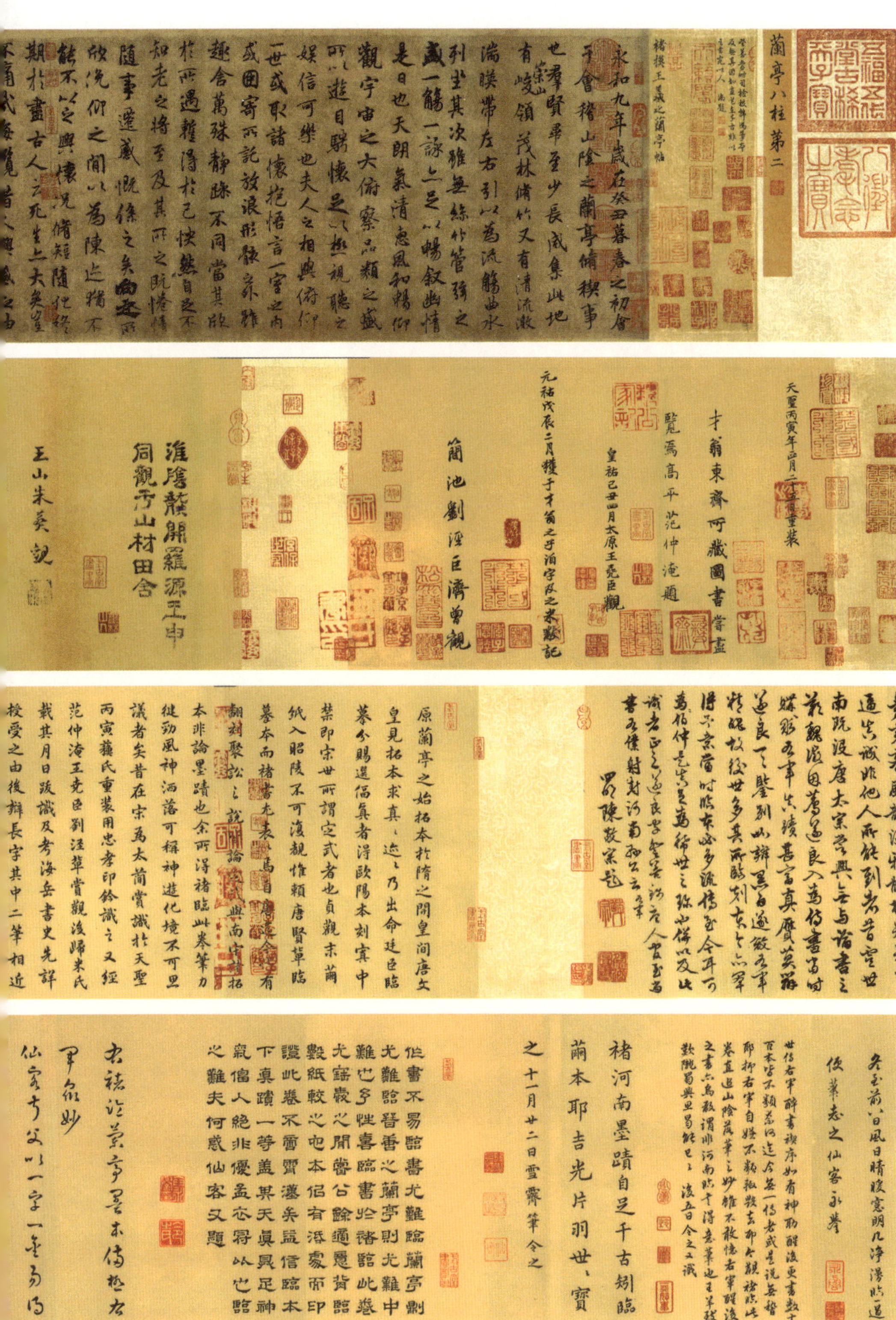

唐 褚遂良摹《兰亭序》图

在众人的建议下，提笔泼墨，一气呵成，写下了这篇名传天下的旷世佳作《兰亭序》的。全文通篇共二十八行，三百二十四字，凡有复重者，变化皆不一，可谓是精美绝伦的上乘之作。

《兰亭序》以其清新优美的文章，遒健飘逸的书法，被历代书界奉为极品。宋代著名书法家米芾将其称为“中国行书第一帖”。此文主要记述了他与当时社会上的名流以及众多文人墨客，共聚兰亭、修禊事也盛况。文章阐述了“死生亦大矣”的观点，并且批评了士大夫之虚无的思想观念。通篇文章显然是作者有感而作，缘情而发。但是，作为一篇文集的序，还是要论述一下此次结集的目的的。正如文中所说，他们引觞曲水，饮酒赋诗，畅叙幽情，何其痛哉！

然而，“向之所欣，俯仰之间，已为陈迹”，所以，他们将自己赋的诗全部收录下来，让它们流芳百世，不至于泯灭陈迹。让其他阅览的人，能够如作者一般，生发出“死生亦大矣”的人生慨叹。

如今，人们在临沂市王羲之的故居里，再造了曲水流觞的兰亭美景。在兰亭里，有一座三角形的碑亭，碑石上刻有“鹅池”两个草书大字。相传，这两个字是王羲之亲手书写的。

除了碑亭，兰亭里还有曲水流觞亭、右军祠等建筑。流觞亭面阔三间，四周皆有围廊。亭前有一弯曲的水沟，水在曲沟里缓缓地流淌，这便是著名的曲水。当年，王羲之等人就是列坐在曲水岸边吟诗作赋。他们在曲水的上游，放上一只盛酒的杯子，酒杯由荷叶托着顺水漂行，来到谁的面前，谁就要作诗一首，否则就会被罚酒。右军祠是纪念王羲之的祠堂。王羲之当时任右将军、会稽内史，因此被人称为“王右军”。祠堂有许多碑刻，正中悬挂王羲之的画像，两边的楹联是“毕生寄迹在山水，列坐放言无古今”。祠内有一水池，被称为“墨池”。据说王羲之当年曾用池子的水蘸笔习书，结果将整池水都染黑了。

萧翼智取《兰亭序》

关于《兰亭序》，民间流传着许多逸事趣闻。据说当时王羲之在写完《兰亭序》后，对这件作品非常满意，曾重写了几篇，却都达不到这种境界，他不禁感叹道：“此神助耳，何吾能力致。”

也正是如此，王羲之十分珍惜这版作品，将它作为传家之宝。一直传到了第七代孙智永的手中。智永少年出家，一生酷爱书法。他临终前，将《兰亭序》传给了自己的弟子辩才和尚。辩才和尚对书法也颇有研究，他知道《兰亭序》的价值，并将它视若珍宝，藏于他卧室梁上特意凿好的小洞之内。

当时的皇帝唐太宗李世民也极为喜爱王羲之的书法，下旨在全国范围内重金收购他的墨宝。就这样，王羲之的作品被源源不断地送到了李世民的手中。只有《兰亭序》始终不见影踪，后来经过多方打探，终于得知《兰亭序》被传到了辩才和尚的手中。于是，他便将辩才和尚召进宫中询问。可是，辩才和尚也极为钟爱这幅稀世的墨宝，到京后他一口咬定《兰亭序》已经在丧乱中亡失，不知所踪。无奈之下，李世民只好放辩才回去。可是，唐太宗并未就此罢休，再次命辩才进京，重问《兰亭序》的下落。如此反复竟达三次之多。据《志书》中所载：唐太宗三召辩才，诘其《兰亭序》下落事。

尚书房玄龄看到唐太宗如此求宝心切，便向他推荐了监察御史萧翼，让他赴越探明《兰亭序》的下落。萧翼的本名为世翼，是梁元帝萧绎的曾孙，不仅学识渊博，而且足智多谋。

这一天，辩才和尚在禅房中休息，外面来了一位穷困潦倒的书生。辩才见他的模样十分可怜，于是就收留了此人。这位书生满腹经纶，对书法也颇有研究，两人聊得非常投机，很快便成为朋友。待两人间的友谊逐步升温以后，书生将自己随身携带的两幅王羲之墨宝，展示给辩才欣赏。不料，辩才看过后，并不引以为然。他告诉书生，虽然两幅墨宝确实是王羲之的真迹，但并不是精品，自己的手中有一幅王羲之的真迹，绝对是难得的极品。

书生询问到底是何作品，竟能被称为极品。辩才神秘地告诉他，自己珍藏的正是王羲之的《兰亭序》。谁知，书生并不相信辩才的话，推说此帖已经失踪，辩才手中的定是仿品，除非他能拿来让自己查验。在书生的再三恳求下，辩才和尚同意将自己珍藏的《兰亭序》拿出让其鉴赏。可出乎意料的是，当书生见到真迹《兰亭序》的时候，立即变了脸色，随即将其纳入自己的衣袖之中，并向辩才出示了唐太宗的诏书。原来，这位书生不是别人，正是监察御史萧翼，他是奉了唐太宗的旨意，为骗取辩才手中的《兰亭序》而来。痛失宝帖的辩才和尚非常难过，再加上过度的惊吓，不久便积郁成疾，不到一年的时间就辞

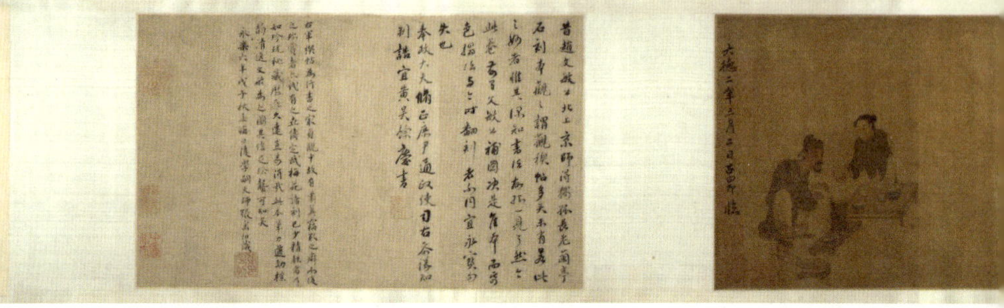

元　赵孟頫　《萧翼赚兰亭图卷》

世了。

李世民得到《兰亭序》后非常喜爱，经常拿出临摹欣赏。由于许多皇亲国戚、朝廷重臣纷纷向李世民请求欣赏墨宝，为了能够不使宝帖受损，他敕令侍臣赵模、冯承素等人精心复制一些摹本，并将它们赏赐给皇族亲眷以及朝廷重臣。因此，在当时这种“下真迹一等”的摹本堪比“洛阳纸贵”。

据史书记载，李世民在遗诏中特意交代，要将《兰亭序》枕在他的脑袋下边。也就是说，《兰亭序》应该葬于昭陵（即唐太宗的陵墓）之中。可是，五代耀州刺史温韬盗取昭陵时，在他所撰写的出土宝物清单上，并没有这件珍宝。所以，《兰亭序》很有可能葬于乾陵（即武则天的陵墓）中。在乾陵一带的民间传闻中，早就有《兰亭序》陪葬武则天这一说法。

《兰亭序》的临摹佳品

多年以来，王羲之的书法一直受人推崇。尤其是其代表作《兰亭序》更是被书法界奉为“中华第一书”。目前，有多个版本在世间流传，其中备受推崇的是珍藏于北京故宫博物院的冯承素摹本。

冯承素是唐太宗时期著名的书法家之一。人们用“笔势精妙，萧散朴拙”来形容他的书法作品。与此同时，他还是一位临摹高手，是少数几位有幸临摹《兰亭序》真迹的书法家之一。

冯承素所临摹的《兰亭序》，不但字体结构相对完美，而且墨彩的浓淡也非常精到。全文既保留了照原迹勾摹的痕迹，又凸显出自由临写的特点，显得更加自然生动，具有存真的优点。在众多传世摹本中，此本最为精美，将王羲之书法的“遒媚多姿、神情骨秀”体现得淋漓尽致，因此被公认为是最忠于原作的摹本。由于卷上有唐中宗神龙年号，因此人们都习惯称它为“神龙本”。

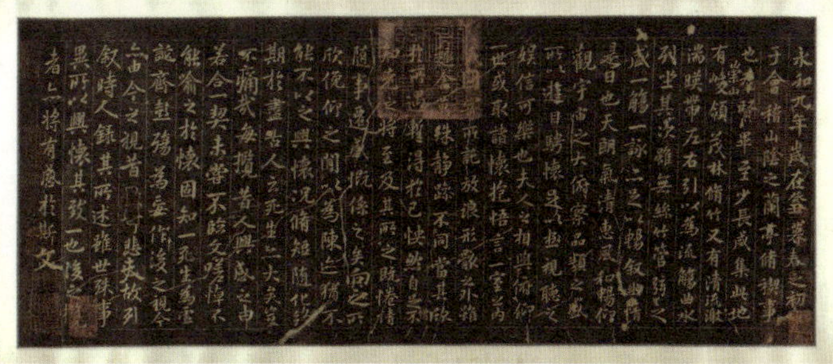

唐代，学习王羲之的书法，蔚然成风。无论是皇帝本人还是文武百官，抑或是普通百姓，都在临摹他的作品。除了冯承素的摹本以外，唐初四大书法家虞世南、欧阳询、褚遂良、薛稷四人，都曾临摹过《兰亭序》。其中，褚遂良与虞世南的临摹作品被保存下来，并被后人誉为书法神品。

褚遂良是唐朝著名的书法家。他的书法特色是善于将虞、欧笔法融于一体，且笔势自如，方圆兼备，比前辈作品更显舒展。他因此深得唐太宗李世民的赏识。李世民曾将内府所珍藏的王羲之墨宝展示于褚遂良，让他来鉴别墨宝的真伪，竟无一误断。由此可见，他对王羲之书法研习的精熟程度。他所临摹的《兰亭序》，点画温润，书体规矩，笔力轻健，血脉流畅，深得《兰亭序》原作的神韵。同时也是临摹最早、风格最接近王羲之风范的摹本之一。

虞世南是王羲之第七代孙智永的学生，尽得他的真传。正所谓名师出高徒，虞世南的书法风格与王羲之非常接近。他的字结构疏朗，用笔圆润，外柔内刚，气韵秀健。相传，唐太宗李世民学书就是以虞世南为师。唐太宗常感到“戈”字难写。有一天，他写字时写到“戬”字，只写了“晋”的半边，让虞世南写另外半边的“戈”。写成之后，李世民让魏征前来鉴赏，魏征看过后说道：“今得以窥见圣作，唯戬字‘戈’法逼真。”唐太宗听后，不由得赞叹魏征的眼力之高，更加看重虞世南的书法了。虞世南所临摹的《兰亭序》，笔致圆融，笔力遒媚，外柔内刚，泯去了点画的锋芒与棱角，给人以平和简静的艺术感。

唐人的五大摹本，从不同层面上表现了“天下第一行书”的风姿神韵，并成为后世兰亭的两大体系鼻祖：一是以冯本、虞本、褚本为宗的帖学体系；一是以定武本为宗的碑学体系。这两大体系相互并行于世，孕育了后世的无数大家。

这些摹本曾被收入清代乾隆的内府之中，后流散于四方。目前，冯本、褚本、虞本被珍藏于北京故宫博物院中；定武本、黄绢本现藏于台北故宫博物院中。

《苦笋帖》：草书艺术史上的经典之作

一封全篇只有两行，短短十四字的书信，为何会被奉为草书艺术的巅峰之作？它的作者又是何许人也？

一日九醉的狂僧怀素

唐代中期，人们在草书的基础上，又发明了狂草。狂草不同于其他的书法形式，力求气势畅达豪放，大起大落，狂放不羁。

在草书艺术史上，《苦笋帖》《食鱼帖》《自叙帖》等作品，被誉为草书的经典之作。其书法的艺术性达到了巅峰。而这些佳作，却全是出自一人之手，他便是狂僧“醉素”。他与张旭皆为狂草的代表人物，被后人并称为“颠张醉素”。

怀素，字藏真，俗姓钱，永州零陵人。他自幼出家，皈依于伯祖慧融禅师。在念经礼佛之余，醉心于书法，慧融禅师亦倾心于书法艺术。故两人的书法作品远近闻名，被人们称为“大钱师”与“小钱师”。

怀素的叔父钱起是唐朝大历年间十大才子之一，曾任翰林学士，官至考功郎中。钱起对怀素期望颇高，曾赋诗送与怀素：“释子吾家宝，神清慧有余。能翻梵王字，妙尽伯英书。”

时任金吾兵曹的邬彤是唐代颇具名气的书法家，他的作品《尊胜经》《金刚经》等至宋代仍被人珍藏。由于他与怀素是表兄弟，虽非嫡亲兄弟，但是关系非同一般。邬彤擅长行书与草书，后来有幸成为“草圣”张旭的弟子。他将自己从张旭那里学来的用笔之道一一传给了怀素。

而怀素便在这样浓厚的文化氛围中自幼年起便对书法产生了浓厚的兴趣。

清　顾沄　《怀素蕉林午睡图》

怀素自幼家境贫寒，少年时便出家做了和尚。在诵经礼佛之余，一有空闲便临摹名人的书法墨迹。可是，由于贫穷的缘故，他常常买不起练字所需要的纸张，于是聪明的怀素便种了许多芭蕉，用芭蕉叶来替代练字用的纸张。如果芭蕉叶不够用了，他就会用漆在木板上继续练习写字。久而久之，许多木板都被他写出了窟窿。由于被他用废的笔越来越多，他觉得每一根笔都是有灵性的，所以专门在山脚下，将自己用废的笔埋葬起来，并取名为“笔冢”。

多年的勤学苦练使他成就了一手好书法，其中最为擅长的就是狂草。怀素的狂草笔法瘦劲，自然飞动，犹如骤雨旋风一般，率性且飘逸，在万千变化间自成一派。

怀素虽然是位僧人，但是却性情疏放，喝酒吃肉，常常是一日数醉。而每当酒醉兴发，便会振笔疾书，无论是寺壁内墙，还是衣裳、器皿，无不信手而书。就连他的袈裟也是先写了字，再染色穿，因此被人称为“狂僧”“醉素”。

宛若壮士拔剑般的草书

古往今来，许多文人墨客都十分推崇怀素的草书艺术。唐代著名的诗人李

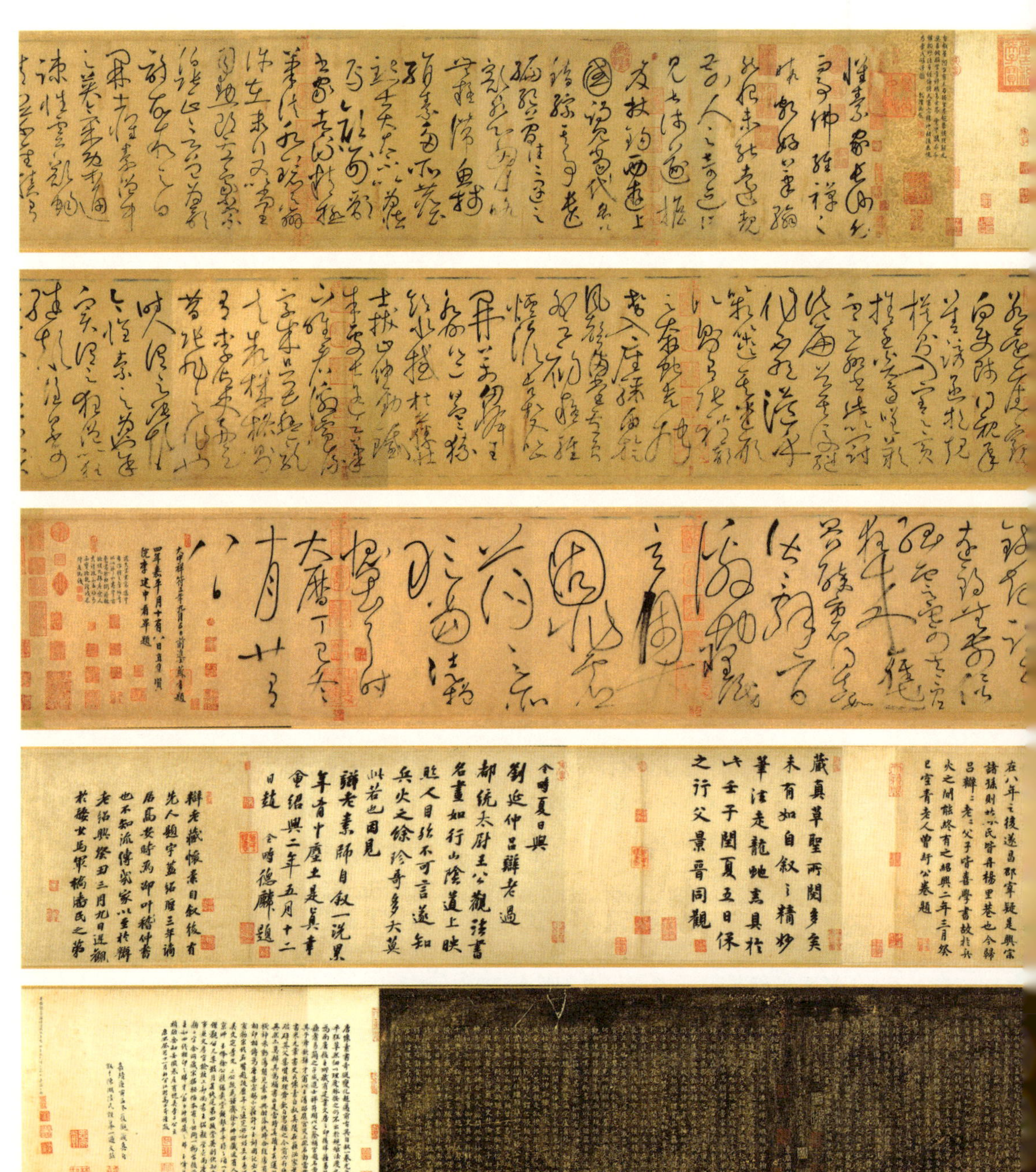

唐　怀素　《自叙帖卷》

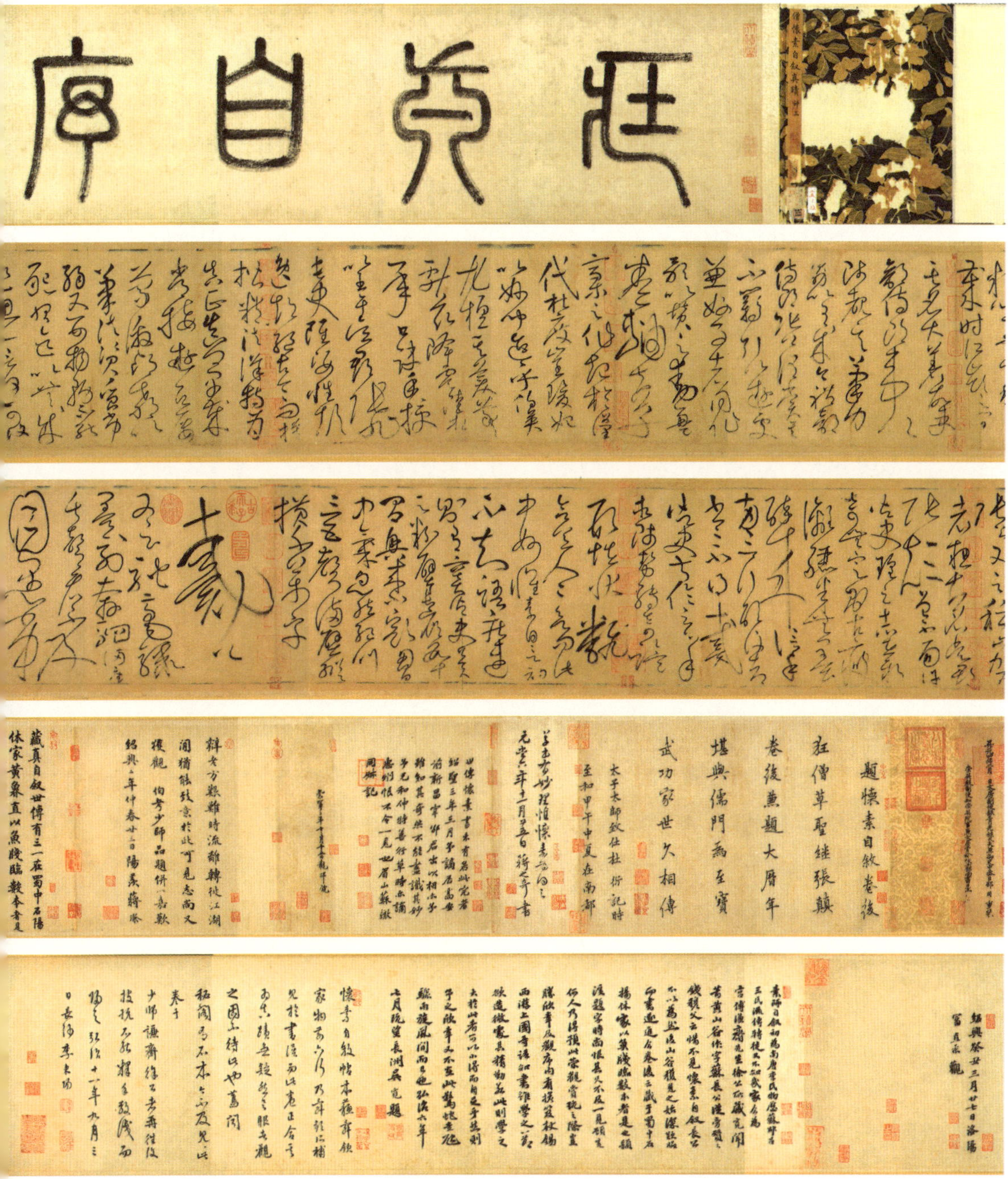

題懷素自敘卷後
狂僧草聖繼張顛
卷後兼題大曆年
堪輿儒門爲至寶
武功家世久相傳

白曾赞誉道：“少年上人号怀素，草书天下称独步。墨池飞出北溟鱼，笔锋杀尽山中兔……”

清代的吴其贞在《书画记》中，也曾对怀素的书法赞许有佳：“书法秀健，结构舒畅，为素师超妙入神之书。”除了这些文人墨客的点评以外，几乎没有一本书法史著不提到他。由此可见，怀素的书法对草书文化史有着怎样的影响。

怀素的性格率真，不拘小节，每在酒后抒发胸中之气，解除了尘世间的束缚。因此，也就增加了书写的神秘冲动，更加具有创作灵感。他的作品，必定是一气呵成，线条宛若黑色的精灵，可以自由穿梭于纸张之间，使人目不暇接，只留下荡气回肠的震撼之感。

依照禅宗即心即佛的理论，人的本心是纯净的，具有佛性。凡事应该按照自然的本性去做，尊重个人内心的感悟，方为最佳的人生哲学。如果将这样的哲学运用到书法上，禅师们自然而然地会将注意力凝聚于能够自由抒发自身情感的草书身上。尤其是在张旭创造了狂草这一书法形式之后，这种能够尽情发挥情趣的艺术形式，很快成为禅师书法家们一致的选择目标。而怀素便是其中的佼佼者。

相传，在夏天的时候，怀素时常放空思绪，仰望天空。一天，怀素突然觉得天边的云彩犹如奇峰一般，而且随着时间不断推移，它在不断地变化着自己的形状。好似一道灵感闪过，在这些变化的幻象中，怀素骤然领悟到了许多不同的写作笔法。从此，在他的草书里，便多了许多如奇峰般的笔画。再后来，无论是林中飞鸟疾驰于空中的矫健身姿，还是路边长蛇受惊后骤入草丛的迅捷身影，又或是断壁残垣上那一条条毫无规律可言的缝隙，都成为怀素草书创造所借鉴的对象。

怀素的草书，气势如狂风骤雨，给人以昂扬激越之美。在篇章布局上，更是讲求疏密、大小、斜正、枯润、虚实间的对比。他的书法线条瘦劲凝练而圆转自如，并且带有着鲜明的节奏感。怀素笔法的精妙之处，在于其一泻千里的笔势之中，能够保持中锋的行笔，可以逆峰起笔，用峰尖在纸张上跳跃出瘦劲凝练而带有圆转自如感的线条，故被黄庭坚称为“藏真妙于瘦”。他笔下的草书，狂怪怒张，线条犹如电光流星一般，热情奔放中带有豪迈的肆意之感。

怀素圆寂后，人们为他在零陵修建了一座塔。根据清修《零陵县志·古迹》中的记载，此塔在零陵县东门外。后人又将他的草书刻成了石碑，置于小厅之内，以示对他的纪念。

写给友人的疾书劲笔

怀素的《苦笋帖》为绢本，现被上海博物馆收藏。它纵长 25.1 厘米，横长 12 厘米，正文仅有两行，共计十四个字。全文为："苦笋及茗异常佳，乃可径来。怀素上。"

此书没有标明年款，帖前有清代乾隆皇帝题签并书引首"醉僧逸翰"。帖后有宋人聂子述、米友仁，明人项元汴，清人陆润、李佐贤等的题识。又有宋"宝庆"，改元九月九日重装。其中，松题记款疑为《兰亭续考》的编者俞松所书。并且，盖有"宣和""绍兴""乾隆御览之宝""恭亲王"等鉴藏印。

《苦笋帖》是一封怀素写给友人的书信，主要意思是说，苦笋泡茶是一种非常好的饮品，以后可以再送过来，落款为"怀素"。虽然这封信只有短短十四个字，但是肥瘦相宜，轻重合度，十分生动流畅。尤其是后面的一行字"乃可径来，怀素上"这七个字，几乎是一笔书写下来。全文贯通，是一幅难得的草书佳作。

可以说，《苦笋帖》是怀素狂草书法的主要代表作。如走蛇般舞动的线条，给人以极大的审美享受。而这封千年前的书信，能够流传至今，也实属不易。那么，怀素为何会给自己的友人写下这样一封书信呢？

原来，怀素本人除了偏爱草书艺术外，还非常喜欢喝酒。"饮酒以养性，草书以畅志"是他最常说的话。

虽然怀素身为僧侣，但是他却非常鄙视那些固有的陈规陋习。他常常饮酒、食荤，并且会乘着酒兴，在寺壁、村墙、酒具等处提笔疾书。由于他不同于常规的僧侣，故而被称为"狂僧"。

这一天，怀素又在家中独自小酌。桌子上摆放着一些简单的下酒小菜。他一杯接一杯，不停地斟饮，渐渐已有些蒙眬的酒意。而当时，正值炎炎盛夏，气温相对较高，再加上酒劲涌上来，怀素觉得自己的体内异常地燥热，很是不适。见此情景，家人连忙为他冲了杯茶，让其饮用以舒缓身体的不适。果然，喝下茶后的怀素，感觉身体清爽了不少。而他所饮用的茶，便是用朋友送的苦笋冲泡而成的茶。

苦笋是一种生长于崇山峻岭中的草本植物，又名甘笋。它外形美观，有着很好的治病功效。明代的李时珍曾在著作《本草纲目》中，对苦笋能够消渴明目、除热益气、解酒毒等疗效，做了详细的介绍。

由于苦笋茶可以解热清胃，怀素饮用之后感到非常舒服，所以，他信手拿起毛笔，想到应该给朋友写信，让他下次再捎带一些苦笋过来。于是，怀素便借着酒意，提笔写下这封书信。

《苦笋帖》全书言简意赅，可谓是一气呵成。笔走蛇龙一般，跃然于满纸间；一字一句由淡而浓，可谓是墨色分明，充分展现了全贴的节奏起伏与气韵间的自然变化，使人领略到怀素书法的狂放个性与其深厚的书法功底。

三希宝帖：书法名门的旷世绝笔

三希宝帖是现存最为古老的法书真迹，中华十大传世名帖之一。它们被历代文人墨客奉为无上至宝、法书鼻祖。究竟这些宝帖有着怎样不凡的身世？如此珍贵的至宝为何又会险些被毁？

王氏一门的书法名帖

三希宝帖是东晋时期“书圣”王羲之家族留给后世仅有的三件真迹。它们分别是王羲之的《快雪时晴帖》、王献之的《中秋帖》与王珣的《伯远帖》。

《快雪时晴帖》是晋朝书法家王羲之的书法作品，长为 23 厘米，宽为 14.8 厘米。全文四行，共二十八字，原文为：“羲之顿首，快雪时晴，佳。想安善。未果为结，力不次。王羲之顿首。山阴张侯。”真可谓字字珠玑，被誉为二十八骊珠。

《快雪时晴帖》是一封书札，主要写的是作者在大雪初晴时的愉快心情以及对亲朋的问候。其笔势以圆笔藏锋为主，顿挫起伏的节奏与弹性感较为平和。无论是起笔抑或收笔，点、画、勾、挑皆不露锋芒。其中，许多由横转竖处，也多为圆转的笔法。它的书法势巧形密，用墨清和爽朗，且浓淡适宜。结构匀整且安稳，显现出作者气定神闲的情态。此帖仅次于他的名作《兰亭序》。在众多文人，如赵孟頫、吴廷、文震亨、王稚登、梁诗正、护都沓儿等人的跋语中，都曾表示出惊羡与赞叹。

《中秋帖》是晋代书法家王献之的作品，通篇以草书写成，纵 27 厘米，横 11.9 厘米。全文三行，共二十二字，原文为：“中秋不复，不得相还，为即甚省如何？然胜人何庆？等大军。”无署款。

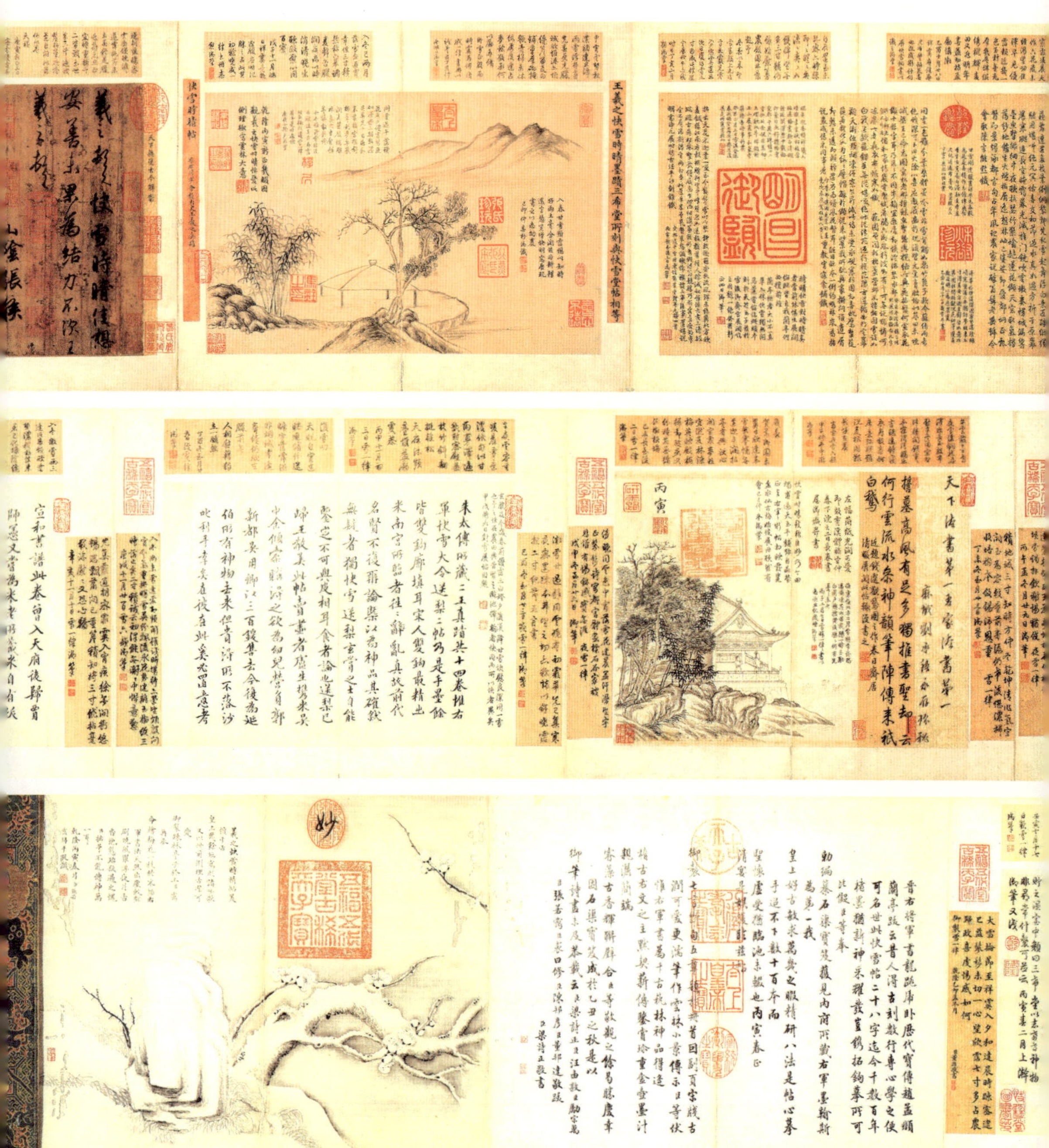

晋　王羲之　《快雪时晴帖》册

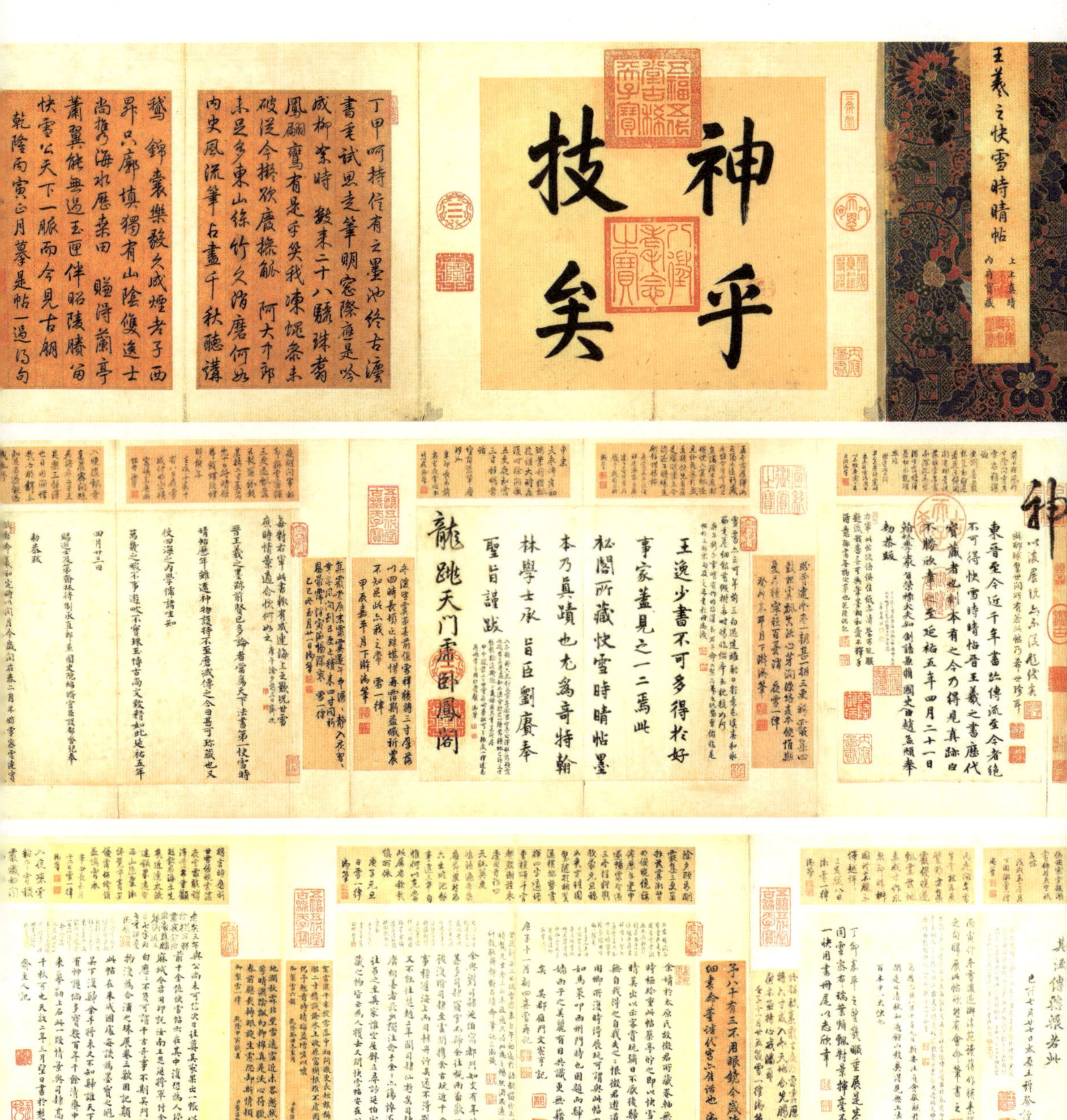
王羲之快雪時晴帖
神乎技矣
龍跳天门虎卧鳳阁
王逸少書不可多得於好事家蓋見之一二焉此秘閣所藏快雪時晴帖墨本乃真蹟也尤為奇特翰林學士承旨臣劉賡奉聖旨謹跋

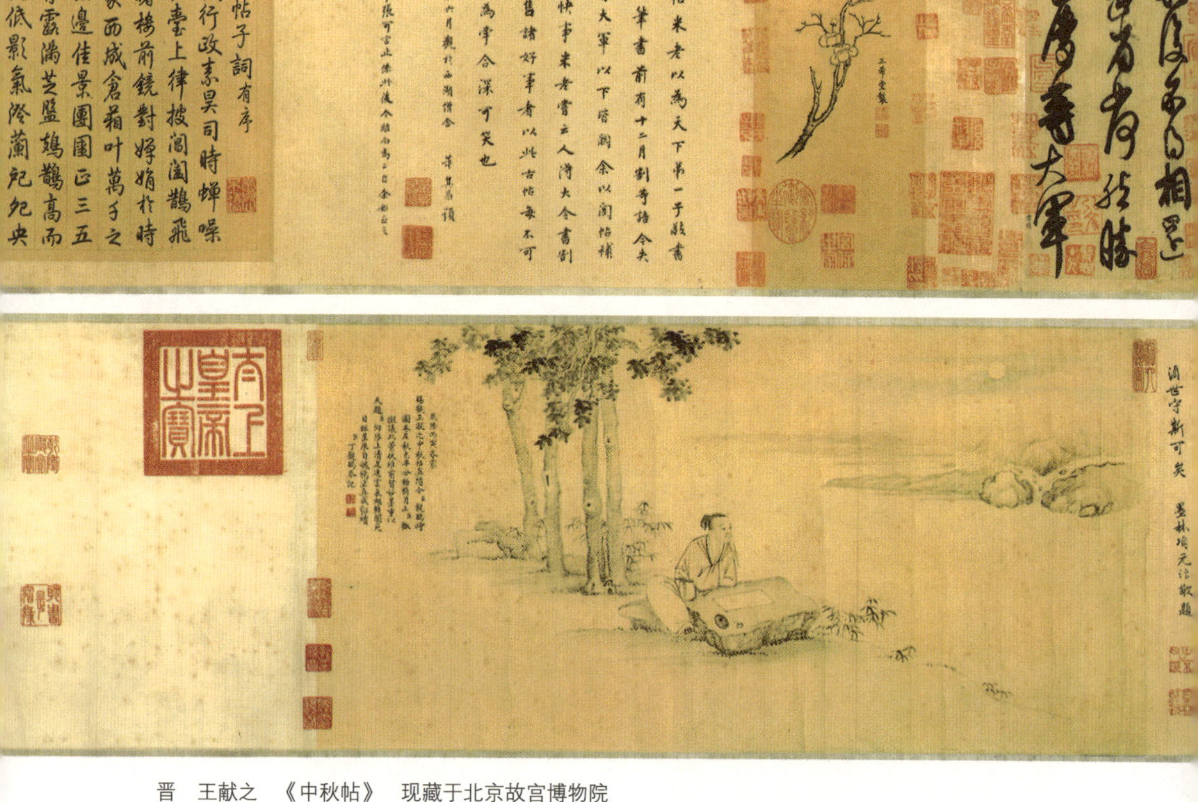

晋　王献之　《中秋帖》　现藏于北京故宫博物院

《中秋帖》又名《十二月帖》，是古代著名的书法作品。原为五行三十二字，后被割去两行，现仅存三行二十二字。清朝乾隆时期收入内府，被乾隆皇帝誉为“三希”之一。该帖书法风格纵逸豪放，应为王献之所创的新体。《书断》中曾评述道：“字之体势，一笔而成，偶有不连，而脉不断，及其连者，气候通其隔行。”

《伯远帖》是晋代书法家王珣的作品，通篇以行书写成，纵 25.1 厘米，横 17.2 厘米，全文五行，共四十七字。此帖是晋王珣所写的一封信，原文为：“珣顿首顿首，伯远胜业情期群从之宝。自以羸患，志在优游。始获此出意不克申。分别如昨永为畴古。远隔岭峤，不相瞻临。”

此帖是我国古代书法作品中的佼佼者，被清乾隆皇帝列为“三希”之一。它行笔峭劲秀丽，自然流畅；笔画写得较为瘦劲，且结体较开张，特别是笔画少的字，显得格外飘逸疏朗。颇有一种“如升初日，如清风，如云，如霞，如烟，如幽林曲洞”的晋人韵味。

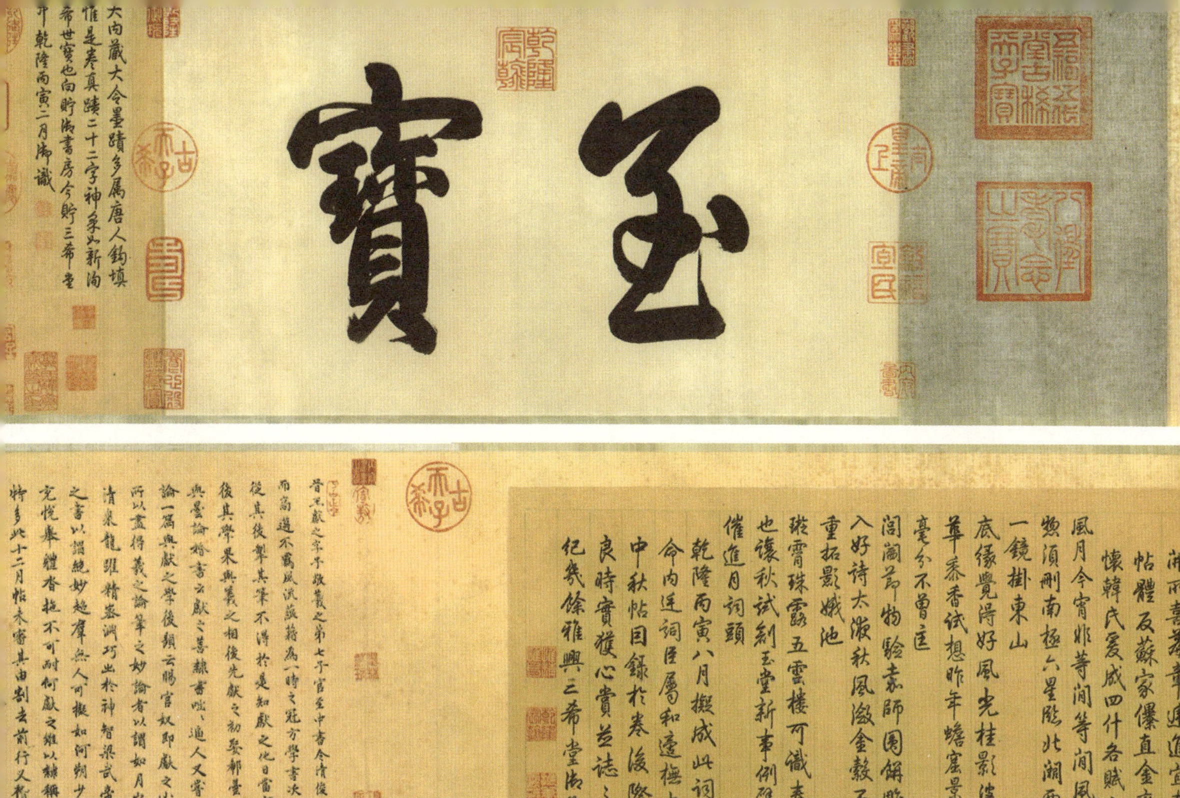

1746年，即乾隆十一年，王珣的《伯远帖》与王羲之的《快雪时晴帖》、王献之的《中秋帖》，被并藏于养心殿西暖阁内的尽间，乾隆御书匾额“三希堂”。乾隆十二年，乾隆命人精选内府所藏魏、晋、唐、宋、元、明书家一百三十四家真迹，包括三希帖在内，摹勒上石，命名为《三希堂法帖》。并在西苑的北海建立阅古楼，将上述刻石嵌在楼内墙壁之上，拓本流传以示临池之模范。而三希宝帖的原件仍被珍藏在养心殿的三希堂内。

东去台湾的《快雪时晴帖》

1928年6月4日的清晨，一列从北平开往沈阳的火车在行驶至沈阳西郊皇姑屯小站时，一枚预先埋藏好的炸弹将列车中部的一节豪华车厢炸毁，赫赫有名的东北奉系军阀张作霖身受重伤，当日逝世。而这便是由日本帝国主义所精心策划的著名的皇姑屯事件。

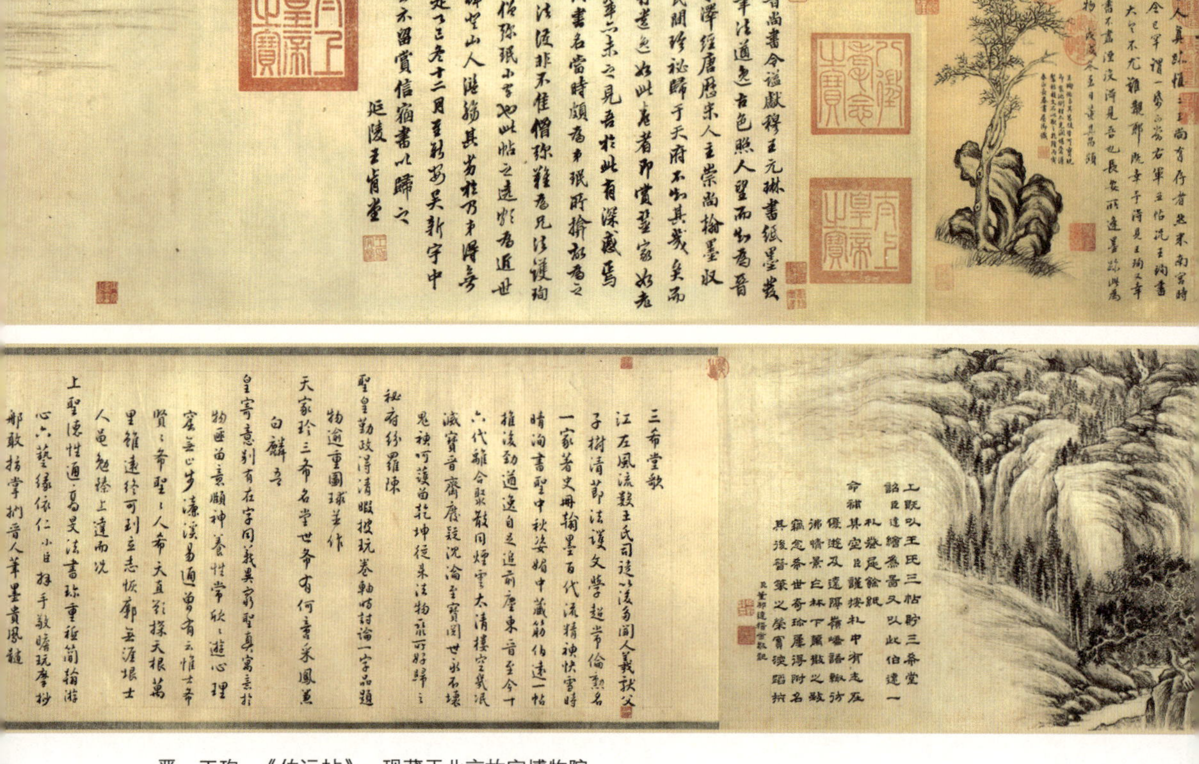

晋　王珣　《伯远帖》　现藏于北京故宫博物院

消息传到北平之后，时任故宫博物院临时理事会常务理事的易培基，一下从椅子上站了起来，不停地擦拭着额头上渗出的冷汗。原来，就在前一天晚上，张作霖曾派人专门来向他讨要一幅古人的书法名帖，易培基推说书法帖被锁在保险柜中，而打开保险柜的三把钥匙分别由冯玉祥等三人持有，自己无法打开。因为张作霖急于离京，又不便将宝帖强行拿走，最后只得作罢。可是，谁也没有料到，短短十几个小时之后，这位赫赫有名的军阀竟然被炸死了。此时，看着这件险些同张作霖一起葬身火海的珍贵国宝，易培基深深地呼出一口长气。

那么这究竟是一件什么样的国宝？说起这件国宝，又要提到一个广为熟知的地方——北京的故宫。

故宫的养心殿是清朝自雍正皇帝起，历代君王起居的场所。在养心殿西侧的西暖阁中，有这样一间小屋，屋子的正墙上有乾隆皇帝亲笔书写的三个大字“三希堂”。这里面，收藏了三件非常珍贵的宝物——三希宝帖。宝帖中的第一件，就是由晋朝“书圣”王羲之所书写的《快雪时晴帖》。而那件差点同张作霖一起葬身火海的正是这三希宝帖中的第一帖《快雪时晴帖》。

全文由楷书、行书交替书写，行笔自如流畅，可谓是神采飞扬。但这幅珍

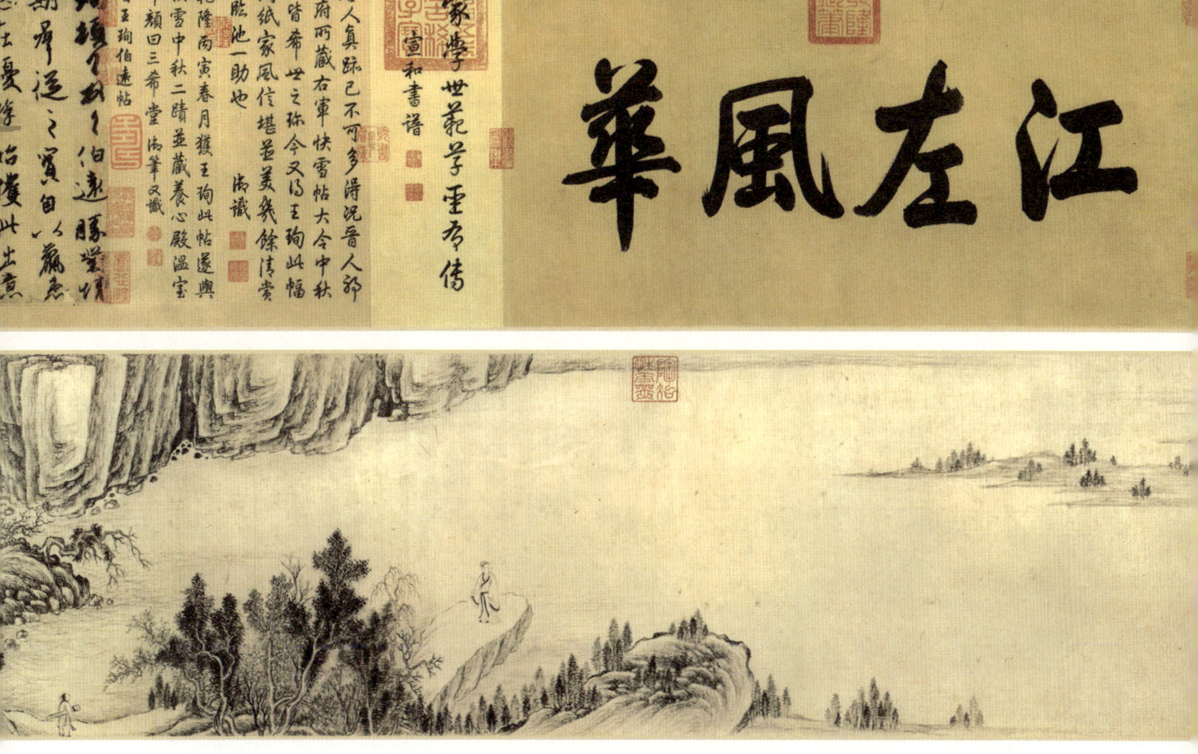

贵的书法作品，却并非王羲之本人的真迹。说来很是令人遗憾，王羲之所有的书法真迹，均已失传，没有一幅得以保存至今。这幅《快雪时晴帖》是由唐代书法家所临摹复制而成的。因为它是直接从王羲之真迹上进行临摹复制，且所属年代又是距王羲之最近，同时也是唯一的一件作品，所以后人一直把这幅摹本当作真迹来对待。

这幅宝帖自从在 1928 年险些与张作霖同葬火海之后，便一直被保存在北京故宫博物院之中。1933 年，为了躲避日本帝国主义的侵略与掠夺，它与其他文物被一同迁移到了四川。抗日战争胜利以后，国民党政府将大批珍贵的故宫文物运往了台湾，其中就包括这幅《快雪时晴帖》。如今，它被存放在台北故宫博物院。

两幅名帖的曲折经历

三希宝帖中的《快雪时晴帖》到了海峡彼岸，那其余的两幅名帖又有着怎样的经历？最终又花落谁家了呢？

民国初年，尚居宫中的小朝廷因挥霍无度，经费紧张，于是上至逊帝溥仪，下至太监宫女，纷纷打起了宫中文物的主意。而光绪皇帝的妃子瑾妃，早就盯上了三希宝帖。但是由于这三件宝贝的名气实在是太大了，尤其是第一件《快雪时晴帖》，光是乾隆皇帝的题款印章在上面的就有七十多处。如果将三希宝帖都卖掉，既太显眼，又有可能惹出麻烦。于是，她决定先把《中秋帖》与《伯远帖》偷偷卖掉。为了掩人耳目，瑾妃没敢找大古董商，而是就近卖给故宫附近一家叫品古斋的小古董铺。

随后，一位经常光顾这家小铺子的客人，便在这里意外地得到了连做梦也没想到的宝贝。这个人叫郭葆昌，他是权倾一时的袁世凯的管账先生，不但家财万贯，并且热衷于收藏。

当品古斋的掌柜在他面前打开一个布卷时，他不禁一下子愣住了。不过，郭葆昌毕竟是古玩收藏界的老手，很快便掩饰住了内心的那份狂喜。在与掌柜讨价还价了几个回合后，便将这两幅宝帖买了下来。临走前，他还不忘提醒掌柜要按规矩给他保密。因为他深知，这两件宝贝的名气要多大就有多大，价值更是难以估算的，他生怕在这兵荒马乱的年月，会因走漏风声给自己招来灾祸。

时间就这样一年年地过去了。1949 年的一天，一个商人模样的人找到正在组建的台北故宫博物院，准备将手中的《中秋帖》与《伯远帖》出售给他们。但由于经费上的紧缺，在惊喜之余，台北故宫博物院负责人备感无奈，忍痛放弃了这次收购计划。

直到两年之后的 1951 年，这两幅宝帖又出现在香港的一家英国银行里。宝帖的持有者是郭葆昌的儿子郭昭俊。原来，就是他在两年前将《中秋帖》与《伯远帖》带到了台湾。因为未能顺利出售，急等钱用的郭昭俊只好又转到香港，将这两幅宝帖抵押给了一家英国银行，而赎宝期限就定在 1951 年年底。眼看抵押期限将至，可赎宝的钱却始终没有着落，郭昭俊在焦虑不安的同时，又有一些无可奈何。其实，这家英国银行早就盯上了这两幅宝帖，他们在催郭昭俊还款的同时，又极力诱使他将宝帖转卖给银行。随着抵押期限一天天地逼近，郭昭俊在无奈中准备出售这两幅珍贵的宝帖。

时任广东省银行香港分行经理的徐伯郊，是郭昭俊的世交朋友。当他得知郭昭俊要出卖三希宝帖的时候，不仅感到万分焦急。他深知这两件国宝的价值，如果真的卖给了外国人，那定会是国家的千古遗恨。于是，他一边力劝郭昭俊将国宝卖给祖国，一边迅速将此事告知他的父亲，时任上海市文物管理委员会主任委员的徐森玉。随后，这个消息很快便被上报给了国家文物局。

为了确保国宝的真实可靠，中国国家文物局副局长王冶秋、故宫博物院院长马衡与上海文管会主任徐森玉等人，决定亲自前去鉴宝。由于当时的香港受到英国政府的管辖，其社会情况非常复杂。为了确保人员与国宝的万无一失，鉴定地点被特意安排到了澳门。经过众人的慎重查验，终确定《中秋帖》与《伯远帖》为真迹无疑。最终，这两件稀世珍宝以35万元的天价，重新回到了祖国的怀抱。从那以后，这三希宝帖中的两帖又回到了北京故宫博物院。

《羲之爱鹅图》

《鸭头丸帖》：王献之为数不多的存世真迹之一

《鸭头丸帖》是东晋著名书法家王献之亲笔书写的字帖，字虽不多，却字字珠玑，价值连城。更有趣的是，它是王献之在吃了中药丸后写成的……

开一代先锋的行草宝帖

王献之，中国东晋著名书法家，他的书法开一代先锋。其中，尤以行书著称于世。而《鸭头丸帖》则正是这种书体风格的代表作。宋代著名书法大家米芾称其书法“运笔如火箸画灰，连属无端末，如不经意，所谓一笔书”。

他的“一笔书”，并非要通篇一笔写完，指的是其笔断处意未断，甚至是换行的时候都不间断，从而达到一气呵成的效果。

《鸭头丸帖》现藏于上海博物馆，它纵长 26.1 厘米，横长 26.9 厘米，全贴共十五个字，分为两行，写于绢本之上。

全贴用墨枯润有致，以润取妍，以燥取险。通篇共蘸墨两次，一次一句，由润而枯，有淡转浓，墨色分明，充分展现出全帖的节奏起伏与气韵的自然变化，使人领略到王献之书法的妍媚个性与深厚功底。

细端全帖，其行笔沉稳舒展，起笔处裹锋含蓄，转笔处灵动圆润。真可谓气势充沛，上下间笔笔相连。即便有不连笔的字，但笔势仍然承接，可以看到前后呼应的笔意与笔法上丰富的变化。

《鸭头丸帖》是王献之写给友人的一封短信。全文为：“鸭头丸，故不佳，明当必集，当与君相见。”短短十五个字，透露出王献之对鸭头丸的一些个人看法。从此帖的语气上来看，应当是有人已服用过鸭头丸，但可能感到效果不佳，因此写信告诉他这个情况。而当王献之亲自服用后，发现果然如友人信中

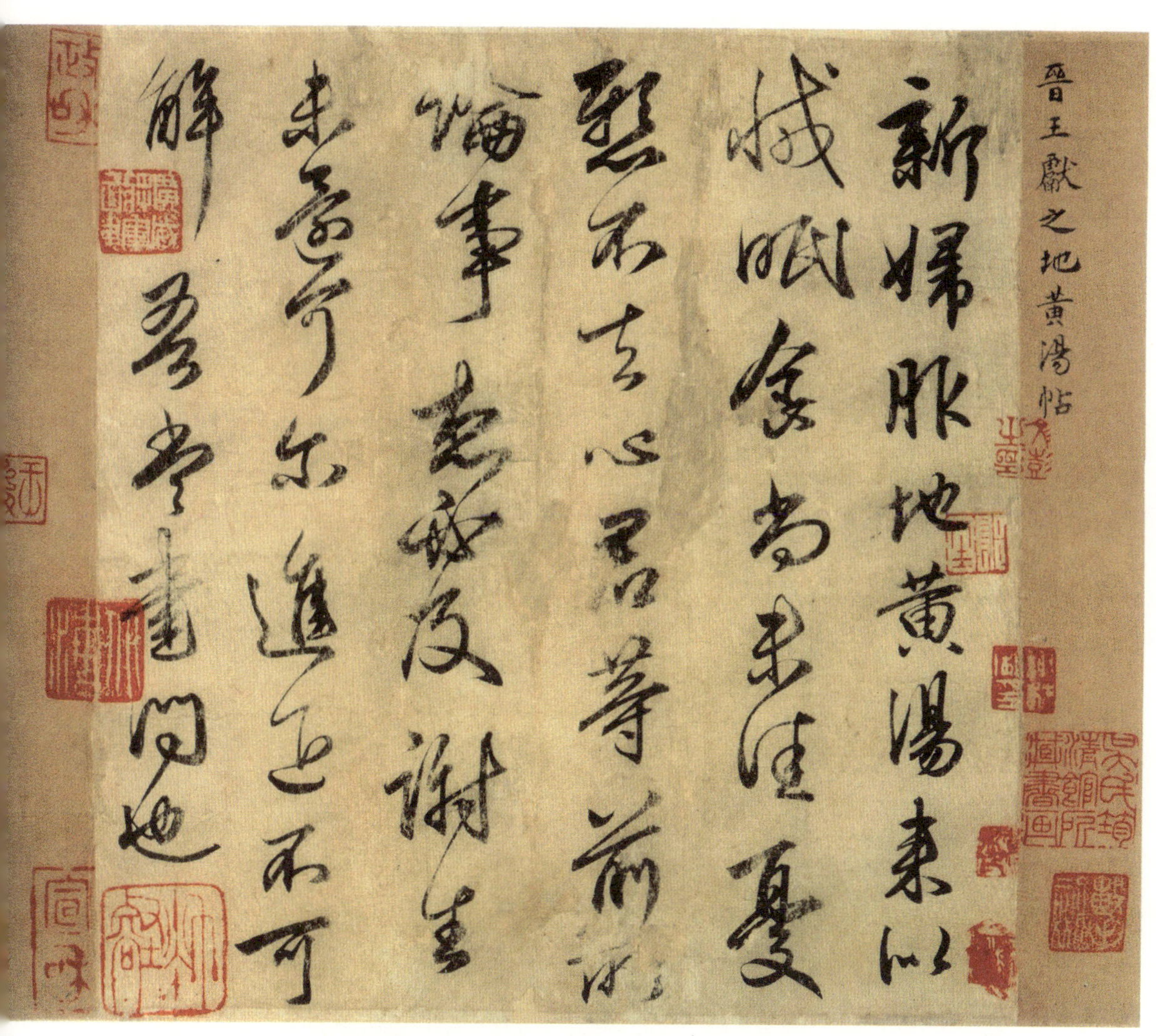

晋　王献之　《新妇地黄汤帖》　唐人摹本　纵 25.3 厘米，横 24.0 厘米
日本东京台东区书道博物馆藏

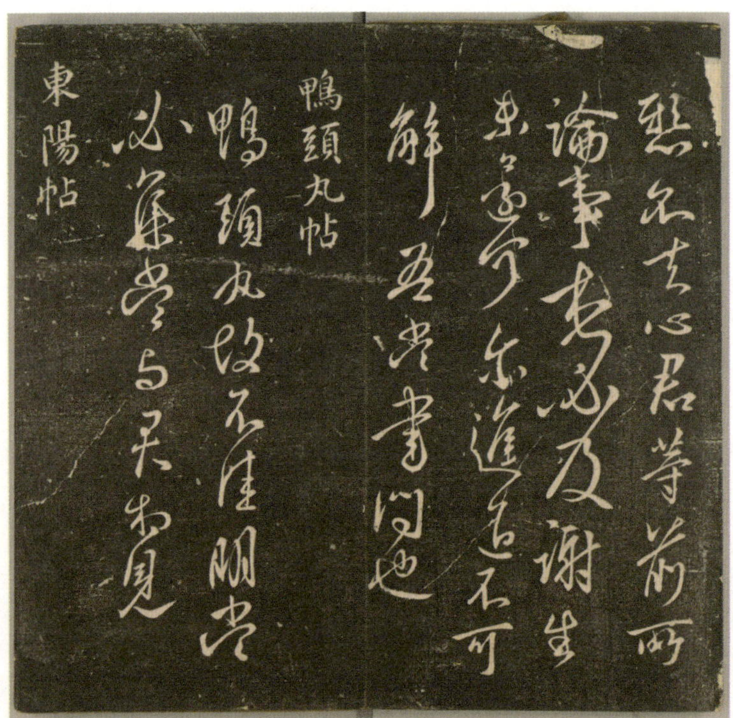

《鸭头丸帖》拓本

王献之像

所言，所以回信约这个朋友，在明日的聚会中当面求教。

那么，文中所指的这种“鸭头丸”，到底是什么呢？魏晋时期，相对比较注重养生。很多贵族子弟在归隐山林后，经常聚在一起谈论养生之术。“鸭头丸”就是这样一种养生所用的中药丸，具有利尿消肿的主要功效。唐代王焘的《外台秘要》与明代李时珍的《本草纲目》中，皆有提到它。许多养生爱好者认为，经常服用鸭头丸，能够对养身带来好处。但与之相反的是，有不少人则认为，鸭头丸并没有大家传说的那般神奇。而王献之在亲自尝试过此药后，显然也有着同样的看法。

戒骄戒躁终成书坛大家

王献之之所以能够在书坛拥有如此高的地位，被后世推崇为“书坛风流”，离不开父亲王羲之与母亲郗氏的悉心教导。

王献之是享有中国“书圣”之称的王羲之的第七子。因为官至中书令，又被称为“王大令”。王羲之一家数子皆通书法，但唯有王献之最具天赋，与父亲王羲之齐名。他不受父亲书法的限制，敢于创新，且自成一格，为魏晋以来的书法做出了卓越的贡献。其传世作品主要有《中秋帖》《地黄汤帖》等。

据《晋书·王献之传》记载：王献之少年时期，已显露出咄咄逼人的书法才能。少年时期的他在世人的称赞与瞩目下，不由滋生出一些骄傲的情绪，因此对于书法的研习，也渐渐懈怠起来。一日，他问母亲郗氏：“我的书法再学三五年，能否有所成就？”母亲听后，劝诫他不应骄傲自满，应该虚心好学，完成好当前的学业才是正途。而一旁的王羲之则说道：“如果你能将后院的十八缸水全部写完，那么你的字才会有血有肉，站立得直稳。”

听到父亲这么评价自己的字，王献之心有不服，于是每天开始勤练书法。寒暑交替，不知不觉间，他的字已经写了好几摞。王献之满心欢喜，拿着自己最为得意的作品，来到父亲的面前。谁知，王羲之看后，却一个劲地摇头。最后，仅挑出了其中的一个“大”字，认为尚可，并随手在此字下添了一个点。

父亲的举动，让王献之十分气馁，他拿着自己的字，让母亲过目。不料，母亲认真看过后，指着“大”字下的一点，说道：“我儿墨尽三缸水，仅有一点似羲之。”

听到母亲的评价后，王献之顿时觉得惭愧不已，从此傲气全消。这时，母亲语重心长地告诫他，读书写字并非一蹴而成，而在于平日里的不断积累。只要他能够苦练不辍，他日必定会有所成就。

从此以后，王献之戒骄戒躁，专心习字，终成一代书法大家。他的书法尤以独创的行草“一笔书”最为出色。而这种别具一格的新体，与其父王羲之的书法相比，大有青出于蓝而胜于蓝之势，因而也被后人称为中国书法界的“小圣”，同其父王羲之被后人并称为“二王”。

“书坛风流”收归国有

有关《鸭头丸帖》的记载，最早见于宋代的《淳化阁帖》，曾被宋代的几位君主珍藏。最早藏于宋太宗赵光义的秘格内，后记载于《宣和书谱》著录之中。南宋时期，仍被存放于宫廷内府。

明朝的时候，该帖更是受到了神宗皇帝朱翊钧的喜爱。据史书记载，神宗皇帝自幼喜爱书法，有三本字帖从不离身：一本是米芾的《文赋》，一本是虞世南所临写的《乐毅传》，还有一本就是东晋王献之的《鸭头丸帖》。由此可见，此帖实为后世书法爱好者临摹的最佳范本之一。

这本珍贵的宝帖是如何成为上海博物馆的藏品的呢？这一切，都要感谢一个人，他就是20世纪初中国著名的收藏大家叶恭绰先生。

叶恭绰，广东番禺人，晚年号遐翁。他一生致力于收藏各种文物，保护中国古代文化遗产。他珍藏了众多字画珍品，《鸭头丸帖》便是其中极为珍贵的一幅字帖。

中华人民共和国成立后的一天，上海著名的鉴定家谢稚柳到叶恭绰家登门拜访。一阵寒暄后，谢老小心翼翼地试探道：“遐翁，听说你要将《鸭头丸帖》出让，不知可有此事？”

原来，叶恭绰先生为了供养几个侄子上大学，有意出售自己珍藏已久的宝贴《鸭头丸帖》。当时的上海市文物局管理委员会领导徐森玉先生得知后，希望能将这件宝帖收为国有，便委托谢先生，希望能够由他出面想办法将这幅王献之的墨宝留在上海博物馆。

谢先生深知叶恭绰是一个性情中人，如果处理不当，这件事情很可能谈崩。于是，他亲自登门拜访。

得知谢先生的来意以后，叶恭绰沉默了片刻，才缓缓说道："上海文管会诸多鉴定大家连画的等级价值都没有标明，《鸭头丸帖》若是去了那里，恐怕也不能体现出一个具体的价值吧？"

谢稚柳听出叶恭绰心有顾虑，便向其保证，这次的收购是由上海市文管会领导亲自决定的，肯定没有什么问题。只要能够说出《鸭头丸帖》的具体价值，上海市文管会一定会尽力按要求进行购买。

其实，对于自己珍藏已久的这幅《鸭头丸帖》，叶恭绰先生还是有许多不舍之意的。但是，面对上海文管会的收购诚意与谢稚柳先生的试探，他又有些心动。

明　唐寅　《王献之休郗道茂续娶新安公主图》　沃尔特斯艺术博物馆藏

不过，这样一幅堪称国宝级的书法佳作，自古以来却从没有人给它定过价码，即使是真的要出售，此时也无法说出一个恰当的价格来。就在叶恭绰先生为难之时，"一字千金"这几个字，突然闪现在他的脑海中。

《鸭头丸帖》作为王献之存世不多的真迹之一，有着极高的历史与艺术价值。若是用"一字千金"来给它定价，也是一点都不过分的。所以，经过再三的考虑，叶恭绰先生才缓缓开口："这件宝帖可以说是字字千金，就算我真的想卖，恐怕文管会也不敢买。"听完叶恭绰的要求，谢老立刻开口承诺，只要他愿意出售《鸭头丸帖》，即使真的是字字千金，文管会也会购买。

就这样，上海市文管会果真以一字 1000 元的价格，用 15000 元收购了这幅珍贵的《鸭头丸帖》。并且，将其调拨给了上海博物馆。自此，《鸭头丸帖》正式成为上海博物馆的重要馆藏品。

《多景楼诗册》：宋代书法家米芾的佳作代表

北宋时期的著名书法家米芾，有不少传世名作。其中，收藏于上海博物馆中的《多景楼诗册》，是他现存作品中难得一见的大字书法佳作。究竟这件书法珍品有着怎样的不凡经历？它与江苏名楼之间又有着怎样的关联呢？

挥墨感念故地胜景

《多景楼诗册》是米芾书法作品中引人注目的珍品。它由十一开册页组成，每页纸本长 31.2 厘米，宽 53.1 厘米。这十一开册页共写有四十一行字，每行有的为两字，有的为三字，更有的仅一字。这些充分显示了米芾大字行书的磅礴气魄。

这部书法是米芾的晚年佳作之一，与他 30 岁所创作的《吴江舟中诗》相比，用笔更加老辣、厚重，间架欹侧中见稳健。他自称的“刷字”运笔方式，在此册中表现得尤为明显，许多笔画的起笔呈现出散开的锋毫。一些竖笔、撇笔皆因运行急速而留出飞白。整幅作品显得气势豪迈，笔画跌宕间蕴藏着巨大的张力。正如宋人赵秉文所称赞的那样：“此册最为豪放，偃然如枯松之卧涧壑，截然如快剑之斩蛟龙……”面对如此壮观的书法作品，可以使人想象出当时米芾在挥毫泼墨时，那种“神游八极，眼空四海”的气魄。

这件作品刚完成时，米芾刚过 50 岁，此时的他正处于创作生涯的巅峰阶段。那么，这部诗册是怎样产生的呢？

1102 年的一天，在一个繁花似锦的花园里，米芾与几个老友正聚在一起喝酒吟诗。由于大家彼此多年不见，能够聚在一起，非常难得，便你一言我一语，天南海北地闲聊起来。这时，一位朋友提议：不如借此机会，众人重拾昔日的情怀结伴出游。

其他人听后，无不表示赞同。原来，年轻时的米芾喜欢游历山川，时常与友人一起结伴出行。每到一处，他都会被大自然的奇妙造化深深折服。这些壮丽的美景，不仅能够激发他的创作灵感，也让他因此领悟到了许多人生的哲理。因此，对于这位友人的提议，米芾十分赞同。他不禁感慨道："遥想当年，我们也曾意气风发，虽然现在我们已经老了，但也是老当益壮。既然大家决定结伴出行，那么我建议去多景楼。多年前曾到访过那里，至今仍令人难以忘怀。"

米芾的一席话，不禁勾起众人的美好回忆。但就在这时，一位友人却摇头打断了众人的畅想。"你们有所不知，多景楼已于数年前毁于一场大火中了，实在是令人惋惜啊。"

闻听此言，米芾有些错愕。其他人见状，也都纷纷沉默下来。大家都知道，米芾当年在游历多景楼时，曾许下愿景，希望有朝一日能够重游故地。如今多景楼毁于大火之中，实在是造化弄人。

片刻之后，米芾起身走了出去，一会儿的工夫，他拿着笔墨纸砚重新回到了花园之中。只见他研磨铺纸，挥笔写道："华胥兜率梦曾游，天下江山第一楼……"就这样，米芾一气呵成写下了这首著名的诗篇《多景楼诗》，动情地描绘出当年多景楼的壮观景象与自己游历时的激情。而米芾对多景楼被毁之事的痛惜之情，也从诗中可见。

风景秀丽的江苏名楼

那么，究竟是一座怎样的楼阁让米芾如此流连不已，纵使时隔多年也还能如此怀念呢?

多景楼，古名北固楼，亦被称为春秋楼、梳妆楼、相婿楼，位于今江苏省镇江市（北固山的甘露寺内），宋代郡守陈天麟在唐代临江亭故址修建此楼。多景楼（坐落于北固山后峰顶上）是一座画梁飞檐的精美楼阁。同时，多景楼也是"万里长江三大名楼"之一，与武汉市的黄鹤楼、洞庭湖畔的岳阳楼齐名。

该楼始建于唐朝时期，楼名取自唐朝宰相李德裕《临江亭》中的诗句："多景悬窗牖。"多景楼为两层建筑，回廊四通，且面面皆景。登上多景楼，放眼

宋　米芾　《春山瑞松图》　高 35 厘米，宽 44.1 厘米　中国台北故宫博物院藏

四望，只见四周山光水色，奇景多姿，仿佛能够亲身体验到凌空飞翔的感觉。

向东远望，只见滔滔江流，一泻千里，青翠的焦山在万顷碧波之中尽显缥缈。向西纵览，可观千峰万岭，山峦重叠与碧空融为一体。近处的金山，由于其鲜明的背景，越发显得清丽。站在楼中，就连江对岸扬州的文峰塔也是隐约可见。再看楼脚下，奔流不息的长江更使人萌发出诗情画意。近代著名的思想家康有为，曾题联于上：“江淘日夜东流水，地耸英雄北固山。”著名将领陈毅当年登临北固山时，也曾感慨地说：“不要看画了，这里就是万里长江画卷！”

作为北固山风景最佳之地的多景楼，自宋元以来，就被历代文人雅士作为聚会赋诗之所。北宋时期的文学家欧阳修、苏东坡，书画家米芾，科学家沈括；南宋时期的爱国诗人陆游、辛弃疾、陈亮以及元、明、清三朝无数的文人雅客，都曾在这里留下了著名的诗篇。

北宋时期的文学家苏东坡在《甘露寺弹筝》中，提到过此楼：“多景楼上弹神曲，欲断哀弦再三促。”南宋时期的爱国词人陈亮，在面对外族入侵，山河破碎，朝廷偏安之时，曾在激愤中写下《念奴娇·登多景楼》：“危楼还望，叹此意，今古几人曾会。鬼设神施，浑认作、天限南疆北界。一水横陈，连岗三面，做出争雄势。六朝何事，只成门户私计……”

1164 年，陆游任镇江府通判之时，曾与府官方滋同登多景楼。而在陆游所写的《水调歌头·多景楼》词篇中，有“江左占形胜，最数古徐州。连山如画，佳处缥缈著危楼”等句。其中，“古徐州”是古代镇江的别称，而“危楼”指的就是北固山峰的多景楼。

收藏者热捧的书法佳作

自诞生之日起，这幅气势磅礴的书法珍品，便被世人当作宝贝竞相争藏。《多景楼诗册》原为长卷，在宋代被人装裱成册。到了明清之时，被不少藏家所递藏，是一件流传有序的书法巨迹。由于米芾在最初写完诗册后，并没有在卷上落款署名，因此后人只能从卷中的题跋得知这是米芾的作品。

整卷中最早的题跋是由北宋大臣何执中所书写：“昨日于元度座上见襄阳

米元章所题多景楼诗，不独仰其翰墨，尤服造语之功，真可目之三绝。”而这跋中所提到的米元章，指的便是米芾。元度是北宋时期大奸臣蔡京的弟弟蔡卞。由此可以看出，《多景楼诗册》较早的持有者便是这位蔡卞。

除此之外，诗册中还留有“乾隆御览之宝”与“三希堂精鉴玺”等御用印章，这说明它曾被清朝的乾隆皇帝赏析。除了这些印章外，还有不少文人墨客在诗册上面留下自己的收藏印章。这其中，就有我国现代国画大师吴湖帆先生的印章“梅景书屋”。

吴湖帆，初名翼燕，后更改为万，江苏苏州人，别署丑簃，书画署名为湖帆，尤其擅长中国画。他曾先后任上海中国画院画师，上海美术学校、浙江美术学院、上海美术专科学校国画教师，中国美术家协会上海分会副主席、上海大学美术学院副教授。吴湖帆是20世纪中国画坛重要的画家之一，在中国绘画史上的意义已远远超出一名山水画家本身的意义。

作为一代国画大师，世人将他与张大千并称为“北张南吴”。除了在绘画界享有极高的盛名外，吴湖帆在收藏界也是同样赫赫有名。他的“梅景书屋”中藏有金石书画1400余件，颇具收藏规模。

这一天，吴湖帆先生在书房里焦急地等待着一个人。不一会儿，只见一人走了进来，在吴先生的耳边低语了几句。而吴先生在听过这个人的话语后，竟然难掩满脸欣喜的神情。

究竟是什么话，能让这样一位德高望重的先生如此喜形于色呢？原来，吴湖帆一直在打探米芾的《多景楼诗册》。为此，他曾动用人情，进行多方查找，可惜没有收获。而这件书法珍品在清末便流出了宫外，历经战乱，下落始终不明。就在他心灰意懒的时候，一位朋友却托人带来口信，说一个极为偶然的机会，见到了一件疑似《多景楼诗册》的卷本，但由于不能确定，还需要进一步查验。

听到这个消息，吴湖帆不由得喜出望外，在经过多日焦急的等待后，这位朋友又托人带来消息，说是已经可以确定，那件卷本便是他要找的《多景楼诗册》，但还是需要吴湖帆本人亲自进行鉴别。

原来，这幅《多景楼诗册》一直珍藏在昆剧票友吕宝棻女士的家中，多年来秘而不宣。不过最近几年，吕女士有心出售，便时常让人寻找买家，就这样碰巧被吴先生的朋友碰到了。

当梦寐以求的宝帖摆在吴湖帆先生面前时，他自然不能轻易放过，马上与吕女士就收购一事展开了协商。可是，除了他以外，还有一位先生也在积极寻找着这幅宝帖，他便是著名的京剧大师余叔岩。虽然，余叔岩找到张伯驹出面，与吕女士就收购一事进行了协商，但可惜的是，最终还是被吴先生抢先一步将《多景楼诗册》纳入怀中。

此后的几十年间，《多景楼诗册》一直被吴湖帆珍藏在自己的“梅景书屋”中。直到 1960 年，它被吴先生当作贺礼赠给了自己的外甥女。最后，诗册又被上海博物馆买走，成为重要的馆藏珍品之一。

虽然米芾留存于世的墨宝有很多，但是大字作品却比较少见，现存于世的仅有《研山帖》《虹县帖》《吴江舟中诗》以及这本《多景楼诗册》。本册中的书法，字大如拳，将米芾所追求的“稳不俗，险不怪，老不枯，润不肥”的风格，发挥得淋漓尽致，因此被世人奉为传世精品。

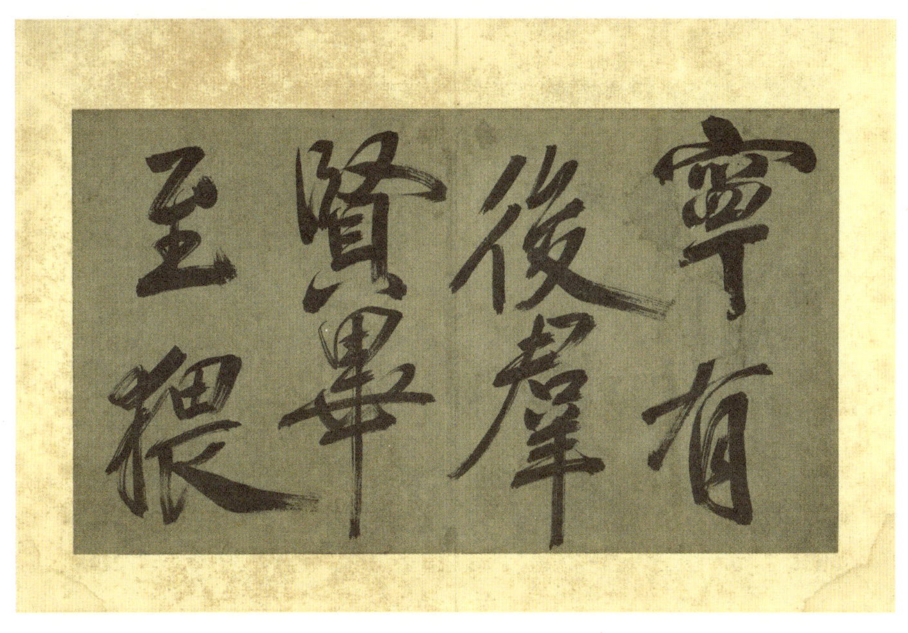

宋米芾墨迹

《清明上河图》：享誉古今中外的传世杰作

千古名画《清明上河图》，为什么能够如此引人入胜？到底画中记录了哪些胜景？这幅历经千年的鸿篇巨制又有着怎样不凡的身世故事？

翰林待诏挥笔颂盛世

张择端，字正道，琅琊东武人（今山东诸城）。他是北宋时期著名的画家，《清明上河图》是他的代表作，也是世界名画之一。画卷真实生动地描绘了当年汴京近郊，在清明时节社会各阶层的生活景象，是一件具有重要历史价值与杰出艺术成就的优秀风俗画。

张择端自幼好学，早年曾游学汴京（今河南开封），后来开始学习绘画。宋徽宗时期，供职翰林图画院，专攻界画宫室，尤其擅长描绘城郭、市肆、街道、桥梁、舟车。后来，离开图画院流落市井，以卖画为生，并绘有《西湖争标图》《清明上河图》等画作。这幅由他所绘制的长卷风俗画《清明上河图》，与唐代韩滉创作的《五牛图》一样，皆是誉满中外的艺术珍品，被称作画苑“国宝”。

淋漓再现繁华汴梁城

从内容结构上划分，《清明上河图》大体可以分为三个部分。

在疏林薄雾中，掩映着几家茅舍、草桥、流水、老树和扁舟。两个脚夫赶着五匹驮炭的毛驴，向城市走来。一片柳林，枝头刚刚泛出嫩绿，使人感到虽是春寒料峭，却已大地回春。路上一顶轿子，内坐一位妇人。轿顶装饰着杨柳杂花，轿后跟随着骑马的、挑担的，从京郊踏青扫墓归来。环境和人物的描写，点出了清明时节的特定时间和风俗，为全画展开了序幕。

画卷的中间部分，呈现的是繁忙的汴河码头。汴河是北宋时期国家漕运的重要枢纽，也是商业交通的要道。从画面上，可以看到这里人烟稠密，粮船云集。画中有的人在茶馆休息，有的人在饭铺进餐，还有的在看相算命。

汴河河面上，舟船云集，有的停泊在岸边正在装卸货物，有的则满载货物逆流而上，还有的空船正在等待着归航，到处是一片繁华热闹的景象。

在汴河上，一座规模宏大的木质拱桥横跨两岸。它的结构精巧，形式优美，宛若一道美丽的飞虹，因此被命名为“虹桥”。这里，有一只大船，正在等待过桥。河沿上的船夫们有的用竹竿撑，有的用长竿钩住桥梁，有的用麻绳挽住船，还有几人正忙着放下桅杆，以便让船只能够顺利通过。而邻船上的人似乎也在大声吆喝着什么。船里船外，人们都在为此船能够过桥而积极忙碌着。再看桥上的路人，也都伸头探脑地为这紧张情景而暗中捏汗。如此繁华的场景，记录的便是闻名遐迩的虹桥码头区。这里车水马龙，熙熙攘攘，行人如潮，是一个名副其实的水陆交通会合点。

画卷的后半部分描写了城市街道的景象。这里以高大的城楼作为中心，两边的屋宇鳞次栉比。有酒肆、茶坊、庙宇、公廨，小小画卷囊括了各行各业，真可谓是应有尽有。

再看街市上那些人，他们之中有的是做生意的商贾，有的是叫卖中的小贩，有的是骑在马背上的官吏，有的是看街景的士绅，有的是乘坐轿子的大家眷属，有的是身负背篓的行脚僧人，有的是酒楼中狂饮的豪门子弟，有的是城边行乞的残疾老人。真可谓是男女老幼，士农工商，三教九流，无所不备。除了人物方面的细致描绘，张择端还将各种交通运载工具，绘色绘形地展现在了人们的面前。有轿子、人力车、牛马车、太平车、骆驼等，不但是形形色色，而且还样样俱全。

就这样，张择端将自己看到的人物、景象，一一画进了《清明上河图》之中，真实生动地再现了宋代城市生活的方方面面。

宋　张泽端《清明上河图》　北京故宫博物院的原画

辗转飘零重归故里

《清明上河图》这幅享誉古今中外的传世杰作，在它问世后的八百年间，曾被无数收藏家与鉴赏家把玩欣赏，更成为历代帝王、权贵巧取豪夺的主要目标。它几经战火，辗转飘零，先后五次进入宫廷，又四次被盗走。虽然，历经种种劫难，却也由此演绎出许多传奇故事。

当年，《清明上河图》的作者张择端，在完成这幅歌颂太平盛世的历史长卷以后，将它呈献给了宋徽宗赵佶。因此，赵佶便成为此画的第一位收藏者。作为中国历史上的书画大家，宋徽宗酷爱此画，他用自己的瘦金体书法，亲笔在画卷之上题写了“清明上河图”五个字，并且还钤上了双龙小印（今佚）。

1524 年，这幅传世名画被转到兵部尚书长洲（今江苏苏州）人陆完的手里。根据明代戏曲作家李日华《味水轩日记》记载：陆完去世以后，他的夫人将《清明上河图》缝入枕中，视其如身家性命一般，从来都不离身半步，甚至是自己的亲生儿子也不得一见。

这位陆夫人有位娘家外甥王某，从小便言辞乖巧，非常会讨陆夫人的欢心。由于王某自己擅长绘画，更喜欢历代名人的书画，便挖空心思向陆夫人央求借看《清明上河图》。经过反复地恳请后，陆夫人勉强同意借阅，但不允许他带笔砚，只可以在阁楼上欣赏，并再三叮嘱不许传给他人知道。为了观得名画，王某也便欣然从命。在往来两三个月，看了十余次以后，他竟临摹出一幅有几分相像的画作来。

当时，专横跋扈的奸臣严嵩也命人四处搜寻《清明上河图》。都御史王忬得知后，便用 800 两纹银，从王某手中购得此幅赝品，将其献给了严嵩。但是被严嵩府上的装裱匠汤臣识破，便以此作为要挟，让他拿出 40 两银子贿赂自己，没想到王忬却不予理会。汤臣因此恼羞成怒，在严嵩设宴之时，将图上的旧色用水冲掉，使得严嵩在众人面前大为窘迫。后来，严嵩寻机将王忬害死，而临摹此画的王某也受到了牵连，被抓进了大牢并饿死狱中。

其实，在陆完死后，由于他的儿子急等钱用，早将《清明上河图》卖给了昆山的顾鼎臣。而这幅画作，也在后来被严嵩父子强行索去。隆庆时，严嵩父子被御史邹应龙上书弹劾，终于在官场失势。随着严世蕃被斩，严府也被查抄，

《清明上河图》则被再度收入皇宫。

清朝时期，《清明上河图》被陆费墀收藏。陆费墀是清乾隆时的进士，他得画卷后，也在上面钤印题跋。后来，又被毕沅购得。毕沅是乾隆二十五年的进士，平生喜爱金石书画，家中收藏也颇为丰富。在得到《清明上河图》后，与其弟毕泷同赏，现今画上仍有二人的印记。

毕沅在关中任职期间，对地方上的文物尽心修缮保护，不料这些竟成为他的“罪行”。在他死后不久，由于湖广人民反清，清廷认为毕沅在任湖广总督期间，不但滥用军费而且严重失察，以致险些贻误军机，于是将毕家的世职夺去，还将其全家上下百口人全部处死，其家产也被没收充公。《清明上河图》再次被收入宫中，并被收置在紫禁城的迎春阁内。清嘉庆皇帝对它珍爱有加，命人将其收录于《石渠宝笈三编》一书中。此后，《清明上河图》便一直被清宫珍藏。后虽然经历 1860 年英法联军以及 1900 年八国联军两度入侵北京，洗劫宫室，但都奇迹般地逃过了劫难，并且未受损伤。

1911 年以后，《清明上河图》连同故宫内其他珍贵书画，被清朝末代皇帝溥仪以赏赐溥杰为名，悉数盗出宫外，存放在了天津租界内的张园。1932 年，在日本人扶植下，溥仪建立了伪满洲国，并且将这幅名画带到了长春，存放在伪皇宫东院的图书楼中。

1945 年 8 月，溥仪与日本人乘飞机逃往大栗子沟，而伪满皇宫也因为失火变得一片狼藉。在这混乱之中，许多人趁机进宫抢夺珍宝，而伪皇宫中所收藏的大批国宝文物，便在这场动乱中纷纷流散到了民间。其中，就有这幅千古名画《清明上河图》。

1950 年的冬天，东北局文化部奉命着手整理解放战争后留下来的文化遗产，书画鉴定专家杨仁恺先生负责对收缴来的大量字画进行整理鉴定工作。当杨先生随手打开一卷残破的画卷时，顿时被惊呆了。这幅长卷画，面呈古色古香的淡褐色，画中绘有人物、街景，带有典型的中国古老绘画技法。随后，杨仁恺先生对这幅画卷进行了认真的研究与细致的考证。

这幅长卷画作，不但气势恢宏，而且笔法细腻，画中的人物、景物栩栩如生。虽然在画卷上没能找到作者签名与画的题目，然而上面却有着历代名人所题写的题跋以及收藏印章，仅末代皇帝溥仪一人的印章就有三枚之多。尤其是

宋　张择端　《清明上河图》（局部）

画卷之后，在金代张著的题跋中，有着明确地记载："翰林张择端，字正道，东武人也。幼读书，游学于京师，后习绘事。本工其界画，尤嗜于舟车市桥郭径，别成家数也。按向氏《评论图画记》云，《西湖争标图》《清明上河图》选入神品，藏者宜宝之。大定丙午清明后一日。"

当杨仁恺先生将这幅画卷的照片发表在东北博物馆所编印的《国宝沉浮录》上后，立即引起了国内外专家学者的高度关注。时任国家文物局局长的郑振铎先生，立即将这幅画卷调往北京。经过相关专家学者的进一步考证、鉴定，终确认这幅绘画长卷就是千百年来闻名于世的《清明上河图》。至此，这件遗失多年的稀世国宝终于重归故里，再次被收藏进北京故宫博物院之中。

《洛神赋图》：中国艺术宝库里最宝贵的遗产之一

千古名画《洛神赋图》，是由多个故事情节所组成的中国古代书画巨作。它讲述了一段缠绵凄婉的神话传说。相传，在洛河水畔，一对有情人在此不期而遇……

人神痴恋的凄美情缘

3世纪，在洛水河畔美好的原始自然风光中，一对有情人在这里不期而遇。两岸依依的杨柳，空中回转盘旋的雀鸟以及连绵不息的洛河之水，见证了这对有情人的爱情童话。

然而，这美好的一切却并非现实，而是发生在三国时期著名的诗人曹操的三儿子曹植的梦境之中……

一天，曹植正在自家花园的柳树下吟诗作对，却忽然接到皇帝传他入宫的消息。不敢怠慢的曹植，匆匆来到魏文帝曹丕的书房。待行过君臣大礼之后，大哥曹丕竟然将自己已经故去的爱妃甄氏的盘金镶玉睡枕，赏赐给了弟弟曹植。全然不顾哥哥究竟是在怜惜自己或是嘲弄自己的曹植，如获珍宝一般，欣然收下了睡枕。

怀抱甄妃睡枕的曹植，在返回自己封地的途中，经过洛水河畔，并在舟中过夜。当天晚上，万籁俱寂，唯有洛河之水发出轻柔的声响，皎洁的月光映照在小舟之上。曹植轻抚着睡枕，满怀悲伤在月下独酌。恍惚中，他渐渐进入了梦乡。这时，只见甄妃凌波御风缓缓而来……

在曹植的梦境中，他带着三个随从，正在从京城往返于东藩的途中，经过洛水河畔，停下来稍作歇息。却见洛河两岸垂柳青青，更有游龙腾空而起，在

命丁觀鵬仿顧愷之洛神圖藏御用
題顧卷原韻題之
丙子初冬御筆

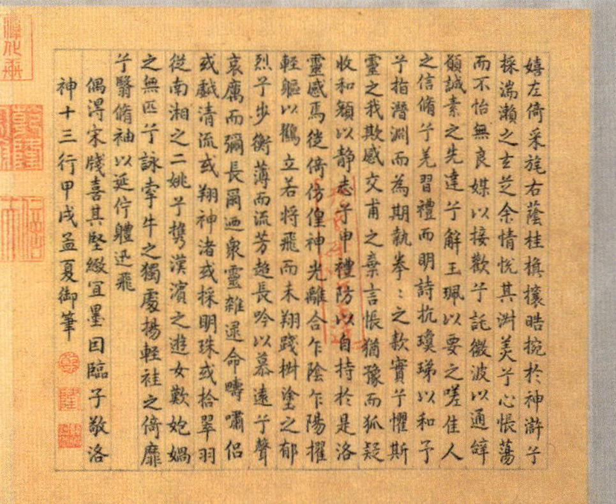

清　丁观鹏摹顾恺之《洛神赋图》卷

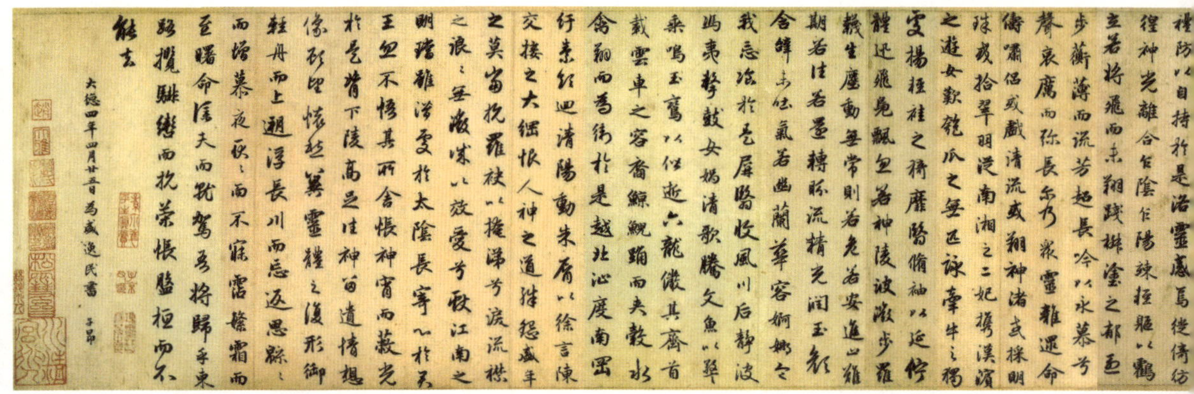

元　赵孟頫行书《洛神赋》纸本　29.5 厘米 ×192.6 厘米

他的周围不断徘徊，似乎在向他耳语：有情人今日定能相逢。曹植身穿红色长衫，坐在垂柳丛石的岸边，望着前方波光粼粼的水波，期盼着情人能够快些到来。

果然，一阵微风过后，水面上泛起了点点的涟漪，一位婀娜多姿的美丽女神，从崖畔飘然而至，来到了曹植的面前。这位光彩照人的女神，就是甄妃。她还是那样的典雅，那样的美丽，那样的含情脉脉。她来到这洛水河畔，来与曹植相见。

她轻启朱唇，喃喃地细语："蒲生我池中，其叶何离离；傍能行仁义，莫若妾自知。众口铄黄金，使君生别离；念君去我时，独愁常苦悲。想见君颜色，感结伤心脾；念君常苦悲，夜夜不能寐……"

一边是甄妃对曹植的一往情深，缠绵凄美的断肠思念；一边是曹植如痴如醉般再逢恋人的欣喜。曹植下意识地用双手拦住两边的侍从，生怕会惊扰到甄妃。他的目光充满了再见甄妃时的惊喜。

然而，正当他想靠近甄妃之时，却忽然一惊而醒，原来一切只是南柯一梦。于是，曹植便就着篷窗外微弱的灯光，写下了这篇传颂不衰的千古名篇《感甄赋》。

四年以后，魏文帝的儿子曹睿继位，即魏明帝。魏明帝将这篇《感甄赋》正式更名为《洛神赋》，以纪念自己的母亲。

曹植的《洛神赋》被千古传诵，成为不朽的名篇。这篇赋受到宋玉《神女赋》的影响，熔铸了神话题材，通过梦幻的境界，描绘了人神相恋的爱情悲剧。在中国文学史上，《洛神赋》占有极其重要的地位。

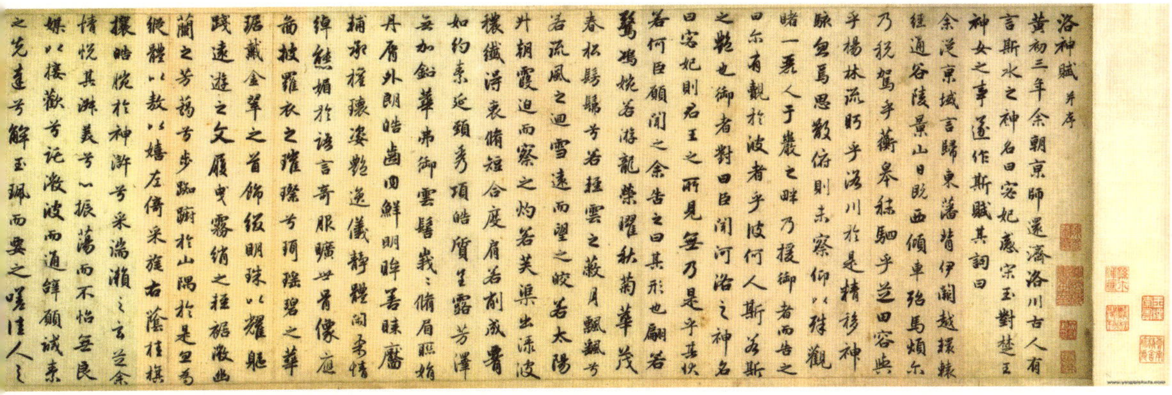

画师妙笔再绘洛神红颜

《洛神赋图》是东晋画家顾恺之阅读完曹植的名篇《洛神赋》后，心生感慨而绘制成的佳作。他用自己手中的画笔，完美地将曹植所描绘的文字意境以绘画的语言真实再现出来。

顾恺之，字长康，小字虎头，晋陵无锡（今江苏无锡）人。他生于官宦世家，自幼便博览群书，工诗赋、书法，尤其精于绘画。他的绘画作品，以人像、佛像、山水等为主，意在传神。其“以形写神”“迁想妙得”等论点，为中国传统绘画的发展奠定了坚实的基础，是我国乃至世界上第一位留名画史的人。顾恺之被世人誉为“画绝、文绝、痴绝”，与张僧繇、曹不兴、陆探微并称为“六朝四大家”。

就是这样一位杰出的画家，为世人绘制出如此美丽动人的传世画卷。

《洛神赋图》全卷共分为三个部分，层次分明而又曲折细致地描绘出曹植与甄妃之间真挚纯洁的爱情故事。画面中的人物安排疏密得宜，在不同时空中自然地交替、重叠；并在山川景物的描绘上，展现一种空间之美。

千年以来，《洛神赋图》一直受到了人们的青睐。但遗憾的是，顾恺之的《洛神赋图》真迹早已散失。至今保存下来的，共有四卷宋人摹本，皆为设色绢本，长约 6 米。它们分别被珍藏于北京故宫博物院、辽宁省博物馆以及美国弗利尔美术馆之中。这幅收藏于北京故宫博物院中的《洛神赋图》，保留着魏晋六朝时期的绘画风格，较其他同类作品，更为接近原作。此画以曹植的《洛神赋》为蓝本，顾恺之发挥了高度的艺术想象力，富有诗意地还原了原作中所表达的意境。此长卷采用了连环画的形式，随着环境的变化让曹植与洛神重复地出现。

原赋中对洛神动人风姿的描写，如“仿佛兮若轻云之蔽月”“皎若太阳升朝霞”等，在画卷中都有着生动入神的体现。此画用色凝重且古朴，具有工笔重彩画的特色。并且，对作为衬托的山水树石用线进行了勾勒，而无皴擦，与画史中所记载的“人大于山，水不容泛”的时代风格基本吻合。

此卷很好地传达了原赋的思想境界，其书画意境丝毫不逊色于原赋《洛神赋》。展开画卷，只见站在岸边的曹植表情凝滞，一双秋水望着远方水波上的洛神，痴情向往。洛神梳着高高的云髻，随风而起的衣带，给了水波上的洛神一股飘飘欲仙的来自天界之感。她欲去还留，顾盼之间，流露出倾慕之情。初见之后，整个画卷中画家安排洛神一再与曹植碰面。日久情深，最终不奈缠绵悱恻的洛神，驾着六龙云车，在云端中渐去，留下此情难尽的曹植在岸边，终日思之，最后依依不忍地离去。这其中泣笑不能，欲前还止的深情，最是动人。

全画用笔细劲古朴，采用了如春蚕吐丝般的“高古游丝”技法，从而使画卷中人物的神情与衣饰清晰可辨，达到形神兼备的艺术效果。画卷中，甄妃被描绘成神态委婉从容的女神。她似来又去，含情脉脉，表现出一种可望而不可即的无限惆怅情景。而另一位主人公曹植，头戴梁冠，身着宽衣大袖，在众随从的簇拥之下，用贵族诗人般的优雅气质，欣赏着女神飘逸动人的风姿。

画卷中，用来衬托女神的景物，也都被形象化了。既有高飞的游龙与鸿雁，又有云中的明月以及出淤泥而不染的青莲，甚至还有传说中的女娲、风神等形象。顾恺之不仅把曹植作品中的甄妃形象化，而且运用了大量的夸张、想象、衬托等绘画手法，从而大大加强了作品的神秘与梦幻色彩。这些高古的绘画技法，既烘托出了画面的热闹之感，又增添了故事的神秘感与传奇性。

从这卷摹本上来看，上面印有清乾隆皇帝的御题与藏印，还有由赵子昂全文抄录的《洛神赋》。由此可以看出，这幅《洛神赋图》虽为摹本，但也是一件弥足珍贵的画作珍宝。

《五牛图》：中国美术史上现存最早的纸本绘画真迹

自古至今，农业一直是国家的根本，而耕牛也一直被奉为农家之宝。许多画家也因此用手中的画笔去描绘它们、赞美它们。下面要介绍的这幅千古名画《五牛图》，便是以耕牛为创作主题的唐代绘本真迹。

立意深远的传世孤本

《五牛图》是中国十大传世名画之一，它是我国现存的最早用纸作画的作品。长 20.8 厘米，宽 139.8 厘米，白麻纸本设色，现被珍藏于北京故宫博物院。这幅绘画作品没有作者款印，但是在本幅及尾纸上，却有赵孟頫、项元汴、孙弘、金农、弘历等十四家的题记。画卷中，有五只不同形态的牛，作者通过不同的角度表现了牛的生活形态与习性。它们的结构标准，造型生动，形貌逼真。

这幅千古名画的作者是唐代著名画家韩滉，他的作品有《李德裕见客图》《田家风俗图》等 36 件，收录于《宣和画谱》中。目前，其传世作品仅存《五牛图》纸本设色卷。

韩滉，字太冲，长安（今陕西西安）人。他是唐代宰相韩休的儿子，在德宗时期曾任宰相、两浙节度使等职，并被晋封为晋国公。韩滉擅画农村风俗景物，笔下牛、羊等走兽的神态生动、穷尽其妙。南宋爱国诗人陆游对他所绘之牛，有着高度的赞誉："每次看到村童牧牛于风林烟草间，便会觉得置身于图中，有种辞官归里的冲动。"

相传有一次，韩滉与许多画家朋友相聚一堂谈论绘画之事。这时，一位友人问道："近来大家在谈论关于驴、马、牛等动物的创作，虽然它们都是比较寻常的走兽，但绘画起来却比较困难。尤其是对于神态上的把握，稍有偏差便

右唐韓晉公五牛圖神
氣磊落希世名筆也昔梁
武欲用陶弘景畫二牛一
以金絡首一自放於水草之

余南北宦游於好事家見韓滉畫數
種集賢官畫有豐年圖醉學士圖最神
張可與家堯民擊壤圖筆極細鮮于伯
幾家醉道士圖與此五牛皆真跡初田
師孟以此卷示余甚愛之後乃知為趙
伯昂物因託劉彥方求之伯昂欣然輟贈
時至元廿八年七月也明年六月携歸吳興
重裝又明年濟南東倉官舍題 二月既望
趙孟頫書

是卷舊藏天籟閣項氏項聖謨嘗有摹本故大學士蔣廷錫未見滉真跡因仿項摹志佛責中所之慕今得見此嘗益歎古人不可及也今項本不知所在而蔣畫與此卷並入石渠寶笈遇合信有定數耶既疊韻為題二絕句并錄於此

摹本重臨匠合閒
晉公真蹟忽思間石
渠今日同收取考牧
從知稼穡艱 雲海
濤翻閱後閒聖謨
蹟落有無間張衡評
是振奇士水牯條餘
立語艱
蔣卷後尚書張照
題句多寓祥機
故並及之為題

癸酉初春三希堂御筆

軶揔忘艱

臣觀保恭和

犂鏵猶餘蘇晷閒宛
然犂影夕陽斜豳風
圖就關民俗想見田
家穡事艱

臣董邦達恭和

二韓揮翰畫神閒牛
馬專家伯仲間畫肉
徒資杜陵誚固知不
及畫牛艱

臣錢維城恭和

春塍耕後綠寬閒宛
在坡平艸軟間飯罷
誰人歌扣角來思還
念一犁艱

臣金德瑛恭和

貢使初四到戟閒早圖
豐稔也田間持輸或馬
重為此尚懷春犁粒
食艱

臣錢汝誠恭和

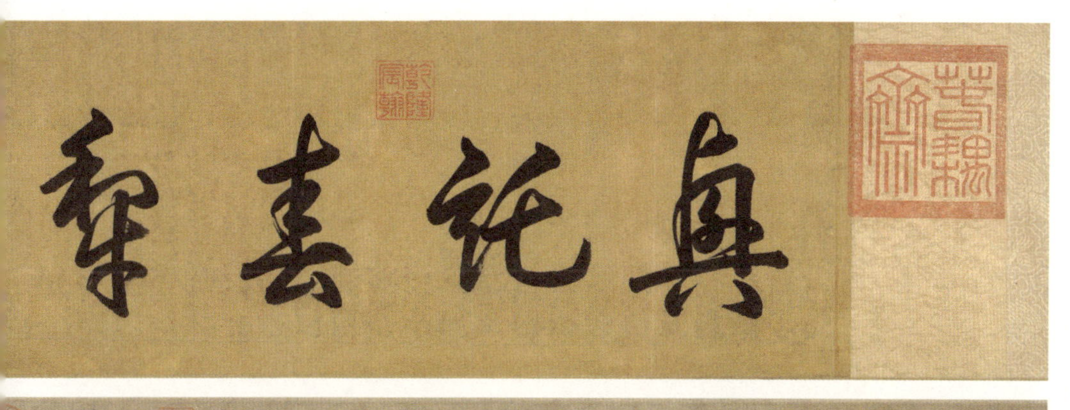

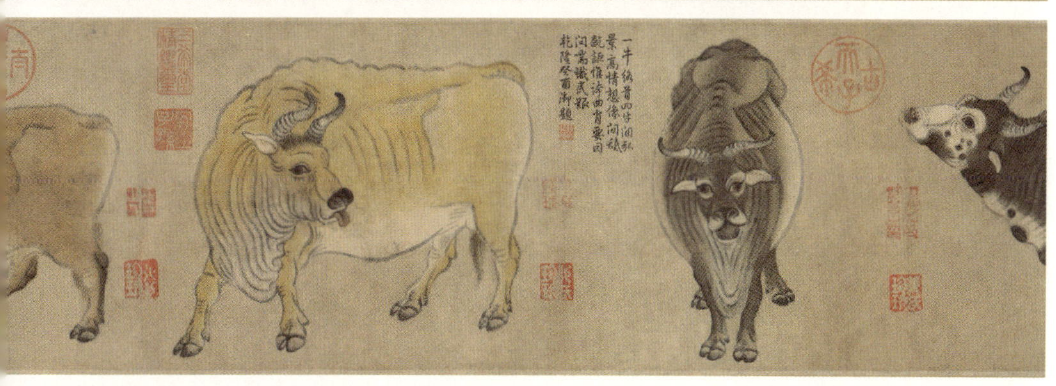

唐　韩滉　《五牛图》　北京故宫博物院藏

会惹人非议。不知对此你有着怎样的见解？”韩滉听后，稍加思索道：“这话是有一定道理的，因为像牛马这些人们较为熟悉的家畜，平日里比较常见，画家如果稍有不慎，或者是出现一时的笔误，很容易被别人发现，所以一般的画家，大多不会涉及此类题材。”说到这里，他略作停顿，继续道，“不过，我倒是觉得从古至今，农事一直是天下的根本，而耕牛则更是被作为农家之宝。只要画家能够静下心来，仔细地去观察它、品味它，还是可以画出特色的。”友人听后，非常佩服韩滉的独到见解。

正是秉承着如此谨慎负责的绘画态度，韩滉笔下的牛极富特色，不但造型生动，而且形貌逼真。一天，韩滉带着随从来到郊外田间小道上。他看到附近有几头耕牛正在低头食草，牛的旁边有两三个牧童在嬉戏玩耍。其中，有一个牧童骑在牛背上吹笛，显得非常逍遥自在。远处的田间，有一头耕牛正翘首而奔，另外几头耕牛则在纵趾鸣叫。它们有的俯首寻草，有的回头舐舌，神态不一，极具特色。在这开阔的田野上，几位农夫正在田间用耕牛翻着土地。一时间，这震撼的场景不由得使韩滉看得出神，他连忙命随从取来画夹，全神贯注地速写出一幅幅耕牛的图景。

在经过一个月的反复修改后，他终于绘出五头状貌各异的耕牛。一头牛正在回顾舐舌，一副旁若无人的样子；一头牛纵趾而鸣，好像在呼唤离去的伙伴；一头牛翘首向前奔驰，好似正在撒野的猛兽；一头牛则低下脑袋，慢慢地品味着田间的嫩草；还有一头牛正缓步跂行，似乎想走向田头，又仿佛是耕地归来，令人回味无穷。整个画面用笔粗放，且带有些许凝重，显示出农村特有的古朴风俗。由于对这幅画的创作感到非常满意，韩滉为此画取名为《五牛图》。

《五牛图》的整幅画面完全是以耕牛为表现对象，如果不是对它们进行了细致的观察，对耕牛的造型描绘有着十足把握的话，韩滉是万不敢涉此绘画风险的。另外，勾勒耕牛的线条虽然简洁，但是所画的筋骨转折却十分到位。如耕牛口鼻处的绒毛，便是作者细致入微的观察表现；而那些目光炯炯的眼神则更好地体现了耕牛们温顺且倔强的性格。在倡导鼓励农耕的时代，韩滉以牛入画，显然有着非常的含义。

万千宠爱集于一身

《五牛图》自问世之日起，就成为历代皇室与收藏大家竞相争藏的宝物，受到了世人的喜爱追捧。

相传，《五牛图》第一次进入皇宫是在北宋时期，收藏它的正是宋徽宗赵佶。据传，宋徽宗曾在《五牛图》上写过题跋。但可惜的是，如今的画作上，已没有了这些题字。对此众说纷纭，有人猜测因为《五牛图》在流传时，画面破损比较严重，所以在装裱的时候，不得已被裁掉了。也有人认为，由于宋徽宗的"瘦金体"太过出名，所以被他人裁去卖掉了。由于缺少可靠的证据，所以对于这种推测也很难进一步考证。

1126 年，金兵大举入侵中原，很快便占领了北宋的都城汴梁。根据相关记载，北宋灭亡后，宋高宗赵构在南逃的过程中，仍不忘带走《五牛图》。此后，它便一直被珍藏在南宋的皇宫中。画卷上的"睿思东阁""绍兴"等南宋宫廷印记，可以证明它后来的南渡身世。

随着南宋的灭亡，这幅千古名画流落到了民间，先后被元代的赵孟頫、孔克表，明代的项元汴等人收藏。这些人也都纷纷在画作上题跋或者加盖自己的收藏印章。这也为《五牛图》的流传经历，提供了更加有力的依据。

时光荏苒，转眼间到了清朝。由于乾隆皇帝非常喜爱古玩字画，他便下旨广招天下珍宝，而这幅千古名画《五牛图》自然位列其中。就这样，它再一次进入了皇宫大内，被清廷内务府所秘藏，成为乾隆皇帝心爱的书画作品之一，乾隆还在上面留下数则题跋与钤章。清朝末年，《五牛图》被转藏于中南海瀛台。

1900 年，八国联军攻占了北京城，他们烧杀抢夺，无恶不作，大肆地掠夺中国的奇珍异宝。这幅千年名画《五牛图》也因此被这些列强劫出国外，从此再无音讯。

20 世纪 50 年代，香港企业家吴蘅孙的府邸中，主人正向在座来宾展示着他心爱的藏品。当画卷缓缓打开后，在场的众人都被惊呆了，原来这幅画卷正是在战乱中遗失的稀世国宝——《五牛图》。

原来，当初这幅名画被掠走后，几经辗转，经过一番激烈的竞争，最终被吴蘅孙买下。但由于吴氏企业濒临破产，吴蘅孙自知已无法再完好地保存这幅名画。为了能够给《五牛图》找到一个好的栖身之所，他决定忍痛割爱，出售这幅千古名画。当《五牛图》即将被拍卖的消息传出后，许多人都担心这幅画作是否会被外国收藏家购得，从而再次流失海外。

危急时刻，周恩来总理收到一封香港爱国人士的来信。书信中，对方告诉周总理，唐代韩滉的《五牛图》近日在香港露面，这幅千古名画的持有者要价10万港元。由于自己无力购买，为了使国宝不再流落海外，他希望中央政府能够尽快出资收回国宝。

得知此事的周总理立即向文化部下达指示：派专家鉴定画作的真伪，并不惜一切代价购回名画。周总理还指示派出可靠人员进行专门护送，以确保这件文物的安全。文化部接到总理的指示后，立即组织专家奔赴香港，经鉴定《五牛图》确系真迹后，经过多次的交涉，最终以6万港元成交。就这样，经历了多年颠沛流离的千古名画《五牛图》，终于又重新回到了北京。

巧匠妙手再现国宝本色

虽然《五牛图》终于重回北京故宫，但由于历经千年的风霜洗礼，画面上早已满是尘垢，呈现出大大小小数百个蛀孔。面对如此残破的画卷，为了更好地保护这件来之不易的国宝，必须马上进行修复。

1977年1月28日，《五牛图》被送到北京故宫博物院的文物修复厂，由裱画专家孙承枝先生主持此次的修复工作。从13岁起，孙承枝便拜师学艺，他身怀绝技，尤其擅长修复古旧书画。在接受修复任务以后，他立即对《五牛图》进行了细致的研究，并且制订了一套完善的修复方案。

孙师傅选用故宫旧藏中一种年代久远，质地、颜色皆与原画相仿的纸张，运用其精湛的技术，经过淋洗脏污，画心洗、揭、补、做局条、托心等步骤以后，将画面上大大小小数百个蛀孔一一修补好，并且补全了画心破损处的颜色。再经历了镶接、覆褙、砑光等工序后，孙师傅又以宣和式撞边将画卷装裱成卷。前后共用去了几年的时间，才最终完成《五牛图》的修复工作。

当相关专家前来对《五牛图》进行验收时，他们对这次的修复工作给予了高度的评价。专家们认为，图卷在补配处全色及接笔不露丝毫的痕迹，与原画保持了相对的统一性。同时，整件画作的裱工精良，裱件平整且美观，达到了较高的装裱修复水平。至此，装裱修复完成的《五牛图》得以旧貌换新颜，这幅千年古画又重新焕发生机。

修复《五牛图》的意义非常重大，它不仅拯救了一件稀世国宝，还对研究中国古代造纸技术有着非常深远的意义。因为，《五牛图》是现今所能见到的中国最早的纸质绘本作品。而这张画纸能够历经千年风尘保存下来，本身就是一个奇迹。

2002 年 12 月至 2003 年 1 月，在上海市博物馆所举办的“晋、唐、元国宝书画展”上，展出了来自北京故宫博物院、上海市博物馆、辽宁省博物馆的 72 件国宝书画真迹。其中包括宋代张择端的《清明上河图》、南唐顾闳中的《韩熙载夜宴图》、隋代展子虔的《游春图》以及这幅唐代韩滉的《五牛图》。这也是《五牛图》自 20 世纪 50 年代重归故宫以来，第一次走出宫门，与众多观众见面，重展它昔日的风姿。

《唐郑国公韩滉像》

《富春山居图》：珍藏于海峡两岸的传世名画

由元代杰出画家黄公望所创作的书画《富春山居图》不仅价值连城，而且还有着一段离奇曲折的身世遭遇。为何这件珍宝竟险被焚毁？又是谁将它一分为二？这一切还要从一位名叫吴洪裕的老人说起……

山水画大家的晚年力作

明朝末年，传世名画《富春山居图》被传到收藏家吴洪裕的手中。自从在父亲那里得到这件宝贝，他便爱不释手，每天不思茶饭，反复地对它观赏临摹，恨不得时刻将画卷带在自己的身边。为此，吴洪裕还专门修建了一座名为“富春居”的小屋，以此来安放这幅《富春山居图》。

这一天，吴府上下忽然乱作一团，原来是家中主人吴洪裕病危了。寝室里，在烛光的映衬下，家人围立在病榻之前，焦急地等待着老人的临终遗言。而吴洪裕由于已被病魔折腾得不成样子，此刻已说不出什么话来，只是死死地盯着枕头边的宝匣。一旁的家人顿时明白了，老爷临死前念念不忘的依旧是他那幅心爱的山水画。于是，有人把画从宝匣中取出，递到他的面前，并慢慢将其展开。这时，吴洪裕的眼角忽然流出两行浑浊的泪水。好一会儿，老人的嘴里才吃力地吐出一个字：“烧！”说完，便慢慢地闭上了双眼。

原来，吴老爷子想要将这幅名画焚烧殉葬。既然老人如此珍爱此画，为何要将它陪葬呢？大多数人认为，那是因为吴洪裕本人太喜爱这幅画作了，以至于想将它带到阴曹地府，永久地陪伴在自己的身边。

眼见这幅在吴府传承三代，被视为传家宝的《富春山居图》即将付之一炬，从人群中猛地蹿出一人，只见他抓住火中的画卷用力一甩，愣是把画给抢救出来，

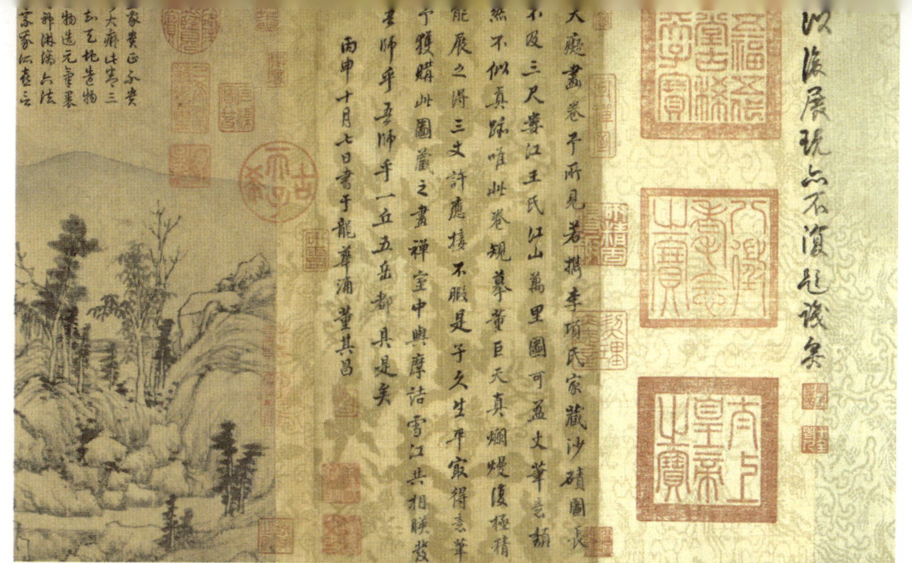

元　黄公望　《富春山居图》（局部）

这个人就是吴洪裕的侄子吴静庵。为了掩人耳目，他用了偷梁换柱的办法，将另外一幅画投入火中，从而救出了这幅稀世珍品。但是，画虽然被救了下来，却在中间部位烧出几个连珠洞，从而断成一大一小两段。此画起首一段已被烧去，而幸存留下的部分也是火痕斑斑。从此，这件稀世国宝《富春山居图》便一分为二。

1652 年，吴家子弟吴寄谷得到画卷后，将损卷烧焦的部分细心揭下，在重新进行接拼后，正好出现一山一水一丘一壑之景，几乎看不出是经剪裁后拼接而成的，真乃不幸中的万幸。

于是，后人就把这一部分称为《剩山图》。而保留了原画主体内容的另外一段，在装裱时为掩盖被火烧过的痕迹，特意将位于画尾的董其昌题跋切割下来放在画首位置，这便是后来乾隆皇帝得到的《无用师卷》。至此，原《富春山居图》被分割成《富春山居图·剩山图》与《富春山居图·无用师卷》长短两部分，身首各异。

真假《富春山居图》的画卷之争

吴洪裕宁可烧掉《富春山居图》，让它永远地陪在自己的身边，也不想让这幅名画流传后世。可是，他不知道的是，除了这幅《富春山居图》以外，还有另外一幅《富春山居图》流传在世。

也许，您一定会感到奇怪，黄公望不是一生只画了这一幅《富春山居图》

明　沈周仿《富春山居图》　故宫博物院藏

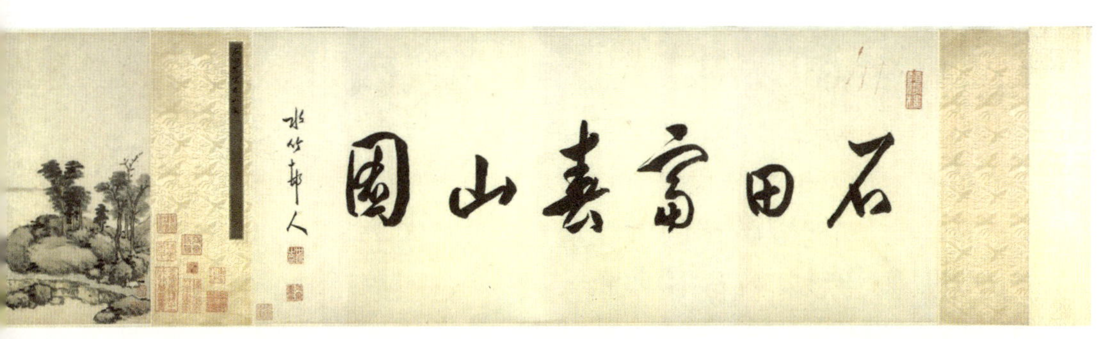
石田富春山圖
水竹居人

吗？哪里来的第二张画？

说起这第二幅画，就不得不提到沈周这个名字。沈周是明代著名的书画家，明代成化年间，这幅传世之作便传到了他的手中。

得到《富春山居图》后，沈周自然是爱不释手，将它悬挂在墙上，反复欣赏。就这样，看着看着就发现了问题。原来，这幅名画上没有名人的题跋，于是，他不但自己在画上题了跋，还想请别人为这幅名画题跋。

像《富春山居图》这样的名画，别人都藏在最为隐秘的地方，可是，被冲昏了头脑的沈周却大张旗鼓地将画轻易地交给了别人。果不其然，在他将画交给一位友人题跋的时候，出现了问题。这位友人的儿子对这幅名画产生了歹念，随即将画偷偷卖掉，并对外宣称是被人偷了。

在一个偶然的机会，沈周在一个画摊上，再次见到了这件被卖掉的名画。于是，他连忙回家筹钱买画。可是当他拿着钱来到画摊时，《富春山居图》已被人买走。痛失名画的沈周不禁放声大哭起来，可是现在后悔却为时已晚。就这样，他费尽心力得到的《富春山居图》成了别人的宝物。而今，所剩下的也只是名画在脑海中的记忆了。

即便是这样，沈周愣是凭借着自己的记忆，摹背出了一幅《富春山居图》。而这幅由他所摹背的画卷，也在民间流传了数百年，直到 1996 年的北京瀚海拍卖会上，由北京故宫博物院以 1000 万元的高价拍下收藏。

除了沈周摹背的这幅《富春山居图》以外，现可查询的临摹本还有十余幅。清乾隆年间，不知是何人临摹的《富春山居图》，竟然与真迹《富春山居图》先后传入宫廷，并由此上演了一出真假画卷之争。

1745 年，一幅《富春山居图》被征入宫中，乾隆皇帝对这幅画是爱不释手，经常将它取出欣赏，还在六米长卷的留白处赋诗填词，并且加盖玉玺。可是，令人没有想到的是，就在这幅《富春山居图》征选入宫的第二年，即 1746 年，地方官员又呈上另外一幅《富春山居图》。

当然，这两幅作品中，肯定有一幅是假的。但是这两幅画，实在是太像了，很难区分出真假。但是，不知是出于什么样的原因，乾隆皇帝认定最先进宫的那一幅为真画，也就是他在上面赋诗题词的为真迹，而另外一幅为仿品。但是，由于后来者实在是画得太好了，简直足以“以假乱真”，所以连乾隆皇帝也不忍将它丢弃，所以也将其收入了内府。

而其后的百年间，也没有人去质疑乾隆皇帝的鉴定。直到清朝灭亡以后，学者们才对此提出了异议。他们认为那幅经乾隆皇帝鉴定为假画的《富春山居图》才是黄公望的真迹。而理由自然是，只有那幅画是半截画，并且具有明显的火烧与修补的痕迹，与历史记载相吻合。

直到 20 世纪 70 年代，经两岸专家反复鉴定，才最终确定，由乾隆皇帝鉴定为真迹的画作是一幅假画，而那幅被鉴定为假画的才是真迹《富春山居图》的后半段《无用师卷》。

就这样，假作真时真亦假，这幅假画居然骗过了朝廷鉴定专家的眼睛，被天下第一收藏家乾隆皇帝所悉心珍藏。而黄公望的真迹《无用师卷》则备受冷落，被放置在了一旁长达二百年。不过也正因如此，这幅真迹才没被乾隆皇帝题词赋诗，加盖玉玺，落了一个“干净之身”，从而完好地保持了原画的风貌。

相望于海峡的两幅真迹

在“抗战”胜利以后，国民党政府将大批的故宫文物运到了台湾，其中就包括这两幅真假《富春山居图》。如今，这两幅画作都被珍藏在台北故宫博物院之中。

既然真迹《富春山居图》的后半段《无用师卷》被送往了台湾，那么它的前半段《剩山图》又在何方呢？原来，历尽曲折传承，这幅真迹的前半段，在 1956 年的时候，被浙江省博物馆所收藏，并正式成为浙江省博物馆的镇馆之宝。

1999 年，在历经三百多年的等待后，由海峡两岸的书画家共同发起的“《富春山居图》圆合暨富春江雅集活动”，燃起人们心中的希望。

1999 年 7 月 15 日，一个值得永远纪念的日子，就是在这一天，海峡两岸的书画家相聚在富春江畔，在频频闪烁的镁光灯下，人们依照古代摹本，共同挥毫泼墨，临摹了长约 65 厘米，在焚画殉葬中被烧毁的那段画卷。两岸的画家将现场临摹的画卷与事先临摹好的《富春山居图》前后卷，相互连接在了一起。至此，分散在海峡两岸的千年名画终于在两岸画家的笔下实现了一次圆合。

2011 年 5 月 18 日，《富春山居图 · 剩山图》点交仪式在北京举办，并于 6 月 1 日在台北故宫与《富春山居图 · 无用师卷》进行合展。至此，黄公望的真迹《富春山居图》终于以完整的面貌呈现在世人的面前，一展千年古画的别样风姿。

《步辇图》：唐王朝汉藏联姻的见证

文成公主是唐太宗年间任城王李道宗的女儿，她聪慧美丽，知书达理，自幼受家庭熏陶，学习文化，并信仰佛教。641 年，奉唐太宗李世民之命远嫁西藏，在她所带的嫁妆中，有《步辇图》这样一件特殊的珍宝……

书写唐代汉藏联姻的历史画卷

《步辇图》是一幅设色绢画，由唐代著名画家阎立本绘制，长为 129.6 厘米，宽为 38.5 厘米。它是中国传世十大名画之一，现被珍藏于北京故宫博物院之中。这幅画的设色典雅绚丽，线条流畅圆劲，构图错落且富有变化，是唐代绘画中的代表性作品，具有极高的历史与艺术价值。

《步辇图》以贞观十五年吐蕃首领松赞干布与文成公主联姻的历史事件为题材，描绘唐太宗接见来迎娶文成公主的吐蕃使臣禄东赞的情景。

画面中的人物，不但形神兼备，而且性格分明。画面的右侧，是在宫女的簇拥下端坐步辇中的唐太宗，这是全图焦点。画中的唐太宗面目俊朗，目光深邃，神情庄重，充分展示出一代盛唐明君的威仪与风范。为了更好地突显出唐太宗的至尊风度，阎立本巧妙地运用了对比的手法进行衬托。在步辇的前后左右，分列着九名宫女。她们有的在抬辇、扶辇，有的在持扇、打伞，各司其职且神态不一。作者以她们娇小、稚嫩的体态来映衬唐太宗的壮硕与凝定。

在画面左侧，有位拱手肃立者，就是吐蕃使者禄东赞。他举止恭谦，敬畏且沉稳。细观他的容貌，丰满的脸颊加上黑色的络腮胡须，矫健中略带几分粗犷的性格特征。特别是额头处那几道长长的皱纹，与质朴的颜面相融合，更体现出他的才智与丰富的阅历。

唐　阎立本　《步辇图》卷

从构图角度来看，这幅画将所有人物分成了两组。它以画卷中的轴线为界，左侧的三人依次排开，且井然有序，没有任何装饰，规矩中略显几分拘谨。右侧则是以唐太宗为中心的人群，无论是左右簇拥的仕女形象，还是作为装饰物的步辇、旌旗等，皆把人物的布局按照功能自然分工成不同的角色，而且仕女的飘飘衣带与迎风招展的冕盖，都有意刻画出一种充满安详、和善、柔情的情调。左右两侧的对比，特别是译官诚惶诚恐、谨小慎微的神态与仕女们仪态万方、神情自若的表情，形成了鲜明的对比。在这一张一弛、一柔一刚的对比中，使感官视觉得到了充分的享受。

从绘画艺术的角度来看，阎立本对人物、细节等方面的表现技巧已经相当纯熟。对于衣纹器物的勾勒，墨线在圆转流畅中略带坚韧，真正做到畅而不滑，顿而不滞。画面中主要人物的神情举止，更是表现得栩栩如生，且能曲传神韵。作者在图像的局部，配以晕染调色。如在人物所着靴筒的折皱处，显得极具立体感。全卷的设色浓重且淳净，交错安排大面积的红绿色块，极富韵律感与鲜明的视觉效果。

《步辇图》的独具匠心之处，在于阎立本没有描绘文成公主出嫁的盛大场景，也没用刻画期待和喜悦的松赞干布迎亲场面，而是选择了唐太宗接见禄东赞这一高端会见的历史场景。画卷生动再现了唐王朝与西藏联姻的历史，突显了两者间的亲密关系。

见证文成公主与松赞干布的不朽爱情

松赞干布是西藏历史上一位赫赫有名的首领，作为吐蕃王国的第三十二世赞普，他平定叛乱，开创了统一的吐蕃王朝。在唐文化的影响下，他对吐蕃的政治、军事、经济、文化等方面进行了大规模的改革，从而促进了吐蕃社会开始向封建体制的过渡。可以说，松赞干布是一位颇有作为的首领。

他在位之初，便开始与唐朝建立关系，并向大唐派遣使者朝贡。为了更好地与大唐交好，634 年，他派出使者向唐朝求婚，但最终未能如愿。638 年，他再次派出使者，携带琉璃宝入唐求婚。同时，他又带领 20 万军队，对唐朝的松州地区进行猛攻，想借此施压迫使对方答应自己的求婚。但进攻被唐军击退，至此，松赞干布清楚地认识到，必须要诚心与大唐和好。

640 年，即贞观十四年，松赞干布派大相禄东赞第三次向大唐求亲。使者于第二年抵达长安。由于当时的大唐帝国国泰民安，各民族友好相处，竟一连有五个兄弟民族的首领同时向大唐求亲，这令唐太宗很是为难。最后，他终于想出一个平等竞争的办法：请五位大使一同参加考试，谁能最后取胜，就将公主许配给谁家的首领。

最后，吐蕃使臣禄东赞一路过关斩将，遥遥领先，取得了比试的胜利。对此，唐太宗非常高兴，他想既然松赞干布的使臣都这样机智聪明，那么松赞干布本人一定更加了不起。于是，唐太宗便决定将文成公主嫁给吐蕃国王松赞干布。

文成公主在入藏的时候，带去了大量的丝织品与典籍，同时还带去了许多树木、果蔬的种子，将中原地区的先进文化与生产技术一同带进了西藏高原，从而促进了藏族政治、经济、文化的繁荣发展。吐蕃方面也派送了大批的贵族子弟到长安学习诗书。长安城内的妇女们，也曾一度风行吐蕃人将脸涂红的风俗，并称之为“吐蕃妆”。

文成公主出嫁的消息传到吐蕃以后，松赞干布亲率欢迎队伍由拉萨出发到青海迎接，并且在很多地方都准备了马匹、牦牛、食物与饮水。松赞干布高兴地说：“今天能够迎娶上国大唐的公主，我感到非常荣幸。我要为公主建造一座城作为纪念，让子孙万代都要与上国大唐永远亲和。”于是，松赞干布便按照唐朝的建筑风格，在拉萨修建了城郭和宫室，也就是现在的布达拉宫。

《唐太宗立像》 271 厘米 ×126.8 厘米

松赞干布与文成公主的联姻，对加强汉藏两族的联系、团结及发展藏族的经济文化做出了重要的贡献，两人也因此受到世人的敬仰。直至今日，西藏拉萨布达拉宫内还保存着他们两人的塑像。

而这幅以文成公主入藏为主题的《步辇图》手法简单明朗，简洁的背景道具使得画中的人物更加突出。同时，它也是汉藏兄弟民族友好情谊的历史见证。

永乐宫壁画：世界上整体壁画搬迁的成功案例

永乐宫壁画是中国古代壁画中的一朵奇葩，它不仅在我国绘画史上占有重要的地位，而且在世界绘画史上也是非常罕见的巨制。从它问世起，围绕永乐宫壁画发生了许多故事，而其中最富传奇的故事发生在四十年前……

开创历史先河

永乐宫，又被称为大纯阳万寿宫，位于山西省芮城县城北 3 千米处的龙泉村东侧，属于国家重点文物保护单位。

永乐宫是元朝时期修建的一座著名道教观宇，整个工程共用了一百一十多年的时间，才最终完成。永乐宫的规模宏大，且布局严谨，共分为三清殿、龙虎殿、重阳殿与纯阳殿四座殿宇，属于典型的元代建筑风格。它飞檐凌空、斗拱层叠交错，堪称中国元代宫廷建筑的典范。

与明清两代的建筑相比，永乐宫的雕饰显得更为简洁明朗。几座殿宇以南北作为中轴线，并依次相继排列。永乐宫以精美的大型元代壁画而著称于世，四座殿宇之中，皆拥有不同的壁画，总面积更是达到 1000 平方米左右。这些壁画描绘的都是中国古代传说故事中的神仙。其中，三清殿是主殿，殿内壁画共计 403.34 平方米。画面高 4.26 米，全长 94.68 米。三清殿壁画《朝元图》，共描绘大小神像 286 尊，且气势磅礴；龙虎殿壁画绘有土地、城隍等 32 尊神像，人物形象高大挺拔；重阳殿壁画《王重阳神话传记图》描绘的是中国古代道教全真教的创始人王重阳的传奇故事；纯阳殿，俗称为吕祖殿，这里的壁画《八仙过海》《纯阳帝君神游显化图》等，描绘的是神仙吕洞宾的一生。

永乐宫的壁画，不但画工细腻，而且用色和谐。其面积之大，描绘之美，在世界都是极为罕见的，因此被赞誉为中华艺术的瑰宝。但是，永乐宫最初并非建在这里，而是被建造在距此处 30 千米的永济县永乐镇。

自古以来，永济县便是一座文化古城。鹤雀楼、普救寺、黄河大铁牛，都建造在这里。那么，作为名胜古迹的永乐宫为何要搬离永济县呢？

原来，1956 年，国家要修建三门峡水库，而地处黄河北岸的永乐宫正好位于计划中的蓄水池位置。为了避免永乐宫被淹没，为了更好地保护这一文化瑰宝，国务院决定将永乐宫及其内部壁画整体迁移。为此，周恩来总理亲自指示，一定要完整地保存永乐宫及其壁画安然无恙。

永乐宫的新址就选在距此 30 千米之外的芮城县。这里不但风景秀丽，还孕育着许多古老的文明。如广仁王庙、圣寿寺舍利塔以及大禹渡等名胜古迹，都建在这片土地之上。

面对这项史无前例的迁址工程，工作人员是怎样将这座拥有数百年历史与近千平方米精美壁画的元代古建筑群整体搬迁过来的呢？

1956 年的夏天，两位捷克专家被专门请到了山西省。专家们首先来到了永乐宫的三清殿，当殿门打开后，他们顿时被四周那些精美的壁画惊呆了。这些长达百米的壁画，画面壮丽，金碧辉煌。

以《朝元图》为例，这幅以描绘帝君像为主的壁画，神像平均身高为两米半左右，气势极其恢宏。只见这位帝君身着龙袍玉带，足蹬云头高靴，端坐在盘龙宝殿之上，神情庄严肃穆。

面对如此巨大的壁画，即便是有着丰富经验的捷克专家也犯了难。原来，国外并没有壁画，很多画作都是以油画的形式出现，对于永乐宫的这些壁画，他们也是第一次接触。后来，他们提出了一个办法，就是将化学药剂注射在墙皮上，使这些壁画逐渐软化，然后再将壁画揭下。但这个办法也是在剥离油画的经验基础上衍生出来的，而它对泥质壁画是否有效、壁画软化后能否再硬化、化学药品是否会令壁画掉色等问题，他们也没有十足的把握。不仅如此，这些专家还提出，由于揭去壁画的工艺较为复杂，不能保证具体的工期，并同时开出 500 万元的价格作为相应的工作经费。

鉴于捷克专家提出的苛刻要求，再考虑到这种揭去壁画的方法可能会带来

南極大帝君

東華大帝君

宋　武宗元《朝元仙仗图》

的未知损失，中国专家最终决定，自己动手来完成壁画的迁移工作。

经过专家们的周密研究，最终确定了完整的壁画迁移方案。即临摹、揭取、粘贴三步方案。同时，专家们还决定进行大胆的尝试，用原始的土办法，将壁画事先切割下来，待迁移到新址后进行粘贴修复。

1958 年，北京美院与华北美院的六十位学生，用了一年的时间将所有的壁画进行临摹，以留作资料。如今，这些珍贵的摹本也作为国宝被珍藏在北京故宫博物院。

待临摹工作完成以后，接下来便是壁画的揭取工作。为了保证壁画的完整性，专家们经过反复的实验，决定在壁画上涂一层胶矾水，以避免画面颜色在揭取与加固中脱落。然后，将画面分成 3 平方米或 6 平方米的若干画块，并用专门的工具进行揭取。另外，在揭取时，尽量避开人物的头、手等部位，力求将画面的损伤降到最低。

就这样，工作人员采用最原始的方法，将永乐宫壁画分割成 550 余块，并且每一块都标上了记号，打包运往永乐宫的新址。在经过驾驶员与搬运工二百天的紧张工作后，终于将永乐宫 1000 平方米的壁纸全部毫发无损地运达新址。

粘贴修复还原壁画风采

虽然永乐宫壁画迁移的工作已经完成了一大半，但是最为关键的修复工作才刚刚开始。作为迁移工作中最复杂也是最重要的工序，壁画的修复粘贴工作直接影响着此次迁移工作的成败。

在进行这项工程的时候，正值国家最困难的时期。1962 年的中国，财力、物力都十分紧张。即便如此，陈毅副总理仍亲下指示，就算其他工程都下马，永乐宫大搬迁的工程也绝对不能停下。

就这样，根据陈毅副总理的指示，由二十多位专家组成的研究工作组，为壁画的修复加固做出了两步方案。

第一是将拆箱后的壁画稍加清洗，用胶矾水封护壁画表面，用以保持其色泽不变。第二是加固原有的壁画，用泥土填平残洞与裂缝，再用胶水加固砂泥的背面，并涂抹上一层用酒精溶解漆片后搅拌起来的泥砂。另外，为了使新旧两层泥壁间的连接更加牢固，除了刷上这层浓厚的酒精漆片溶液之外，还要贴上一层白色的包装布，使两者连为一体，这样可以有效地增强壁画的抗压强度与抗折强度。

待壁画全部粘贴完成后，再由美术师对画进行缝补上色，并作修复做旧处理，以求达到更加完美的壁画修复效果。

就这样，永乐宫 1000 平方米的精美壁画从原来的墙面之上，被完整无缺地揭取下来，然后又被重新安装在了新宫的墙壁上。这项曾被各国专家公认为绝对不可能完成的任务，凭借着中国专家、技术人员、工人的聪明才智与共同努力，最终得以圆满出色地完成。此项工程历时五年，从 1959 年正式开始一直到 1964 年全部结束，共投资人民币 220 万元，成功地赶在三门峡水库建成前完成了搬迁。

在这次搬迁过程中，中国专家自己摸索出了一套完整的壁画移修方案，为历史文物的搬迁提供了一个范例，这在世界史上都堪称一个奇迹。重建后的永乐宫壁画，画面上的切缝细小得几乎难以辨别，完美地保留了这一壁画杰作的旷世神韵。

元　马君祥等　《朝元图》（永乐宫三清殿壁画）

永樂大典
卷八百七
之八百八
二支
五十五

古籍

泛黄白纸岁月痕

《敦煌遗书》：影响世界的古代文献总汇

《敦煌遗书》是中国国家图书馆珍藏的四大镇馆古籍之一。它以文献内容的广博、珍贵而闻名于世，被世人赞誉为“纸张上的万里长城”。这部古代文献总汇，不但推进了中世纪中国与中亚的语言学、文字学、考古学以及科技史等各领域的研究发展，还开启了整个世界对敦煌学的研究进程。

千年秘籍重现于世

敦煌位于甘肃省的西北部。在汉唐时期，它作为古代“丝绸之路”上的交通枢纽而闻名于世。这里向东通过河西走廊，可与内地进行沟通；向西出玉门关，可与新疆以及中亚、西亚、南亚，甚至是欧洲相联系。在全盛时期，敦煌融汇了东西方各种异彩纷呈的文化，为中国乃至世界留下了极为丰富的文化遗产。

由于明代以后，政府采取了闭关锁国的政策，敦煌及丝绸之路渐渐走向了衰落，这里所深埋的丰富文化宝藏，也因此尘封了千年之久。直到百年前的一天，这座尘封千年的暗库，被一名无知的道士破壁开启。

这名道士名叫王圆箓，湖北麻城人。因为故乡连年荒旱，生活无着，为了谋生而长年漂泊四方。清朝末年，他逃荒到了肃州（今天的甘肃酒泉），应募成为肃州的巡防营士兵。后来，由于他信奉了道教，便离开了部队，受戒做了一名道士。

1897 年左右，王圆箓来到了敦煌莫高窟。尽管眼前的一切破旧不堪，但由于传说这里从十六国起便开凿了第一个佛窟，已有千年的历史，还是吸引了这位道教徒的虔诚敬仰。于是，他决定留在这里，并着手筹划建立一座自己的道观。王圆箓从莫高窟南区的北段位置，逐步开始清理。他将砂石清理干净，一方面供奉香火，收受各种布施；一方面又四处进行布道募化。就这样，不久之后他竟小有积蓄，开始在莫高窟第 16 窟的东侧，营建起太清宫道观，也就是今天的“下寺”。

1900 年 6 月 22 日，道士王圆箓在清理敦煌莫高窟第 16 窟的时候，发现墙壁后面有一个隐藏的密室。密室之内，装满各种佛教经卷等文物，总数竟高达 5 万余件。其中，佛书约占敦煌汉文文献总数的 90%。作品主要包括经、论、律、疏释、赞文、发愿文、忏悔文、陀罗尼、经藏目录等。除了这些涉及宗教内容的经卷以外，这批文物中还包含了经济、军事、科技、医药、语言文学以及传统典籍等各种领域的藏书。其品类繁多，让人叹为观止。

虽然王道士发现了藏经库，但是他并没有意识到这批遗书所包含的历史价值，只是将它们作为馈赠的礼物，送给了当地的官员与豪绅。当时，至少有甘肃道台廷栋、迪化将军长庚、敦煌知县汪宗翰、文人张筱珊、恒介眉等人拿到了《敦煌遗书》。

随着《敦煌遗书》流传到了民间，莫高窟秘藏古代手稿的消息随之不胫而走。一时间，这些珍贵的宝物引来无数外国“考古家”“探险者”的垂涎，他们纷纷将魔爪伸向了敦煌莫高窟。

1907 年，英国人斯坦因来到敦煌，以十四块马蹄银取走了二十四箱的遗书、遗画以及五大箱的其他文物。1908 年，法国汉学家伯希和来到这里，用大量的银子换取了 6000 多件写本以及 200 余件古代佛画、丝织品。另外，伯希和还在第 464 窟中，发现一批珍贵的元代回鹘文遗书。1905 年，日本人吉川小一郎、橘瑞超，俄国人奥布鲁切夫，1914 年，美国人华尔纳、俄国人鄂登堡等，先后从莫高窟中买走了大量珍贵的经卷。

从 1905 年到 1924 年，不到二十年的时间内，先后有英、俄、法、美、日等多国的“考察家”，用骗取的手段，将敦煌遗书、壁画、雕塑，源源不断地运往国外，给莫高窟带来近乎毁灭的灾难。至今，这些文物流散在海外的数量，高达 3.5 万件，约占莫高窟所有文物总量的三分之二。

稀世精品百年流离

敦煌莫高窟出土的敦煌遗书是研究中古时期中国、中亚、东亚、南亚的历

敦煌纸本

史学、宗教学、社会学、语言学、文学史、科技史的重要研究史料，具有极高的文物价值与文献研究价值。

由于《敦煌遗书》分藏于中、英、俄、法、日等国，至今仍缺乏一个完整的联合目录，所以究竟藏经洞内含有多少部遗书，至今仍无从确切统计。曾有人推测，《敦煌遗书》的总数在三四万至十万件不等。

据相关数据统计，目前收藏《敦煌遗书》最多的地方，主要包括：中国的国家图书馆，共藏有遗书 10000 余件，其中已整理编目的有 9803 件；英国大英图书馆的东方写本部有 11297 件，其中已经编目的有 9172 件；俄罗斯圣彼得堡东方研究所藏有 11050 件，其中已编目的有 2954 件；法国巴黎的国立图书馆藏有 6000 余件，汉文卷子 4038 号已经编目，藏文卷子约有 2000 件未编目；日本人橘瑞超收藏有 429 件。除了上述这些，中国的旅顺博物馆藏有 189 卷；甘肃省图书馆藏有汉文 100 余卷，藏文 226 卷；西北师范大学历史系文物室藏有 22 件；上海博物馆藏有 182 件；天津艺术博物馆藏有 300 余件；台湾“中央”图书馆藏有 153 件；台湾“国立”历史博物馆藏有 20 余卷。

另外，国外的一些图书馆也藏有部分《敦煌遗书》。如英国印度事务部图书馆藏有 765 件藏文文书；法国吉美博物馆还藏有绢画 220 幅；丹麦皇家图书馆东方部 14 卷；日本大谷大学藏有 38 卷，龙谷大学藏有 7 卷；日本私人收藏者中村不折藏有 163 卷；其他不知名者共收藏 208 卷。另外，还有一些图书馆收藏的图书数目不详。如：英国皇家亚洲协会图书馆、英国牛津大学金德利图书馆、德国柏林科学院所珍藏的 6000 余件汉文文书、韩国汉城博物馆收藏的 2000 余件原朝鲜总督文书等。除了这些，诸如瑞典、奥地利等国均有收藏。

中华人民共和国成立后，我国文化部陆续将散藏在全国各地及散佚于民间的敦煌遗书调拨或收购，并移交至国家图书馆集中保管。如大谷探险队所得的敦煌遗书，此前长期由旅顺博物馆收藏，1954 年由文化部调拨至国家图书馆进行收藏。同时，不少社会人士出于繁荣祖国文化的爱国之心，也将个人珍藏的《敦煌遗书》以捐赠或转让的方式交还给了国家图书馆。就这样，通过不断的日积月累，国家图书馆的《敦煌遗书》收藏总数达到 16000 余件。

此后，国家图书馆对其所珍藏的《敦煌遗书》，进行分批、分阶段的整理、编目、修复工作。开始编目时，最初的编号是按照《千字文》的顺序，逐一用字排号，并由此编纂出国家图书馆第一部《敦煌遗书》目录——《敦煌石室经卷总目》。

其实，《敦煌遗书》的整理工作从20世纪20年代就已开始进行。1922年，陈垣担任北京图书馆馆长后，编纂出敦煌学界的第一部分类目录——《敦煌劫余录》。1931年3月，作为中央研究院历史语言研究所专刊的第四种进行出版，著录8653号。1935年前后，陆续编纂完成更为完备的分类目录《敦煌石室写经详目》与《续编》。1935年至1936年，由于日本帝国主义即将发动全面侵华战争，为了避免这批珍贵的文物毁于战火，北京图书馆将馆藏《敦煌遗书》装箱南运。从1984年开始，在中国敦煌吐鲁番学会与中华大藏经编译局的支持下，这项涵盖全部国家图书馆所藏《敦煌遗书》总目录的编纂工作正式开始。

由于《敦煌遗书》是5世纪至11世纪的古抄本及印本，这些长期废置的中古文献，经历了千年的磨难，大多残缺支离。如果不能加以细心的修复，根本无法进行编目、拍摄，更加谈不上借阅使用。

自20世纪90年代以来，国家图书馆的善本部与善本部图书修整组，经过反复的研究实践后，严格贯彻“整旧如旧”的原则，尽可能保持遗书的原貌，妥善处理了保护与使用的矛盾问题，尽可能达到多快好省的效果，从而使大量先前无法使用的残卷获得新生，为广大敦煌学研究者提供了重要的参考依据。就这样，在国家图书馆的精心维护与妥善保管之下，修整一新的《敦煌遗书》必将完好无损地流传给子孙后代。

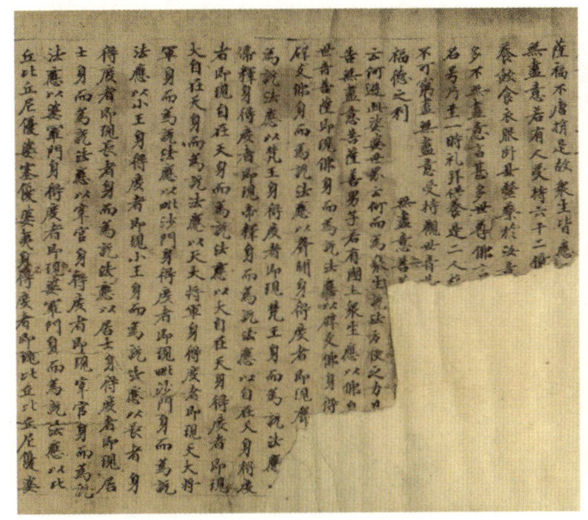
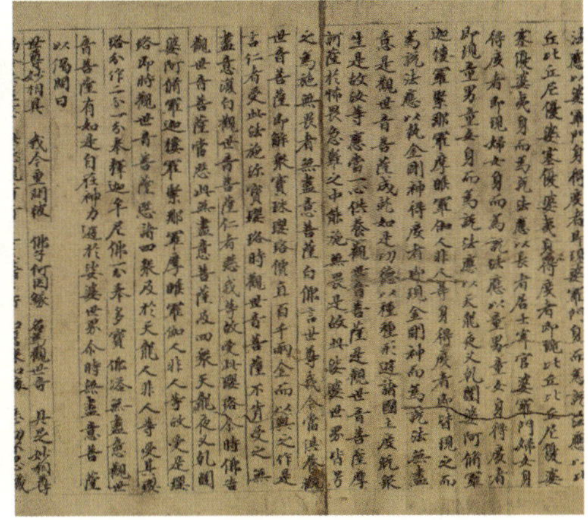

《敦煌莫高窟》卷轴　墨绘纸本　25厘米 ×112.5厘米

《四库全书》：世界文明史上最博大、最宏伟的宝库之一

《四库全书》是中国古代最大的丛书之一，几乎囊括了清代中期以前所有的经典文献，被公认为中华民族的珍贵遗产。几百年来，围绕着这部鸿篇巨制，上演了无数的悲欢离合与坎坷传奇……

盛世之下修纂四库

《四库全书》的内容囊括了中国自先秦时期以来直至清朝乾隆年间两千年的所有重要古籍文献，其覆盖范围几乎涵盖了各个领域。除了《论语》《史记》《本草纲目》这些经典著作以外，还包含日本、印度、朝鲜以及访华欧洲传教士的著作。

《四库全书》书影

如此包罗万象的鸿篇巨制，它的发起者不是别人，正是清朝的乾隆皇帝。作为中国历史上一位颇有作为的皇帝，乾隆将“康乾盛世”推向了顶峰。乾隆皇帝对自己一生的政绩非常满意，常常自诩为“十全老人”，并把自己对边疆等地的用兵称为“十全武功”。

既然在“武略”中已经有了如此傲人的成就，那么在“文韬”方面自然也不能落于人后。

而盛世修书是中国历史上历来的传统，清朝的康熙皇帝就曾组织编写过《古今图书集成》。一向以康熙为榜样的乾隆皇帝，自然也要在文治方面有所作为，于是他决定修纂《四库全书》。

当然，这只是乾隆皇帝决心编纂《四库全书》的一个目的，而最重要的原因是，他觉得仅靠武力镇压汉族知识分子的言论，不能从根本上解决问题。由于清朝的统治者是来自东三省的满族人，虽然依靠武力统一了全国，但是在许多汉族知识分子的眼中，清朝政权与落后的蛮夷并没有什么区别。因此，许多汉族知识分子在他们的著作中，经常流露出对明王朝的思念。

这些言论，自然会对清王朝的统治造成一定的影响。所以，清朝的历代帝王对汉族文人的监视、镇压从未间断，而且是愈演愈烈。可以说在那个年代，因“文字狱”而受牵连的汉族知识分子比比皆是。

在综合考虑这些因素之后，乾隆皇帝决定编纂一部丛书。这样既可以开博学鸿词科以招名士、收人心，又可以将利于统治的言论与书籍广加传播，将那些不利于自己统治的书排除在主流舆论之外。

《四库全书》的编纂工作分为四步。第一步是图书的征集工作。自乾隆三十七年（1772 年）开始，历时七年的时间，直至乾隆四十三年（1778 年）才告一段落。清廷为了表彰这些进书者，还制定了奖书、记名、题咏等奖励办法。就这样，在各地政府的大力协助与众多藏家的积极响应下，征书工作进展得非常顺利，共征集图书 12237 种。

第二步就是图书的整理工作。《四库全书》的底本共有六个来源，分别是内府本、赞撰本、各省采进本、私人进献本、通行本以及《永乐大典》本。四库馆臣对这些书提出具体的应抄、应刻、应存意见。其中，应刻之书被认为是最好的著作，不仅可以抄入《四库全书》，还能另行刻印广为流传。这些图书一旦被定为《四库全书》的底本，还要进行一系列加工，然后送呈到纂修官处进行复审。纂修官认可后，送呈到总纂官处进行三审。待三审全部通过后，才可送呈御览。

第三步是进行抄写底本的工作。抄写人员最初是由保举而来的，后来发现这种方法弊病甚多，改为考查的办法进行推选。这样，先后选拔了 3826 人负责抄写。为了保证工作的进度，还规定了相关的抄写定额。由于各种措施得力，赏罚制度分明，所以《四库全书》的抄写工作进展得比较顺利。当时，每天至少会有六百人从事抄写工作，可抄写 60 余万字。

第四步是校订工作，这也是最为关键的一道工序。为了保证校订工作的顺利进行，四库馆还专门制定了《功过处分条例》。并且在各册之后，开列校订人员的衔名，以明确每人的职责。通常情况下，一本书经过分校、复校两关后，再由总裁进行抽阅，最后进行装潢进呈。这些工作人员各司其职，对于保证《四库全书》的质量，起到了至关重要的作用。

四库七阁，分藏于南北的皇家珍藏

《四库全书》修成以后，乾隆皇帝对它的存藏非常重视。为了能够妥善存放，他决定效仿著名的藏书楼“天一阁”的规制，修建了专门的藏书楼“南北七阁”。

乾隆皇帝先后下旨建造了位于北京紫禁城皇宫内的“文渊阁”，京郊圆明园的“文源阁”，承德避暑山庄的“文津阁”，奉天故宫（今辽宁省沈阳市）的“文溯阁”。这四大藏书楼被世人称为“内廷四阁”，建造在深宫别院之中，便于乾隆皇帝随时随地地调阅查览。

1781 年，即乾隆四十六年，第一部《四库全书》终于抄写完毕，并装潢进呈至乾隆皇帝手中。接着又陆续用了三年的时间，抄完第二、三、四部。乾隆皇帝将它们分别贮藏于文渊阁、文溯阁、文源阁、文津阁中，这便是所谓的“北四阁”。北四阁的名称，皆与水有关，以水喻文，将浩瀚的文献典籍比作江河之水。由于这里的图书专为御览，因此外人无缘得见。

后来，为了方便文人学子的阅读，乾隆皇帝传旨，命人在文化相对发达的江浙地区新建了三座藏书楼。乾隆四十七年（1782 年）至乾隆五十二年（1787 年），四库馆又先后抄写了三部《四库全书》，乾隆皇帝将它们分贮于镇江金山寺的“文宗阁”、扬州大观堂的“文汇阁”、杭州西湖圣因寺的“文澜阁”中，这便是后来的“南三阁”。

南三阁所珍藏的《四库全书》，全部对外开放，并且鼓励文人学子入内观看。在办理了相关手续后，还可以将书籍拿出进行抄录。此举在极大程度上调动了学子们的学习积极性，从而进一步促进了文化学术事业的发展。

此外，“南北七阁”所珍藏的每部《四库全书》皆钤有玺印。如文渊阁的藏本在册首部位，钤有“文渊阁宝”朱文方印；在卷尾位置，则钤有“乾隆御览之宝”朱文方印。

《四库全书》也因此成为第一部分藏于南北的皇家典籍，并且也是第一部普通文人学子都能借阅浏览的皇家典籍。

博览古今的鸿篇巨制

《四库全书》是世界文明史上最博大、最宏伟的宝藏之一。它是中华传统文化最为丰富、完备的集成之作，中国的文、史、理、哲、工、医各个学科都能从中找到自己的源头与血脉。

《四库全书》共有36000余册，79000余卷，收录图书3500多种，总字数高达99700余万字。全书共分为经、史、子、集四大部，每部下面又细分为不同的小类，共计四十四类。其中，一些复杂的类还细分为“属”，共有五十六属。

“经”部为四库典籍之首，被标以绿色，象征新春的伊始。它主要收录儒家“十三经”及其相关著作，共计图书5842册。其中，主要包括诗类、书类、礼类、易类等十个大类。

“史”部因为收录的著作较为繁盛，被标以红色，如同火红的盛夏。它主要收录历代纪事、考辨史实以及评论史事的著作，共计图书9476册。其中，主要包括正史类、别史类、杂史类、传记类等十五大类。

“子”部因汇纳百家文献，宛如秋收的盛景，被标以蓝白色。它主要收录诸子百家的著作及其相关类书，共计图书9055册。其中，主要包括儒家类、法家类、道家类、兵家类等十四大类。

“集”部中文稿荟萃，好似冬藏的丰硕，被标以灰色。它主要收录诗文词总集与专集作品，共计图书12362册。其中，主要包括楚辞、总集、别集、词曲、诗文评五大类。

但是功不掩过，《四库全书》的修纂，也使我国古代文化典籍遭受了一场前所未有的浩劫。在修纂过程中，那些令乾隆皇帝不满意或是有碍清朝统治的文献资料，被大肆篡改销毁。

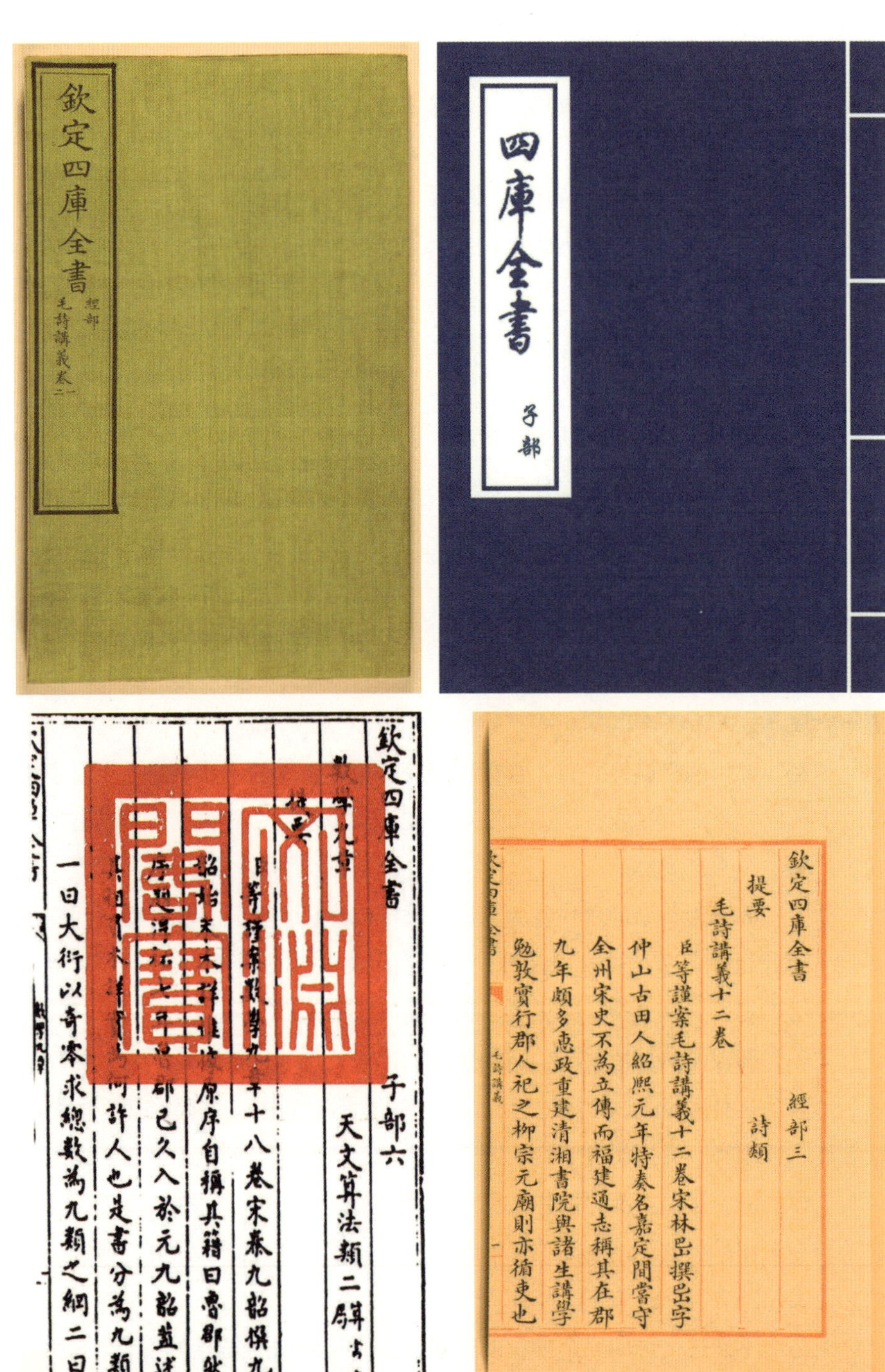

欽定四庫全書
經部
毛詩講義卷二
四庫全書
子部
欽定四庫全書
子部六
天文算法類二
十八卷宋秦九韶撰九
原序自稱其籍曰魯郡然
郡已久入於元九韶蓋述
何許人也是書分為九類
一曰大衍以奇零求總數為九類之綱二曰
欽定四庫全書　經部三
提要　詩類
毛詩講義十二卷
臣等謹案毛詩講義十二卷宋林岊撰岊字
仲山古田人紹熙元年特奏名嘉定間嘗守
全州宋史不為立傳而福建通志稱其在郡
九年頗多惠政重建清湘書院與諸生講學
勉敦實行郡人祀之柳宗元廟則亦循吏也

《四库全书》插图

据不完全统计，在四库馆开设的十年中，全部销毁的图书有2400种，部分销毁的有400种，这些图书的总数高达10万部以上，相当于《四库全书》总数的整整10倍。在销毁大量书籍的同时，屡屡兴起“文字狱”，极大地禁锢了人们的思想，也在很大程度上影响了学术文化的正常发展。

可以说，《四库全书》是一部被严重篡改、删减后的不完全版的系列丛书。由于很多内容被销毁，即便是幸存下来的古籍，也很难保证是古籍的原貌，这也为后世的学术研究带来了很大的困难。

身逢乱世，国宝命运堪忧

《四库全书》见证了清王朝的鼎盛，然而随着清朝的逐渐衰弱，这部旷世巨著也难逃厄运。在它完成后的两百年间，历经战乱的磨难与摧残，许多珍贵的抄本都在战火中被焚毁。现在，七阁之中的“文源阁本”“文宗阁本”与“文汇阁本”已荡然无存，只剩下“文渊阁本”“文溯阁本”“文津阁本”以及部分“文澜阁本”流传至今。

1860年，位于京郊圆明园内的“文源阁本”，在英法联军攻占北京、火烧圆明园之时，被全部焚毁。太平天国运动期间，镇江金山寺的“文宗阁本”、扬州大观堂的“文汇阁本”也被销毁。

1861年，杭州的文澜阁在太平军第二次攻占杭州时倒塌，所藏有的《四库全书》大部分散落于民间。后来，经过藏书家丁氏兄弟的陆续整理补抄，抢救回原书的四分之一。1881年，这部分藏书被再度存放到修复后的文澜阁之中。民国时期，“文澜阁本”又进行过一次大规模的修补工作，目前大部分内容已恢复。

1950年，避暑山庄内的“文津阁本”被调拨到了国家图书馆进行珍藏。这也是目前唯一的一套原架、原函、原书保存的《四库全书》版本。

另外，原藏于杭州西湖圣因寺的“文澜阁本”残卷，则被珍藏于浙江省图书馆。原藏于奉天故宫的“文溯阁本”，现被收藏于甘肃省图书馆。近些年来，对于这部书的归属问题，甘肃、辽宁两省一直未能达成一致。

直至今日，《四库全书》保存下来的仅有三套半。其中，原藏于北京故宫的“文渊阁本”，后经上海、南京等地，转运至宝岛台湾，现被珍藏于台北故宫博物院。这也是现有的《四库全书》中，保存得较为完好的一部。

《永乐大典》：世界上最早、最宏伟的百科全书

《永乐大典》曾经是我国古代最大的类书，辑入14世纪以前中国各类典籍资料8000余种。而今，却因连年的战乱剩下冰山一角。在它的毁灭给世人带来无限的悲伤与遗憾的同时，也给后世留下许多有待探索的谜团。

凝重臣之力汇集而成的鸿篇巨制

《永乐大典》是中国历史上最为著名的大型典籍，其规模远远超过了前代编纂的任何类书。这部编纂于明代永乐年间的鸿篇巨制，完整地保存了14世纪以前的中国历史地理、哲学宗教、文学艺术等各领域的典籍文献。

《永乐大典》的编纂工作始于永乐元年，即1403年。1399年至1402年，明成祖朱棣以“清君侧”为名，发动了历史上有名的“靖难之役”，成功地夺取了侄子建文帝朱允炆的帝位，并改元“永乐”。夺取帝位之后，他深感臣民对自己夺位的行为有所不满，为了获得臣民的认可，加强自己的政权统治，明成祖任命大学士解缙组织儒生，编纂一部大型的类书。同时，他还规定这部书要囊括历朝历代所有传世的重要典籍。

解缙接到命令以后，立即组织一百四十七人开始进行书籍的编纂工作。第二年十一月，全书匆匆编撰完成，明成祖朱棣将此书赐名为《文献大成》。因为，编纂的时间较短，书虽然是完成了，但是包含的内容较少。于是，在永乐三年，朱棣下旨对其进行重修。由大学士解缙、太子少傅姚广孝、礼部尚书郑赐三人共同监修。因为这次需要采选的书籍数量较多，参与其中的朝臣文士、宿学老儒多达两千余人，他们分别担任编辑、校对、抄写、圈点等不同职能。另外，为了确保采集工作的全面完善，还启用了当时的皇家图书馆“文渊阁”

内部的所有藏书，并指派官员分赴各地进行图书的采购工作。

1407 年，即永乐五年，全书的编撰工作全部完成，由姚广孝领衔进呈。朱棣审阅后，表示非常满意，正式将这部亘古未有的巨著定名为《永乐大典》，并且亲自题写了序文。他称赞这部书为：“上自古初，迄于当世，旁搜博采，汇聚群书，著为奥典。”

当时，明成祖朱棣曾有刊刻《永乐大典》的意思，但因为所需费用过于庞大，朝廷难以支撑，最后只得作罢。于是，他下诏从全国各地征调一批善于抄写的人员，开始手工清抄工作。第二年冬天的时候，全书的手工抄写完成，皆以毛笔工楷书写而成。

《永乐大典》卷

全书共计 22877 卷，另加目录 60 卷，分装成 11095 册，约 3.7 亿字。这部书是当时世界上最早、最宏大的一部百科全书式的皇皇巨著，比法国狄德罗、达兰贝所主编的百科全书，还要早上三百余年。

包罗天下群书的文化里程丰碑

所谓“类书”，就是将一类或多类文献资料，按照一定的方法进行辑录。如按照类、字、韵的顺序进行编排，以方便检索与查询的工具书。这种图书，有些类似于西方的百科全书。

中国历史上出现最早的类书是魏文帝时编纂的《皇览》，以后的各个朝代均有纂辑。历史上较为著名的类书，主要包括唐代的《艺文类聚》《北堂书钞》，宋代的《册府元龟》《太平御览》，明代的《永乐大典》，清代的《古今图书集成》等。其中又以《永乐大典》的规模最为宏大，辑录的书籍总量最多。

《永乐大典》的规模远远超过了前代所编撰的所有类书，即使是清代所编

明成祖永乐皇帝朱棣画像

纂的最大规模类书《古今图书集成》，也仅有1万余卷，字数方达1.6亿字，还不到《永乐大典》撰写数字的一半。另外，与西方同时代所编撰的典籍相比，《永乐大典》的规模更是当仁不让的翘楚。

根据粗略的统计，《永乐大典》所采择与保存的古代典籍数量，是前代《太平御览》《艺文类聚》《册府元龟》等同类书籍的五六倍，就是清代所编纂的大型丛书《四库全书》，其收书量也不过仅有3000余种。

另外，《永乐大典》的抄写也十分讲究，采用的是上等的白宣纸，并且印有朱丝栏。每半页为八行，大字独占一行，小字则抄成双行，且每行有二十八字。每册书长50.3厘米，宽30厘米，厚2厘米左右，约有五十页。主要是二卷一册的，也有一卷一册或三卷一册的。另外，书面硬裱，以黄绢包裹，显得十分庄重朴实。封面的左上，签题有“永乐大典”四个大字。

由此可见，《永乐大典》的篇幅之庞大，搜罗之广泛，书写之工整，装潢之精湛，实为世上罕见的珍品。

战火连连，终难逃脱被掠夺的厄运

《永乐大典》编成之后，原稿与正本被珍藏在了南京的文渊阁内。1421年，即永乐十九年，永乐帝迁都城于北京，《永乐大典》的正本也因此被移送到了北京，最初深藏于宫城内的文昭阁中，但《永乐大典》的原稿仍被存放在了南京的文渊阁。1449年，即正统十四年，原稿毁于宫中的一场火灾之中。

根据《明实录》记载：弘治时期，明孝宗朱祐樘曾经有过查阅，他命人将其所搜集的药物、禁方抄出送至御药房，并且还亲自抄录书籍中的一些金匮秘方赐予太医院使用。

1557 年，即嘉靖三十六年，宫廷内部再起火灾，并危及文楼。由于世宗皇帝“好古礼文”，因此对《永乐大典》十分看重。在得知火灾危及《永乐大典》的安全后，一连下达三四道谕旨。最终，因抢救及时，《永乐大典》幸免于难。为防不测，世宗皇帝决定抄写《永乐大典》的副本进行保存。

1562 年秋天，《永乐大典》的重录工作由礼部侍郎高拱等人总理负责，历时六年，终于宣告完成。副本的字体格式、装帧规格皆仿照永乐抄本。自此，《永乐大典》才有了正副两部书。后来，随着明朝的覆灭，正本的下落也成了难解的谜团。学术界普遍认为，《永乐大典》的正本应是毁于明清之际的战火，极有可能毁于李自成的纵火焚烧。另外，也有部分学者认为可能是随葬在永陵之中。

嘉靖副本成为《永乐大典》的唯一副本，先是被珍藏在皇史宬中，清雍正年间，又被转移到了翰林院的敬一亭。由于不再作为皇室的私人收藏，《永乐大典》在后来的岁月中，逐渐被一些官员监守自盗，以惊人的速度流散出去。

1894 年，即光绪二十年，《永乐大典》仅仅剩下 800 余册，其余数卷皆被翰林学士盗走。据记载，光绪年间，翰林侍读文廷式，竟独自一人盗走百余册。文廷式死后，他的后人又将这些珍贵的典籍出售给了洋人或古董商。就这样，《永乐大典》悉数流散于民间，甚至是海外。

1860 年，英法联军攻入北京，他们对翰林院中的藏书肆意焚烧掠取。1900 年，八国联军侵占北京，翰林院更是成为他们的目标。存放《永乐大典》的敬一亭被毁，大部分藏书被兵火焚毁，其余皆散落于瓦砾间。

1912 年，仅存的 60 多册《永乐大典》被藏入京师图书馆（今中国国家图书馆）。1934 年，经过多方的收集、补充，馆藏大典数量增加到了 93 册。迄今为止，通过政府拨交、国内外赠送、民间采访等多种渠道，国家图书馆的入藏数量已增加到了 221 册。

目前，《永乐大典》的残本散落于英、美、德、日等世界各国近三十个不同的单位中，大约有 380 册，尚不足嘉靖副本的 4%。

《钦定古今图书集成》：与《永乐大典》《四库全书》齐名的鸿篇巨制

这是一部囊括中国五千年各门类知识的古代大百科全书，但是它文学方面的卓越贡献，却并未给它的编撰者带来些许好运。一次次的提升，一次次的流放，最终连著作的署名都成为他人之名。这位遭逢人生重大起伏的编著者，便是清康熙年间的著名学者——陈梦雷。

巨著编著者的悲喜命运

陈梦雷，字则震，号省斋，晚年又号松鹤老人，清闽县（今福建省福州市）人，清朝著名学者。

陈梦雷自幼聪敏，12 岁时便高中秀才，19 岁时成为举人。康熙九年，即 1670 年，他考取进士，其后入选庶吉士，被授予翰林院编修之职。康熙十二年十二月，陈梦雷回乡省亲，本想借此机会光宗耀祖，不料恰逢靖南王耿精忠在福州起兵反清。虽然他遁入僧寺想借此躲避靖南王的网罗，但终因老父被拘，不得已加入耿精忠的幕僚之中。后来，也因此被康熙皇帝以“附逆”之罪投入狱中，并被押解到盛京服苦役，这一待就是二十多年的光阴。

流放中，陈梦雷的父母与妻子因承受不住如此沉重的打击，相继离开了人世。悲痛欲绝中，他只好用读书来排解心中的愤懑之情。从此，他手不释卷，奋笔疾书。在奉天的十七年间，陈梦雷一边教书，一边著述，先后编撰了《盛京通志》《周易浅述》《海城县志》等多部著作。

康熙三十七年，即 1698 年，康熙皇帝率领文武百官抵达盛京后，无意中读到陈梦雷题写的诗篇。这篇诗文不但意境深远，神采飞扬，而且辞藻秀丽，极富文采。面对如此佳文，即便是文韬武略的康熙皇帝也不由得连连点头称赞。

鉴于对陈梦雷才华上的欣赏，康熙皇帝不但将他免罪释放，还命他侍奉诚亲王胤祉（康熙第三子）读书。由于他恪尽职守，颇得胤祉的好感。至此，陈梦雷的命运得到了彻底的改变。

在长期的教学与著述中，陈梦雷深感现有的书籍查找起来非常不便，于是他决心要编撰一部“大小一贯，上下古今，类列部分，有纲有纪”的大型工具类图书。陈梦雷的这个想法，得到了三皇子胤祉的大力支持。他特拨给陈梦雷“协一堂”的藏书，供其查找阅览，并且还在城北买下“一间楼”，雇人帮其进行缮写抄录工作。

在皇子胤祉的支持下，康熙四十年（1701 年），陈梦雷受命编著《古今图书集成》。经过无间晨夕的辛勤劳动，历时五年，陈梦雷终于在康熙四十四年（1705 年）五月，完成了《古今图书集成》的全部编撰工作。

这部著作囊括了中国五千年以来各门类的知识，涵盖了人物、典故、小说、诗词、天文、地理、制度、典章等各个领域。它还将天地间的万物分成历缘、方舆、经济、博物、明伦、理学六个汇编；每篇又分成了若干典，共计三十二典；每典又分成了若干部，共计有 6109 部；每个部中又分成了列传、艺文、纪事、杂录、总论、汇考、选句、图表以及外编九事，分别辑录了各个方面的相关资料，并且所录多将原书整部、完篇、全段抄入，同时还注明其具体的出处。

《古今图书集成》的内容繁富，区分详晰，刊印后，立即受到各方的好评。清朝保和殿大学士、吏部尚书张廷玉曾称赞道：“自有书契以来，以一书贯串古今，包罗万象，未有如我朝《古今图书集成》者。”另外，许多外国学者更是赞誉该书为“康熙百科全书”。

鉴于对陈梦雷工作的高度欣赏，康熙皇帝曾亲临陈梦雷的书斋，为他题联云：“松高枝叶茂，鹤老羽毛新。”从此，陈梦雷便将书斋命名为“松鹤山房”，并且自称“松鹤老人”。

有贪功之嫌的雍正皇帝

然而，文化学术上的巨大成就，并没有给陈梦雷带来好运。1722 年，康

《钦定古今图书集成》插图

水輾三事
碙幹

嚻圖

犀圖

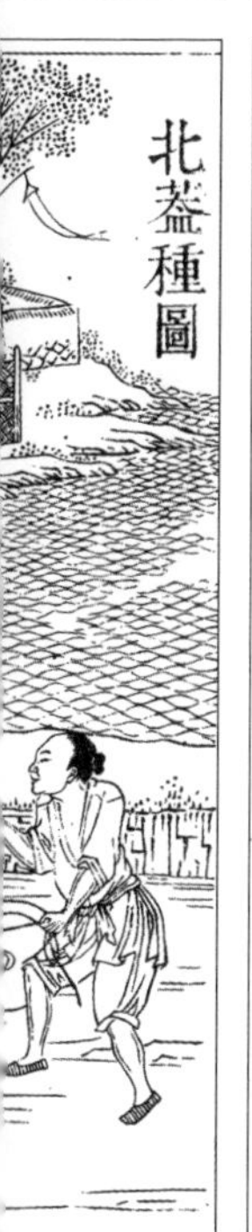
北盩種圖

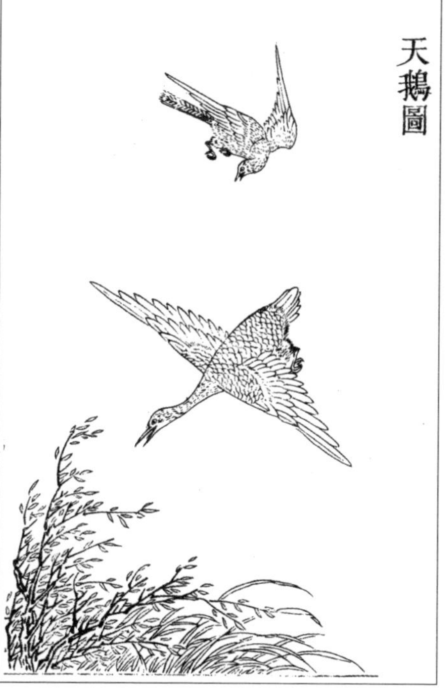
天鵝圖

水轉大紡車

熙皇帝去世后，他的四子胤禛继承了王位，成为清朝历史上的雍正皇帝。雍正皇帝一上台，就剥夺了自己同胞兄弟胤祉的爵位，并将其投入了监狱。陈梦雷因是胤祉的老师，受到了牵连，被再次流放到了黑龙江。而此时的陈梦雷已是72岁的高龄。经历了人生大起大落的悲欢沉浮后，陈梦雷于乾隆六年（1741年）客死他乡。

虽然雍正皇帝流放了陈梦雷，可是他对于陈梦雷所编撰的《古今图书集成》却是极为青睐。他任命经筵讲官、户部尚书蒋廷锡为总编纂，对这部已经定稿的《古今图书集成》重新进行整理编校，并去掉原作者陈梦雷的名字，以蒋廷锡取而代之。

同时，雍正皇帝还为此书亲笔题写序文，并加盖"雍正御笔之宝"大印章，将此书正式更名为《钦定古今图书集成》，并传旨交予武英殿刻书房进行印制。

武英殿刻书房是专为皇家刊印书籍的机构，凡是经武英殿印刻的书籍被统称为武英殿刻本。这些由皇室从全国各地征调上来的能工巧匠，采用的是雕版、铜木活字、套印等印刷工艺，专门印制皇帝御批的图书诗画。

武英殿刻本的印刷技艺考究，插图绘制精美，装订工艺精良。这部《钦定古今图书集成》是武英殿第一部以铜活字印制的大型书籍。其铜字镌刻工整，刷印清晰；书中所附的各图皆为木刻版画，具有较高的艺术价值，在我国印刷史上占有极其重要的地位。全书共有1万卷，目录40卷，约有50万页，1.6亿字。由于这部图书的文字工程巨大，当时只刊印了六十四部，保存至今的仅有十余部，北京故宫博物院现藏有其中一部。

《钦定古今图书集成》因其较为完备的文献功能，自出版之日起，便备受朝廷、民间，尤其是文人学者的青睐，后人更是将它与《永乐大典》《四库全书》并称为中国古代三大巨著。

这部作为我国现存最大的类书典籍，是一部查找古代文献资料的重要百科全书。它宏大的规模，细密的分类以及严谨的次序，更是被国内外学者一致认为是获取中国古代知识的重要宝库，并将其尊称为"大清的百科全书"。

《赵城金藏》：中国现存最早、最全的大藏经

《赵城金藏》是一部佛教经典古籍，围绕着这件珍贵的国宝，护宝者与掠宝者展开了一次次惊心动魄的较量……

深藏广胜寺中的佛门著作

在山西省南部的赵城县，也就是今天洪洞县城东北 17 千米处的霍山南麓，有一座古老悠久的寺院，它便是举世闻名的广胜寺。

广胜寺始建于 147 年，即东汉建和元年。它原来的名字叫作阿育王塔院，又叫作俱卢舍寺。769 年，唐代的郡王郭子仪在寺院参观游览时，见到夕阳的霞光映红了整个寺院，佛教中“广大于天，名声于世”几个字顿时映入他的脑海，遂上书奏请皇上，将寺院正式更名为“广胜寺”，并对寺院内部进行了扩建修整。

1933 年，一位名叫范成的高僧，前来寺中进行考察，他对寺中收藏的 5400 余件经卷进行了仔细的研究，并在其中发现了一部珍贵的藏经。但是，当时并没有任何人知晓这部经书是由谁主持刻印的。

1934 年，南京政府派出蒋唯心到广胜寺进行进一步的细致考证。他用了四十天的时间，将全部藏经展阅一遍，经过多方的研究考证，终认定这部藏经为近代刻印，又因在赵城广胜寺中发现，故取名为《赵城金藏》。

佛教起源于古天竺，但佛教典籍在全世界只有汉译本保存得最多。这些幸存的汉文佛教典籍不仅是中国的宝贵文化遗产，而且是全人类的精神财富。

《大藏经》是佛教典籍汇编而成的丛书总名，它是一部百科式的佛教全书，既是佛书，又涉及历史、哲学、文学、天文、建筑等领域。这样一部包罗万象

阿毗昙甘露味论2卷　尊者瞿沙造　曹魏代译失三藏名　赵城广胜寺金版大藏经之一　金刊本

大般若波罗蜜多经　残1卷第417卷　唐释玄奘奉诏译　赵城广胜寺金版大藏经之一　金刊本

大般若波羅蜜多經卷第四百一十七　生

第二分出住品第十九之二　三藏法師玄奘奉　詔譯

復次善現汝問如是大乘為何所住者善現如是大乘都無所住所以者何以一切法皆無所住何以故諸法住處不可得故善現如是大乘以無所得而為方便住無所住善現如法界非住非不住所以者何以法界自性無住無不住何以故法界自性法界自性空故大乘亦爾非住非不住善現如真如實際不思議界安隱界寂靜界斷界離界滅界非住非不住所以者何以真如自性乃至滅界自性無住無不住何以故真如自性真如自性空乃至滅界自性滅界自性空故大乘亦爾非住非不住善現如色非住非不住所以者何以色自性無住無不住何以故色自性色自性空故大乘亦爾非住非不住善現如受想行識非住非不住所以者何受想行識自性無住無不住何以故受

大般若經第四百十七　第三張

想行識自性受想行識自性空故大乘亦爾非住非不住善現如眼處非

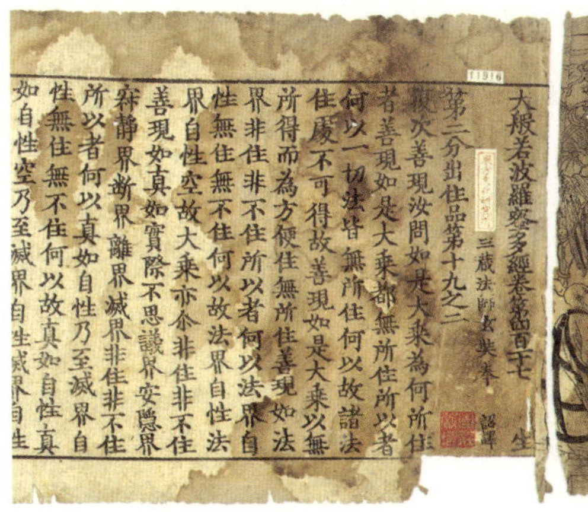

大般若波羅蜜多經卷第四百一十七　生

第二分出住品第十九之二　三藏法師玄奘奉　詔譯

復次善現汝問如是大乘為何所住者善現如是大乘都無所住所以者何以一切法皆無所住何以故諸法住處不可得故善現如是大乘以無所得而為方便住無所住善現如法界非住非不住所以者何以法界自性無住無不住何以故法界自性法界自性空故大乘亦爾非住非不住善現如真如實際不思議界安隱界寂靜界斷界離界滅界非住非不住所以者何以真如自性乃至滅界自性無住無不住何以故真如自性真如自性空乃至滅界自性滅界自

的珍贵古籍，对中国乃至世界文化都曾产生过深远的影响。

《赵城金藏》是大藏经善本中卷帙最多的藏经。同时，它也是世界上仅存的一部藏经。《赵城金藏》基本上是始刻于北宋开宝年间的我国第一部木刻本藏经《开宝藏》的复刻本。其中，有一部分是辽藏的复刻本以及辽藏的坊刻本。

它的装帧采用的是卷轴式，每版为二十三行，每行共十四字。它保留了开宝蜀刻本的许多特点。在《开宝藏》已散佚殆尽的情况下，保存着数千卷开宝蜀本以及辽藏的原貌。不论是在版本方面，或者是校勘方面，《赵城金藏》都具有无可比拟的重要价值。

《赵城金藏》共计 6980 卷，约有 6000 万字，是一部融汇佛教典籍的丛书。全书不但收集广博，而且包罗丰富。它以经、论、律为主要内容，同时还包含了有关印度、中国及其他国家对佛教的撰述，其中还保留了许多今天不知道的古佚经典。因此，它不仅是中国佛教中的稀世珍宝，也是世界印刷史与版本史上绝无仅有的奇迹。

佛教珍品引来无数“盗贼”

《赵城金藏》的发现，很快便震惊了整个世界。然而，这件珍贵的国宝，也招引来无数贪婪的目光。这些人用尽各种方法，想把这件稀世珍宝据为己有。

最先觊觎《赵城金藏》的，是所谓的“日本东方文化研究所”。国宝刚刚问世，这家研究所便派人来到广胜寺，他们表示愿意出资 22 万银元，购买这件珍品，但是却遭到了寺院住持力空和尚及众僧人的断然拒绝。紧接着，一伙日本僧人敲开了广胜寺的大门。他们曾先后几次蹿进广胜寺中，想以高价买断藏经，但是同样没有得逞。

接连发生的这两件事，立即引起了具有强烈爱国心的广胜寺僧人的警觉。他们为了防止藏经遭遇不测，将 5000 余卷经卷由霍山南麓的广胜下寺迁移到山顶上寺，并且吊运进十三级琉璃飞虹塔，以砖石固封，进行集中保管。

1937 年 9 月，出于保护藏经的目的，蒋介石电令驻防晋南的国民党十四军军长李默庵，率兵前往广胜寺，通知寺庙住持力空和尚，将《赵城金藏》运往西安。由于力空和尚担心经卷在搬运过程中可能遭遇士兵的哄抢，便召集赵城县各寺庙僧众及士绅与李默庵说明道理。经过一番艰难的舌战，终于制止了李默庵的搬运行动。

1938年2月，阎锡山派出手下的一位师长来到广胜寺，对方告诉力空和尚，打算将《赵城金藏》转移到山西吉县的山区附近。为了保护经卷不落入他人之手，力空和尚推辞道："藏经已经封存在塔顶，留此可万无一失。如果转迁至吉县，不但路途遥远，国军还要辛劳搬运，而且难以保证它们的安全。"就这样，在力空和尚的苦劝下，这位师长被暂时说服，《赵城金藏》再一次被原地保护下来。

如果说，蒋介石与阎锡山的夺取算作巧取的话，那么日本侵略者对于这部珍贵的藏经，就是真正的强取豪夺了。尤其是侵华日军占领中原以后，更是加大了对占领区内历史文物的搜刮力度。

1942年的初春，驻扎在广胜寺附近据点的日军突然带兵闯入了寺庙。他们通知住持力空和尚，日军要在农历三月十八，即公历5月2日庙会期间，登临琉璃飞虹塔，鸟瞰庙会的盛景。同时，还将一纸公文递给了力空和尚。

力空和尚知道这是日军给自己的最后通牒，对方终于还是要对这件珍贵的国宝下手了。对此，他不禁为这件国宝的命运担忧起来。穷凶极恶的日本人在占领赵城后，烧杀抢夺可谓是家常便饭，这次他们把主意打到了《赵城金藏》身上，看来是志在必得。为了使国宝不落入敌人之手，力空和尚左思右想，"究竟将国宝转移到哪里，才能确保它的安全呢"？

为护国宝，共产党员机智周旋

就在这危急时刻，力空和尚想到了坚决抗日的共产党和抗日民主政府。于是，他冒着被日军发现的危险，连夜奔赴15千米以外的赵城县抗日政府驻地兴旺峪，找到时任县长的杨泽生，提出要将《赵城金藏》交给抗日政府，并要求他们将经卷转运到延安。

杨县长深知《赵城金藏》是珍贵的国宝，绝不能落入敌人的手中。可是，此时的广胜寺已深陷日军的重重包围，要想在敌人眼皮底下抢运转移5000卷的藏经，绝对不是一件简单的事情。

此时，广胜寺周围早已被日军重重围住。西北 15 千米的赵城县驻有日军的一个中队的兵力，正西 7 千米的明姜镇也驻有日本的一个小分队，西南 15 千米的洪洞县城内驻有日军的一个大队，正南 7 千米的苏堡镇有日军一小队的兵力，沿途蒲铁路附近还有五六处敌人的碉堡。敌人最近的据点离广胜寺仅有 2 千米的路程。在如此层层包围的形势下，要想安全地将 5000 卷藏经转运出来，无疑是在虎口夺食。

杨县长深知事情的严重性，他立即打电报向八路军太岳军区党委书记安子文、司令员陈赓、政委薄一波等上级领导进行汇报请示。太岳军区的有关领导又将情况上报给了中国共产党中央委员会。中共中央从延安复电命令太岳军区全力保护《赵城金藏》，绝不能让国宝落入侵华日军的手中。

太岳军区在接到命令之后，立即进行紧急动员。他们做出周密的部署，特派太岳军分区基干营、赵城县游击大队以及洪洞县游击大队的百余位战士，借助夜色，秘密潜入广胜寺，登上琉璃飞虹塔，取走全部的藏经。

经过四个多小时的抢运，他们将 5000 卷藏经全部转移出寺庙，由民工驮运队运抵安全地带。由于这次行动进行得悄无声息，驻广胜寺几里内的几个日军据点均未察觉。

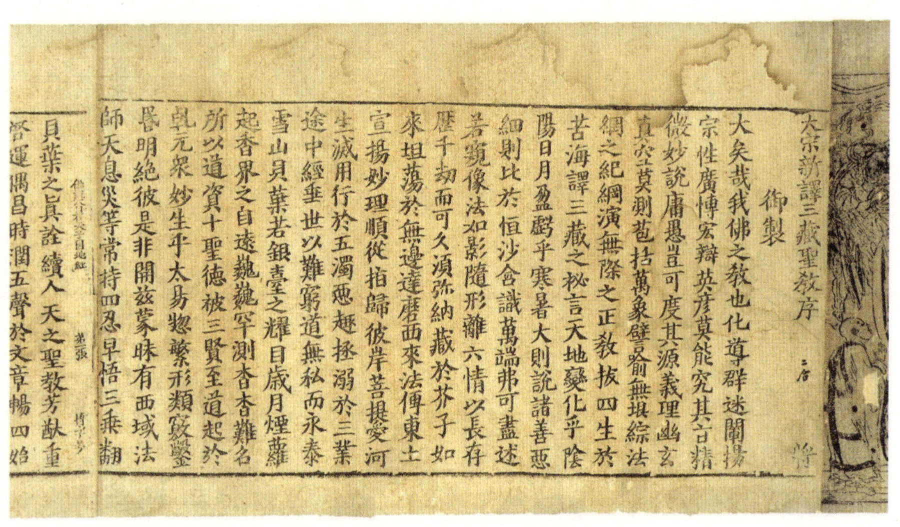
大宋新譯三藏聖教序
御製
大矣哉我佛之教也化導群迷闡揚
宗性廣博宏辯英彥莫能究其旨精
微妙說庸愚豈可度其源義理幽玄
真空莫測苞括萬象譬喻無垠綜法
網之紀綱演無際之正教拔四生於
苦海譯三藏之秘言天地變化乎陰
陽日月盈虧乎寒暑大則說諸善惡
細則比於恒沙含識萬端弗可盡述
菩提像法如影隨形離六情以長存
歷千劫而可久須彌納藏於芥子如
來坦蕩於無邊達磨西來法傳東土
宣揚妙理順從指歸彼岸菩提愛河
生滅用行於五濁惡趣拯溺於三業
途中經垂世以難窮道無私而永泰
雪山貝葉若銀臺之耀日歲月煙蘿
起香界之自遠巍巍罕測杳杳難名
所以道資十聖德被三賢至道起於
無元衆妙生乎太易惣繁形類窮鑒
昏明絕彼是非開茲蒙昧有西域法
師天息災等常持四忍早悟三乘翻
貝葉之真詮續人天之聖教芳猷重
啓運偶昌時潤五聲於文章暢四始

佛说大自在天子因地经 1 卷　佛说如意摩尼陀罗经 1 卷　宋释施护译
赵城广胜寺金版大藏经之一　金刊本

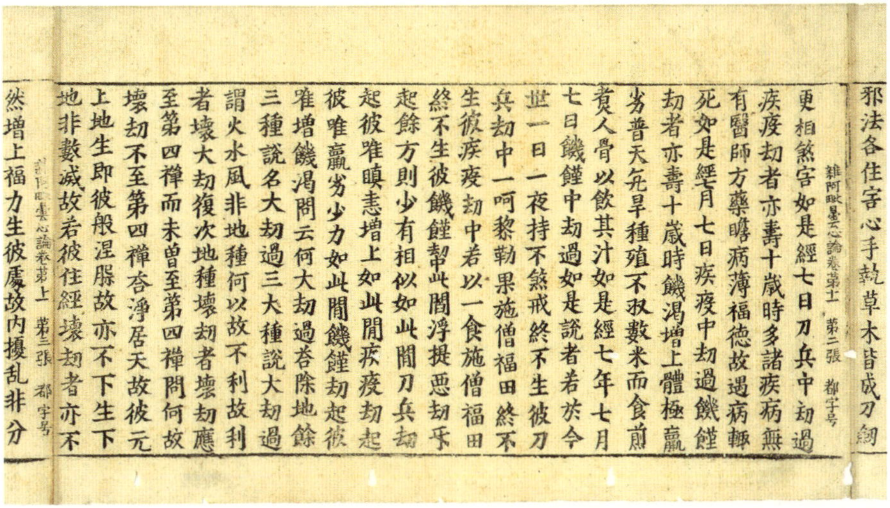
邪法各住害心手執草木皆成刀劍
雜阿毗曇心論卷第十一　第二張　都字号
更相煞害如是經七日刀兵中劫過
疾疫劫者亦壽十歲時多諸疾病無
有醫師方藥瞻病薄福德故遇病輙
死如是經七月七日疾疫中劫過饑饉
劫者亦壽十歲時饑渴增上體極羸
劣普天亢旱種殖不収數米而食煎
煑人骨以飲其汁如是經七年七月
七日饑饉中劫過如是說者若於今
世一日一夜持不煞戒終不生彼刀
兵劫中一呵黎勒果施僧福田終不
生彼疾疫劫中若以一食施僧福田
終不生彼饑饉劫中此閻浮提惡劫乎
起餘方則少有相似如此閒刀兵劫
起彼唯嗔恚增上如此閒疾疫劫起
彼唯羸劣少力如此閒饑饉劫起彼
唯增饑渴問云何大劫過荅除地餘
三種說名大劫過三大種說大劫過
謂火水風非地種何以故不利故利
者壞大劫復次地種壞者壞劫應
至第四禪而未曾至第四禪問何故
壞劫不至第四禪荅淨居天故彼元
上地生即彼般涅槃故亦不下生下
地非數滅故若彼住經壞劫者亦不
雜阿毗曇心論卷第十一　第三張　都字号
然增上福力生彼處故內擾乱非分

杂阿毗昙心论　残 1 卷　卷 11　刘宋释僧伽跋摩等译　赵城广胜寺金版大藏经之一　金刊本

5 月 2 日，当日军如期登临疏璃飞虹塔的时候，发现藏经早已被转移搬空。愤怒的日军想拿力空和尚问罪，但是力空和尚连同所有的藏经，早已不知去向。最终日军只得空手而回。

在接下来的“反扫荡”行动中，地委机关的同志身背经卷，在深山中与敌人进行了多番的周旋。由于行军战斗频繁，不便于随身携带，为了确保藏经的安全，地委机关的同志将这些经卷分别藏在山洞、废煤窑内，派人严加看管。虽然藏经被运送到安全地带，但由于日本人的扫荡频繁，藏经曾先后几次辗转迁移，先是存放在太岳区二地委机关驻地安泽县亢驿村，后又被转移到了太岳区党委驻地沁源县，抗战胜利后又转往太行山区的涉县。

1949 年 1 月，北平迎来解放，根据中央人民政府的命令，《赵城金藏》被转移到了北平。尚存的 4430 卷又九大包《赵城金藏》被分装成了四十二箱，从河北省涉县途经邯郸，安全运往北平图书馆，也就是现在的国家图书馆。经过国家图书馆工作人员长达十七年的精心修复，现存《赵城金藏》共计 4813 件，是我国现存最早、最全的大藏经。

《资治通鉴》手稿：唯一流传后世的《资治通鉴》手稿

《资治通鉴》是北宋时期司马光主编的一部多卷本编年体史书。它作为中国第一部编年体通史，在中国官修史书中占有极其重要的地位。下面介绍的这件国宝，就是司马光在编写《资治通鉴》的时候留下的一份珍贵手稿。

司马光与《资治通鉴》

司马光，字公实、君实，号迂夫，晚号迂叟，陕州夏县人。他是北宋时期著名的政治家、史学家、文学家，曾历仕仁宗、英宗、神宗、哲宗四朝，卒赠太师、温国公，谥文正。司马光为人谦恭、刚正，堪称儒学教化的典范，历来被世人所景仰。

《资治通鉴》是由司马光主持编撰的中国第一部官修编年体通史，也是“正史”的主要代表作。这部书是司马光与他的助手刘攽、范祖禹、司马康等人，历时十九年编纂而成的一部规模空前的巨著。全书主要记载了自战国时期一直到五代期间共1362年的史实。

在这部著作中，司马光总结出许多宝贵的经验教训，以供统治者参考借鉴。书名的含义为：鉴于往事，有资于治道。他希望统治者能够以历史的得失作为鉴戒，以此来加强对国家、人民的统治。

《资治通鉴》也称《通鉴》，全书共计294卷，约有300多万字，另有《目录》《考异》等著录各30卷。本书以时间为“纲”；以事件为“目”。秉承“纲举则目张，时索则事叙”的目的，记录了自前403年一直到959年，共1362年的历史。所述范围涵盖了政治、军事、经济、文化等各个领域。司马光在编撰《资治通鉴》期间，对所有的史实资料进行了严格地考证、筛选，使其记录内容更为翔实可信，也因此被后世史学家推崇为史学领域的典范。《资治通鉴》与西汉司马迁所编撰的《史记》，并称为“史学双璧”，具有重要的史学研究价值。

清代著名史学家王鸣盛，曾赞誉《通鉴》为：“天地间必不可少的书，众学者不可不读的书。”除此以外，中国近代著名学者梁启超也曾评价道：“司马温公的《通鉴》，亦天地之大文。其结构的宏伟，取材的丰赡，使这些后来想著通史的人，不能不以其为蓝本。”由此可见，司马光所编撰的《资治通鉴》对后世有着怎样深远的影响。

手稿中的乾坤奥秘

由国家博物馆所珍藏的《资治通鉴》手稿，正是司马光在编写史实巨著《资治通鉴》时，亲笔书写的一份珍贵手稿。

《资治通鉴》的最初名字为《通志》，其内容仅有八卷。宋英宗时期，曾置秘阁，命其重新进行编辑。直到元丰七年（1084 年），他才完成此次的编纂工作，宋神宗赵顼为其取名为《资治通鉴》。此幅手稿文本，如不是《通志》的草稿，即当是《通鉴》的初稿。

这份手稿全长为 130 厘米，宽为 33.8 厘米，共书写二十九行四百六十余字。卷轴外侧为清乾隆年间所题写的几个小字：“司马光通鉴稿内府鉴定真迹。”手稿内容自东晋元帝永昌元年（322 年）正月王敦将作乱时起，直至同年十二月慕容廆遣子皝入令支而截止。每段史事只写了开端处的一二字或是四五字，以下皆以“云云”两字概括。

《资治通鉴》手稿的整篇文字，字迹工整，字体隽永，虽仅有数百字，却全部出自司马光之手。并且，从文章中删改词句的痕迹里，可以感受到他治学严谨认真的态度。

手稿中的开头部分“永昌元年春正月乙卯改元”，主要记录了西晋永昌元年之时，王敦起兵谋反的历史。手稿中记述的这段历史，便是最终成书后《资治通鉴》第 92 卷内容。这时所记录的文章内容，与最终成稿有着许多不同之处，可以证明这是一份类似于提纲性质的底稿。这份手稿中，随处可见作者涂抹勾

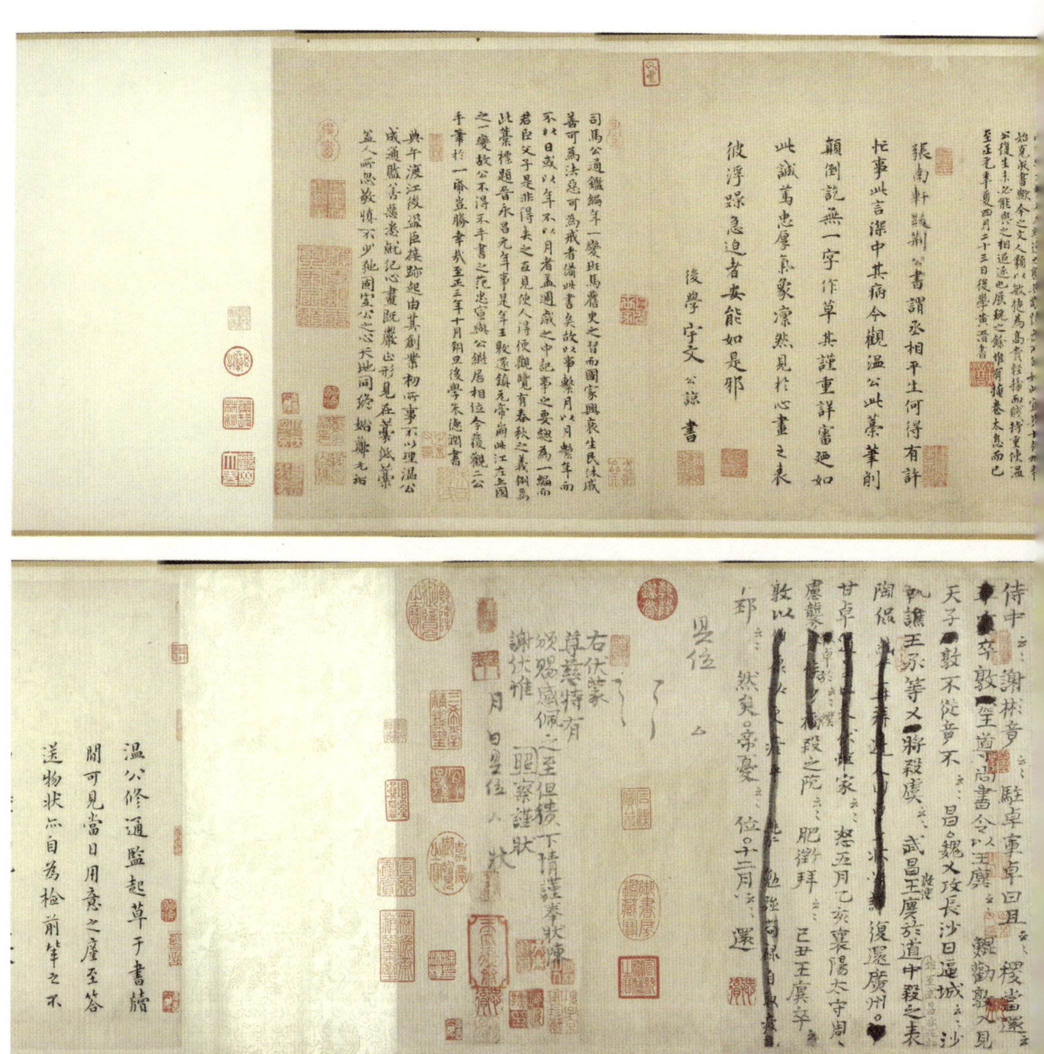

《资治通鉴》残稿（长卷）

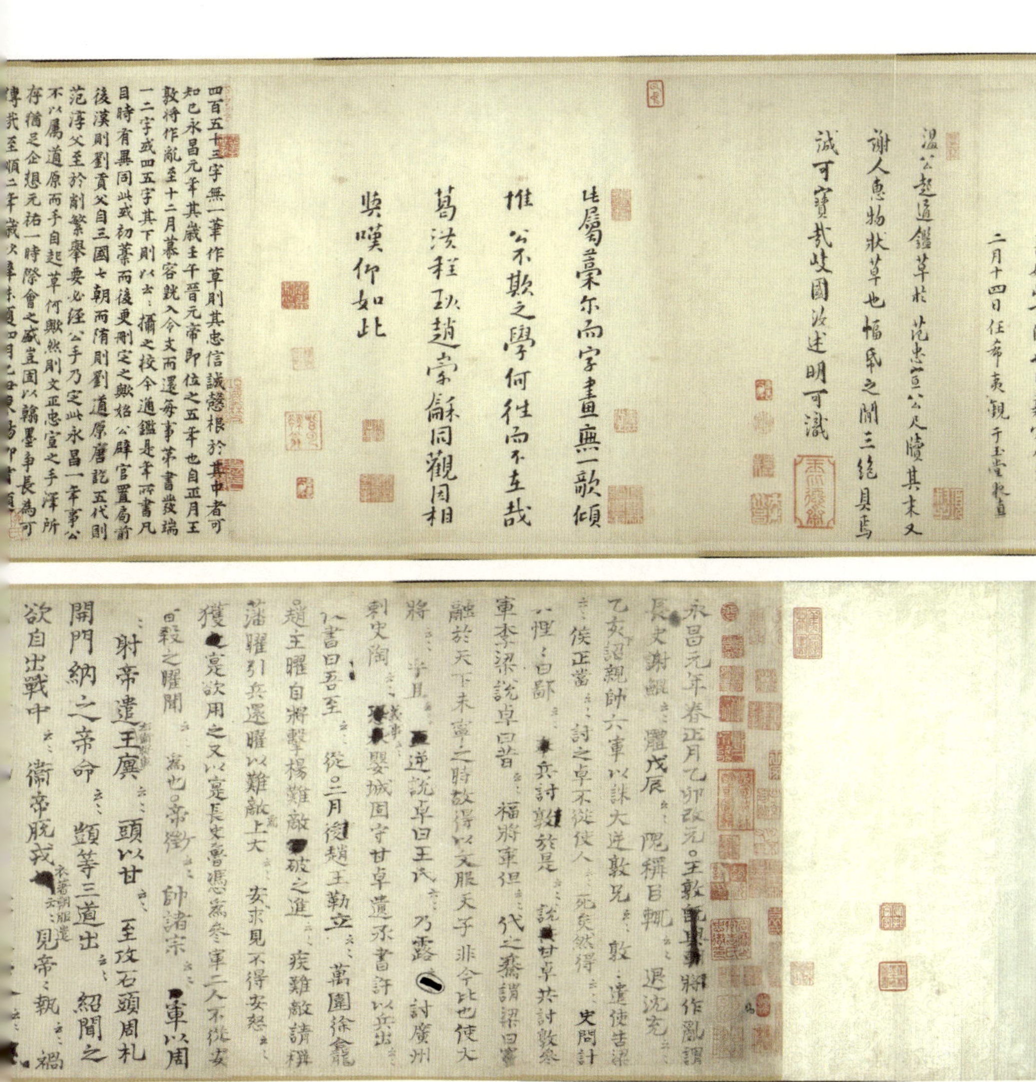

宋人书司马光拜左仆射告身

画的痕迹。从初稿中工整的字迹以及反复批注的痕迹，可以清晰地看出司马光为这部作品所付出的心血。

这卷手稿上，除了写有《资治通鉴》的底稿之外，还有一些其他文字记录，被中国历代收藏家奉为“三绝”。

原来，司马光在撰写《资治通鉴》时，曾留下了大量的手稿，但由于当时的纸价较为昂贵，很多时候它们都被司马光拿来另作他用。后来，又有部分手稿在流传时不慎遗失，目前存世的仅有这份记录了四百六十余字的残卷手稿。它也因此成为《资治通鉴》唯一流传后世的手稿作品。

在这件手稿的最后一段，可以寻找到手稿移作他用的痕迹。这是范仲淹的儿子范纯仁写给司马光长兄司马旦的一封书札。这封书札的原文为：“纯仁再拜，近人回曾上状，必计通呈，比来伏惟尊候万福，伯康必更痊平……”虽然原札的文字用墨笔抹去，但是上面的字迹依稀可以辨认。

另外，在这件手稿的结尾处，还有“谢人慧物状”的字样。这是司马光为答谢朋友，而亲笔手书的感谢信。

如此不同的三种文本竟同时出现在了一张纸上，更显出这份《资治通鉴》手稿的弥足珍贵之处。

除此之外，手稿的卷末还印有数十枚红色的藏印。它们明确地记录着这份手稿的流传归属。如宋代的赵汝述、赵崇龢、任希夷，元代的项元汴、宇文公谅、柳贯，清初的梁清标等人的藏印。可见，这份珍贵的手稿，从宋代开始，直至元、明、清各代，均被众多收藏家视为珍宝，从而竞相争藏。直至清代，入藏至清宫内府，并印有乾隆皇帝的三希堂精鉴玺等藏印。

中华人民共和国成立后，这份珍贵的《资治通鉴》手稿从北京故宫博物院调拨至北京图书馆，即现在的国家图书馆，成为馆藏珍品及镇馆之宝。

《补遗雷公炮制便览》：中国历史上第一部以中医炮制为内容的典籍

《补遗雷公炮制便览》是明朝时期的中医药典籍。在这部传世孤本中，详细地记录了 906 种完整的药条，并配以千余幅精美逼真的彩绘图像。这是一部极其珍贵的古籍珍品，但历朝历代中竟没有任何关于它的记录。这究竟是一件怎样的古籍，它的出现又会给整个本草界带来怎样的震动呢？

弥足珍贵的综合性彩绘本草图谱

《补遗雷公炮制便览》现被收藏于中国中医研究院图书馆。全书原有 14 卷，总目 1 卷，书内未留下编绘者的姓名。根据此书手绘牌记的记载来推断，应该成书于明万历辛卯春（1591 年）。它比明代李时珍《本草纲目》的金陵初刊本（1593 年）要早上两年。

《补遗雷公炮制便览》14 卷内容共分为 10 部。它们分别是草、木、金石、人、兽、禽、虫鱼、果、菜、米谷 10 部，记载药物 957 种。其中，卷 12 果部已散佚。现存 13 卷，实有完整药条 906 种。书中所记录的各种药物，多配有 1~3 幅彩色药物形态图、药物采集图与炮制图，共计 1128 幅，其中包含罕见的炮制图 219 幅。除去目录部分，原书 1600 余页，几乎每页都配有彩图。

这些彩图不但绘制精美，历经四百余年依旧艳丽如新。它们为中国古本草及其炮制工艺、设备的研究，增添了大量且极具学术价值的新材料。它的出现使得整个本草界为之震惊，是我国国内现存古代彩绘本草中，保存最为完整的传世典籍。

这样一部珍贵的药典为什么会取名为《补遗雷公炮制便览》呢？这里的雷

山薑花

荳蔻主温中心腹痛嘔吐去口臭氣 名醫所錄

名 草荳蔻

苗 圖經曰荳蔻即草荳蔻也苗似蘆葉似山薑杜若輩根似高良薑微有樟木氣花作穗嫩葉卷之而生初如芙蓉穗頭深紅色葉漸展花漸出而色

允子方耳知余夙有書画之癖出其所藏趙夫人畫金石昆蟲草木狀示予其為册十有二為幅千有餘靈均為之序述而紀其目竟可為之標題而指其名一則用墨一則用硃序目之書法遠追松雪近擬六如而標題之點畫遒勁縣待詔而進于率

《补遗雷公炮制便览》插图

人精
死此是污穢壞神氣也人合藥所以忌觸
之此既一種物故從尿溺之例
鵜鶖
鸜鵒
八哥

公指的又是何人？关于雷公的身份，坊间流传着两个说法。其一，人们认为他是上古时期的医药家，传说故事中黄帝的侍臣。《黄帝内经·素问》中，曾记载着关于黄帝与雷公论医道的事迹。其二，认为他是南北朝时期的刘宋人雷敩，因其擅长药物炮制技术，并且撰有我国第一部中药炮制专著《雷公炮炙论》。后人多将两者混为一谈，本书对雷公的解释就是这样，虽然画的是上古雷公的故事，选用的却是后世雷敩的文字记录。

那么，《补遗雷公炮制便览》中的"炮制"又是什么意思呢？"炮制"最早被写作"炮炙"。这两个字是两种常见的食物加工方法，裹上东西在火上烧的叫"炮"，用火烤被称为"炙"。由于很多中药材都是生药，需要进行加工处理，才能去掉身上的异味，降低其毒性，所以"炮""炙"便被运用到药材的处理中。而"炮炙"一词，也因此成为药材加工处理的统称，也就是我们所说的中药熬制方法。

书名中的"补遗"，主要指的是对另外一本书的补充说明。那么这部《补遗雷公炮制便览》究竟补充的是哪本书呢？根据专家的考证，这本书是以明代药物学家俞汝溪的《新刊雷公炮制便览》为蓝本，又增加了药物的形态与采集图、炮制图等内容，是一部全新的综合性本草图谱。

经过北京故宫专家的多方鉴定，他们从书的形制、版式等方面，对《补遗雷公炮制便览》进行了全面的考察，最终认定，这是一部出自明代内府，由宫廷画师工笔精写彩绘而成的珍贵药典，同时也是一件极为珍贵的国宝级古籍珍本。

从未有任何记载的中医宫廷珍本

但是，如此珍贵的医药典籍，无论是明清时期还是民国时期，各家公私目录中均未有记载。20 世纪 90 年代，在对国内图书馆广泛调查的基础上编成的《中国古籍善本书目》与《全国中医图书联合目录》，也没有找到关于它的半点记录。

如此一部颇具篇幅的本草和炮制著作，淹没世间四百余年而未为人知，实属罕见。究其原因，可能是因为这样一部拥有千余幅精美绘图的书籍，若想大量传抄，几乎是不可能做到的，而明万历年间的套版印刷才处于起步阶段，远不能表现这些精美丰富的彩图。另外，由于书籍是出自宫廷画师之手，很可能最初便被定为宫廷收藏，后来随着改朝换代而深藏宫内，渐渐便无人知晓了。

不过，也正因如此，这部珍贵的药典才能规避无数的劫难，得以再现人间。

照此推想，此书很有可能是清朝末年从宫中散出的。从书中现有的藏印来看，表明此书曾被王聘贤收藏。

经与流失海外的明代官修本草《本草品汇精要》以及明代俞汝溪的《新刊雷公炮制便览》进行比对后，确认《补遗雷公炮制便览》是以这两书为蓝本，并在此基础上增加了大量的炮制图、药物采集图以及药性歌诀后，所形成的一个全新的书种。此书的出现，是中华人民共和国自成立以来，古代医籍文献发掘、整理的重要发现与丰硕成果。

自唐代开始流行官修本草以来，宋、元、明历朝都有官修本草之作。明官修本草代表作《本草品汇精要》成书后，书中所绘的大量彩色图绘，很大程度上影响了后世官修本草作品的创作。但遗憾的是，《本草品汇精要》原本已流失海外。《补遗雷公炮制便览》的出现，在很大程度上弥补了这一缺憾。它较为完整地保留了《本草品汇精要》中的药物形态图，并较为真实地反映了明官修本草图谱情况，为后人研究《本草品汇精要》提供了更为直接的资料。

《补遗雷公炮制便览》插图

《维摩诘所说经》：活字印刷术的历史物证

一本写满奇怪文字的神秘小册子，竟然是千年以前一项伟大发明的历史物证。这究竟是件什么宝物，与活字印刷术又有着怎样的关联呢？

神秘山洞内的“天书”册子

1987年，在甘肃省的武威地区，一群当地的老乡在上山采药的时候，无意中发现了一个神秘的山洞。从那时起，许多上山采药的人都会在这个山洞里落脚休息。久而久之，人们发现这里有一本形同天书似的小册子。册子里写满了奇怪的文字，就连当地最有威望的老人也不明白其中的含义。虽然大家不理解这本册子到底记录着什么，但是他们清楚，这一定是祖先留下的经文宝典。于是，乡亲们恭恭敬敬地将这份宝典供奉起来，并自发地守护着这个山洞。

1988年深秋的一个清晨，村子里来了一位特殊的客人，这个人便是武威市博物馆的考古学者孙寿岭。出于对传言的好奇，他特意前来此地，想亲眼看一下到底是怎么回事。在看了乡亲们恭敬奉上的神秘册子后，孙寿岭很快便找到了答案。这本册子是一本用西夏文翻译的经书，书名是《维摩诘所说经》。

《维摩诘所说经》是佛教的经典经藏，也被称为《维摩诘经》或《不可思议解脱经》。它是由后秦时期的鸠摩罗什翻译而成的佛经著作，全书共有三卷，十四品，以维摩诘居士命名。

在确定了册子的身份后，孙寿岭将它带回了武威市博物馆。对于鉴定西夏文的佛经印本，孙寿岭是比较在行的，因为博物馆里就藏有许多西夏佛经。这其中大部分的经藏，他都仔细翻阅过。所以，孙寿岭能够清晰地辨别出这本《维摩诘所说经》并非出自手写，而是印刷而成的。然而，让他迷惑不解的是，从来没有见过有哪一本佛经，能够像它一样粗糙混乱。细看每个字的笔画，歪歪扭扭毫无章法可言。难道这只是一位手艺拙劣的匠人，胡乱刻出的经本吗？

随着不断对此书的钻研，孙寿岭依然没有找到自己想要的答案。于是，他决定换一个思路，来琢磨这本经书。经过自己的考察，孙寿岭判断这本《维摩诘所说经》的成书年代，大约距今九百年。那时西夏已经建立政权近一个世纪，而当时的中原正处于两宋之交。根据历史的相关记载，除了雕版印刷术以外，还有一种新的印刷术诞生，它便是活字印刷术。这本模样奇特的《维摩诘所说经》会不会就是活字印刷制品呢？

早已失传的活字印刷制品

北宋庆历年间，毕昇所发明的“泥活字”标志着活字印刷术的诞生。他也因此成为世界上第一个发明活字印刷术的人，比德国的J. 谷登堡的“活字印书”提前了近四百年的时间。

毕昇的这项重要发明，被当时的著名学者沈括记录在他的著作《梦溪笔谈》中。然而，在九百多年以后的今天，毕昇与他的“活字印刷术”，却始终是一个巨大的谜团。一些外国学者并不承认毕昇的这项发明，因为从来没有人见过毕昇那个时代流传下来的活字印制品。

这些外国学者认为，毕昇在北宋时期发明的活字印刷术，只是一个不成功的想法，根本无法付诸实行。因为，它没有给今天的后人留下任何实物证据。

如果外国学者的质疑真的成立的话，那么作为中国古代四大发明之一的活字印刷术，就并非出自九百多年前的毕昇之手。那么，有关北宋时期毕昇发明的所有记载，将全部被推翻否定。

虽然国内专家对这些国外专家的说法，表示出强烈的不满，但是却始终无法给出一个强有力的反击证据。毕竟，从来没有人真正见到过毕昇那一时期流传下来的泥活字制品。所以，当务之急是找到一个实实在在的证据，才能让这些专家口服心服，从而承认活字印刷术的起源是来自北宋时期的毕昇。

《维摩诘所说经》（局部）

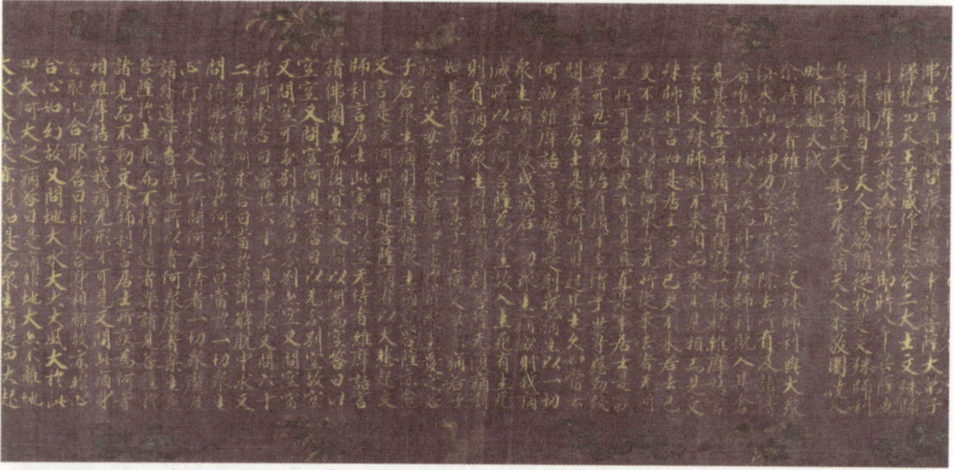

历时三年只为证明先人发明

此时，远在武威市西夏博物馆办公室中的孙寿岭，正不分昼夜地对这部疑为活字印刷制品的《维摩诘所说经》，进行着仔细的研究考证。

经过细心的观察，他发现，经文中大部分的字行都没有按照直线进行排列，它们的上下左右间也都是完全地不对称。如果这部经文是雕版印制的话，行距应该是比较均匀的，横竖间隙应该比较清楚。如果选用的是活字印刷，每个字都是自成一体，就不可能大小完全一致。用这些字块排版印刷，就有可能造成字迹排列不齐的效果。假如这部《维摩诘所说经》真的是一部活字印本，那么它将成为中国疆域内发现的第一本九百多年以前流传下来的历史证物。

但是，光凭这些线索去推断它就是一部货真价实的活字印刷制品，还是缺乏有力的证据。所以，必须要为活字印刷找到一个无可辩驳的证据。这时，一个念头在孙寿岭的心中油然而生：如果反推这个结论，用沈括的《梦溪笔谈》中概述的活字印刷法，是不是也可以复制出一套《维摩诘所说经》呢？

于是，在自己的阳台上，孙寿岭开始进行“活泥字”的实验。他找来过去刻图章时使用的胶泥，做成活泥字。首先是处理胶泥，他将胶泥搓到最细的程度，沉淀晾干。然后，在晾干的胶泥上，仿照西夏文进行刻字。最后，按照沈括书中的记载，用火进行烧制，令其逐渐变得坚硬。经过几周时间反复不断的试验，终于将这些仿造的泥活字制作完毕。

可是，在进行排版的时候，又遇到了问题，他融化白蜡，用蜡汁进行固版，却总是找不到要领，始终达不到令人满意的效果。后来，他在查阅了《梦溪笔

元　王振鹏　《维摩不二图》　美国大都会艺术博物馆藏

谈》之后才发现，原来毕昇在松汁与蜡中，又混合了些许纸灰。而孙寿岭当时并没有过多地考虑到这一细节，才会再三地失败。于是，他老老实实地按照这个办法给泥活字进行固版。果不其然，这些泥活字被平整、牢固地固定在了版面之中。接下来是版面的印刷工作，当孙寿岭将第一张令他满意的印纸从活版上揭下时，时间已经过去了三年之久。

就这样，孙寿岭按照《梦溪笔谈》中介绍活字印刷的方法，成功地印制出《维摩诘所说经》的复制品。这部与原版相差无几的现代泥活字版《维摩诘所说经》，证明了当时流行于中原的活字印刷术在西夏地区得到了广泛的使用。

他的这项实验，彻底地推翻了外国专家对于毕昇的泥活字不可行的说法，再现了泥活字印刷付诸实操的全部过程，为九百多年以前中国人这项伟大的发明找到了有力的历史实物证据。《维摩诘所说经》也因此被列为国家一级文物，珍藏在甘肃省武威博物馆之中。

维摩经变相图

图书在版编目（CIP）数据

国宝档案：寄托文化传承的中华文物 / 王颖著 . -- 北京：台海出版社，2020. 8（2023.11 重印）

ISBN 978-7-5168-2631-7

Ⅰ . ①国… Ⅱ . ①王… Ⅲ . ①历史文物—中国—通俗读物 Ⅳ . ① K87-49

中国版本图书馆 CIP 数据核字（2020）第 095866 号

国宝档案：寄托文化传承的中华文物

著　　者：王　颖

出 版 人：蔡　旭　　　　装帧设计：新华尤品
责任编辑：曹任云

出版发行：台海出版社
地　　址：北京市东城区景山东街 20 号　　　　邮政编码：100009
电　　话：010-64041652（发行，邮购）
传　　真：010-84045799（总编室）
网　　址：www.taimeng.org.cn/thcbs/default.htm
E-mail：thcbs@126.com

经　　销：全国各地新华书店
印　　刷：三河市嘉科万达彩色印刷有限公司
本书如有破损、缺页、装订错误，请与本社联系调换

开　　本：710 毫米 ×1000 毫米　1/16
字　　数：355 千字　　印　　张：22.5
版　　次：2020 年 8 月第 1 版　　印　　次：2023 年 11 月第 11 次印刷
书　　号：ISBN 978-7-5168-2631-7

定　　价：68. 00 元

国宝档案

上架建议：历史•考古

定价：68.00元